한국의
고전을
읽는다

5

문화·사상

한국의
고전을
읽는다

5
/
문화·사상

휴머니스트

지식과 사유의 보물창고,
한국 고전과의 대화

1

엉뚱하게 들릴지 모르지만, 신문에 등장하는 한자의 뜻을 알려면 옥편이 아니라 영어사전을 뒤져야 한다. 이들 어휘의 대부분은 19세기 일본이 주도해서 '새로 만든' 서구 문물의 번안어들이기 때문이다. 당연히 조선시대의 선비들은 이들 말을 알아듣지 못한다. 이들 신식 한자어는 우리의 삶을 근대적이고 서구적으로 개화(開化)시켜준 입법자였다.

　서구 문물의 한자식 번안어는 일본과 중국 그리고 한국이 광범위하게 공유하고 있다. 나는 이 언어혁명을 개탄하지 않고, 오히려 축하한다. 이들 신식 한자어들은 한국이 급속히 근대화하고 글로벌 강국으로 등장하는 데 결정적으로 기여했고, 아울러 '동아시아' 시장에서 기술적·학문적 교류와 대화를 용이하게 한 매개체이기도 하다. 나날이 새 번안어 어휘들이 늘어나고 있으며, 때로 아예 번거로운 한자에 의존하지 않고 원어를 직접 차용하는 사례도 늘고 있다.

아 잠깐, 여기 이와는 또 다른 '한문(漢文)'이 있다. 옛적 서당에서 배우던 그 한문 말이다. 고려와 조선시대 기록과 의사표현의 수단이자, 전통적 삶을 담지하고 있는 그 한문은, 지금 신문을 도배하고 있는 근대 번안어들과는 전혀 다른 의미체계와 스타일을 갖고 있다. 당연한 말이다. 그런데 이 사태를 아프게 자각적으로 구분하는 사람들이 의외로 드물다. 두 언어 세트의 의미론적 거리는 영어와 인디언 사이보다 더 멀다는 것을 기억하자.

다르기 때문에, 그렇게 충격적으로 다른 그곳에, '고전 한문'의 존재 이유가 있다. 한문은 옛 시대의 삶과 문화를 담고 있는 보고(寶庫)이다. 거기 들어서면 우리는 선인들이 세계를 이해하고 환경에 적응해 나간 기술들을 만난다. 그 경험은 우리의 현재적 삶을 돌아보는 거울의 역할을 해주기 때문에 소중하다. 근대적 삶의 관행이 전부라고 믿는 사람은 옛 이야기에 귀기울일 필요가 없겠지만, 전혀 다른 삶을 꿈꾸는 사람들, 혹은 선인들이 살던 모습에 호기심을 가진 사람들은 고전 한문의 세계에 발을 들여놓는다.

이 세계를 엿보려면 번역이라는 헤르메스의 손을 거쳐야한다. 그런데 사정이 좀 어려웠다. 근대 번안어가 고전 한문의 '문자'를 탈취해 가버린 황당한 사태가 곤혹의 주범이다. 우리는 끊임없이 같은 '한자'의 고전적 어법과 현대적 번안어 사이에서 흔들리고 충돌한다. 이 구분이 모호하면, 의미의 모호성 속에서 번역이 표류하기 마련이다. 거기 지치면 다들 한숨을 쉬며 돌아서기 마련이다.

그 원초적 곤혹 외에도 여러 불리한 여건들이 점점이 깔렸다. 서구적인 것이 압도하면서 전통의 문화나 고전 한문은 영 하찮게 취급되었다. 거기다 약소국의 콤플렉스가 '고유한 것'에 집착하게 해, 한문이라면 무조건 중국의 것, 사대의 흔적으로 밀쳐냈다. 한 때, "우리가 썼더라도 한문으로 된 소설은 국문학이 아니다"라는 억지가 멀쩡히 통용되던 시절이 있었다.

변명은 더 있다. 근대화 산업화의 급박한 요청에 밀려 전통과 고전에서도 그 비슷한 코드를 찾는 데 주력해 왔던 것이다. 조선시대 후기의 실학이 크게 주목을 받으면서, 양반들의 세계나 선비들의 일상, 주자학이라는 보편 학문 등 일상의 구체적 삶과 문화를 '있는 그대로' 바라볼 여유를 갖지 못했다. 또 식민지의 경험이 가슴에 못을 박아 왕실과 귀족 등 고급문화에 대한 평가를 너무 각박하게 했다.

3

그런데 세상이 달라졌다. 우리는 더 이상 식민지의 백성이 아니고, 개발도상국의 멍에를 지고 있지 않다. "세계 속에 한국은 무엇인가?" 글로벌 시대, '한국적인 것'의 요구는 문화상품에서 경제전략, 국가 브랜드에까지 광범위하게 걸쳐 동시다발하고 있다. 그 안에, 다음 세기를 이끌 '삶의 기술'에 대한 조언이 있다. 21세기는 지난 세기, 변명과 자존의 한국학에서 벗어나 새로운 지식을 요구하고 있으며, 그와 함께 전통을 보는 시각과 접근이 급속히 달라지고 있다. 그 '징후'를 읽고, 고전과 전통에 대한 새 '목소리'를 듣기 위해 이 책이 기획되었다.

집필 요청을 승낙하고, 또 번거로운 피드백에 흔쾌히 응해주신

필자 여러분들에게 고마움을 전한다. 이 글들을 통해 나는, 우리의 인문학이 이전 세대에 비해 괄목상대, 크게 성장했다는 것을 뿌듯이 확인할 수 있었다. '인문학의 위기'를 다들 따라 외치느라, 정작 소리 없이 자라준 인문학의 키높이를 우리 모두 못 보고 지나친 것은 아닐까 하는 생각까지 들었다.

4

각 편의 내용을 간략하게 소개한다. 1부는 여성과 가정이다. 『내훈』은 유교 사회의 부인네의 덕을 규범적으로 제시했고, 『음식디미방』은 한글로 쓴 전통음식의 요리법을 담고 있다. 『규합총서』는 음식과 의복뿐만 아니라 양반가 여성의 문화적 생활을 보여준다.

2부는 전쟁이라는 극한 속에서의 개인이다. 『징비록』은 임진왜란의 참혹을 겪고 헤쳐나간 한 지휘관의 회고록이며, 『난중일기』는 성웅의 이미지에 가려진 장군 이순신의 인간적 번민과 고독한 결단이 적혀 있다. 『간양록』은 포로로 잡힌 조선 선비의 체험적 기록이며, 『병자일기』는 한 사대부 여인이 전란 속에서 겪은 일들을 담담하게 회고하고 있다.

3부는 조선의 과학과 기술을 다루었다. 『동의보감』은 중국과 독립한 조선의 의학을 과시하며, 『훈민정음』은 온갖 반대를 무릅쓴 한글 창제의 과정과 원리를 담고 있다. 『악학궤범』은 조선 왕조의 최고 음악지침서이며, 『누판고』는 조선시대 후기 전국에 흩어진 목판 간행물의 서지와 분류목록이다.

4부는 자유롭고 혁신적인 사고를 묶었다. 『연암집』은 통념과 권위를 벗어나 자신의 눈으로 사물을 보고 적은 독창적 문집이고,『기학』은 이(理)의 이념에 선입됨이 없이 기(氣)의 실제를 통해 사유하는 혜강의 독특한 인식론을 보여준다.『서유견문』은 주자학의 세계 밖에서 서구사회를 바라본 충격과 개화에의 권유를 담고 있다.

5부는 불교와 유교의 오래된 지혜를 듣는다.『대승기신론소』는 마음의 오염을 제거하고 본바탕을 회복하기 위한 이론적 실천적 충고이다.『수심결』은 즉자적 구원에 대한 믿음을 기반으로 한 선불교의 수련법을 적시해주고,『성학십도』는 주자학의 이념과 방법을 10폭의 그림으로 정리한 설계도 혹은 매뉴얼에 해당한다.『원교집선』은 양명학적 개인주의에 철저한 한 지식인 예술가의 삶을 온몸으로 들려준다.

5

이 책은 고전 읽기의 관문에 해당하는 기획이다. 필자들의 고전 독법이 마음에 들지 않거나, 해설로는 성에 차지 않는 분들은 본격 여행을 위해 신발끈을 다시 맬 것이다. 그런 분들이 많았으면 좋겠다. 장담컨대 직접 등정한다면 독자 제현들은 이 궁핍한 시대에 위안을 얻고, 각자의 삶이 바뀌는 소리를 들을 것이다.

2006년 9월
편찬위원을 대신하여 한형조

차례

《한국의 고전을 읽는다》 5권 - 문화·사상

I 여성과 가정

천하의 큰 성인 요(堯)와 순(舜)에게는 각각 단주(丹朱)와 상균(商均)이라는
아들이 있었다. 훌륭한 아버지의 가르침을 충분히 받았을 것이지만
그들은 오히려 못난 아들들이었다.
한갓 과부인 내가 어찌 옥 같은 며느리를 볼 수 있을까?
주(周)나라 문왕(文王)의 정치는 부인 태사(太姒)로 인해 더욱 빛났고,
초(楚)나라 장왕(莊王)이 중원을 제패한 것은 부인 번희(樊姬)의 덕택이었다.
임금을 섬기고 남편을 섬기는 데 이들보다 나은 자 누구인가?
이것으로 볼 때 한 나라의 치란흥망(治亂興亡)은 비록 임금의 어질고
우매함에 관계되지만 그 부인의 선악에도 좌우되는 것이니
이에 여자를 교육하는 것이 무엇보다 시급하다.
— 「내훈서(內訓序)」에서

소혜왕후 (1437∼1504)

세종 10년에 태어나 연산군 10년에 68세의 일기로 세상을 뜬 우리나라 최초의 여성 저술가이다. 그녀의 일생 동
안 모두 7명의 군주가 교체되었고 한확(韓確)의 딸, 세조의 며느리, 성종의 어머니, 연산군의 할머니 등의 가족역
할을 거쳤다. 그녀를 부르는 이름 또한 수빈(粹嬪), 인수왕비, 인수왕대비, 소혜왕후 등 다양했다.
소혜왕후는 20대에 세조의 명으로 불경의 언문 번역에 참여하였고, 39세의 나이에는 유교 경전을 통한 교훈서
『내훈』을 지었으며, 탁월한 정치적 감각을 가지고서 성종시대의 담론을 주도하기도 했다. 그녀는 수양대군 — 나
중의 세조 — 의 며느리로 왕실에 입성한 이래 수차례 군주가 교체되는 과정을 가장 가까이서 지켜보았고, 명나라
황제의 후궁이 된 두 고모와 아버지 한확, 친척 한명회(韓明澮) 등 권력 실세였던 친정 가족들을 통해 정치권력의
힘을 직접 확인할 수 있었다.

01

중세기 한 여성의 담론 권력
소혜왕후(昭惠王后)의
『내훈(內訓)』

이숙인 | 한국학중앙연구원 고전학연구소 연구교수

『내훈』의 겉과 속

'안의 교훈'이라는 뜻을 가진 『내훈(內訓)』은 책을 펼쳐보지 않아도 여성을 위한 교육서라는 것쯤은 누구나 맞힐 수 있다. 성종의 어머니인 소혜왕후(昭惠王后)에 의해 저술된 『내훈』은 1475년(성종 6)에 처음 나온 후 1736년(영조 12)까지 판본을 새롭게 하면서 5차례나 간행되었다. 『내훈』에 대한 관심은 조선조에서 상당히 오랜 기간 동안 꾸준히 이어졌던 셈이다.

소혜왕후가 『내훈』을 지은 뜻은 서문에서 밝힌 바, 나라나 집안의 치란과 흥망은 일차적으로 남자의 능력에 달려 있지만 그 부인의 덕성 또한 중요한 변수가 되기 때문에 여자를 가르치지 않을 수 없다는 데서 출발하였다. 그녀는 천하의 큰 성인 요순(堯舜)도 그 자식 교육은 마음먹은 대로 되지 않아 단주(丹朱)와 상균(商均)과 같은 불초한 아들을 두었음을 상기시키며, 한낱 과모(寡母)인 자신의 자식 교육은 어떠해야 하는가를 고민한 것이다.

옛 교훈서 또는 지금 교과서라는 단어가 함축하는 의미가 그렇듯이,『내훈』은 필시 가르치고 훈계하는 '말씀'으로 가득 차 있다. 더구나『내훈』이 저술된 15세기 조선사회는 유교적 체제 확립이라는 시대적 과제에 직면해 있었고, 저자는 임금의 모후이자 왕실 어른의 자리에 있었다. 그렇다면 아직은 어린 왕의 배후에서 각종 정치적 의사 결정에 관여해야 했던 소혜왕후에게 가장 절실했던 문제는 무엇이었을까?『내훈』이 구상되던 당시는 성종의 원비가 죽어 새 왕비를 맞이해야 할 상황이었고, 그녀에게 며느리가 될 이 왕비에 대한 관심이 무엇보다 컸다. 무엇보다 그녀는 당시에 이미 유교와 불교를 아우르는 여성 지식인의 대명사로 일컬어졌다. 이러한 맥락에서 국가 시책에 부합하면서 당시 사회가 요구하는 여성 모델을 제시하는 일, 그것은 어쩌면 그녀에게 부여된 시대적 소명이었는지도 모른다.

그런데『내훈』은 과연 여성만을 위한 책이었을까? 정작『내훈』속으로 들어가 보면 책이름이 시사하는 바나 서문에서 밝힌 저술 의도가 매우 의심스러워지는 것이다. 흥미롭고도 풍부하게 제시된 각 장의 구체적 사례들은 대부분 남성을 주인공으로 하였고 언행, 효친, 화목, 청렴 등의 주제는 여성의 것이라기보다 오히려 남성의 덕목에 가까운 방식으로 서술되고 있는 것이다. 이로써『내훈』의 실제 내용은 여성을 대상으로 한 것만이 아님을 알 수 있다. 이런 문제들은 저자 소혜왕후를 통해 해명될 수 있으리라 본다. 즉 내훈을 여는 열쇠는 저자 소혜왕후의 현실과 이상 그리고 욕망을 아는데 있다.

소혜왕후와 『내훈』의 탄생

소혜왕후는 좌의정을 지낸 한확의 6째, 막내딸로 태어났다. 당시그녀의 집안이 권력의 중심부을 장악할 수 있었던 것은 공녀로 가서 명나라 황제 후궁이 된 두 분의 고모가 계기가 되었다. 널리 알려진 대로 당시는 여자도 조공무역의 중요한 품목이었다. 자신의딸이나 누이가 공녀로 차출되는 것을 피하고자 했던 대부분의 경우와는 달리 한확은 자진해서 두 누이를 명나라에 공녀로 보냈다. 이때 한확은 출세를 위해 누이를 판다는 원망과 함께 다른 사람들의손가락질을 받았다. 두 누이로 인해 한확은 황친(皇親)에게 주어지는 명나라의 관직을 제수했고, 조선은 한확을 통해 조공품의 삭감이나 세자 책봉을 승인받는 일 등의 외교적 문제를 해결하게 되었다. 조선에서 한확의 정치적 입지는 그 누구보다 높았던 것이다. 그런 까닭에 그는 딸을 둘씩이나 왕자들과 혼인시킬 수 있었는데, 세종 19년에는 둘째 딸을 세종의 후궁 소생인 계양군 이증(李璔)에게시집보낸 바 있다.

한확은 자신의 막내딸을 수양대군의 장남 도원군 이장(李暲, 1438~1457)에게 혼인시켰고, 바로 그해 수양대군은 단종을 폐위시키고 왕위에 올라 세조가 되었다. 세조의 왕위 찬탈은 명나라 황제와 사돈 관계에 있었던 한확과 그의 인척인 한명회로 인해 가능하였다.[1] 이로 인해 세조대 이후 성종대까지 청주 한씨들의 정치적 지위와 영향력은 매우 비대해져, 소혜왕후를 비롯하여 예종의 두 비 장순왕후와 안순왕후, 성종의 원비 공혜왕후는 모두 청주 한씨 가문에서 나왔다.

시아버지가 왕위에 오름에 따라 소혜왕후는 왕세자빈에 책봉되어 수빈(粹嬪)이라 불리었고, 남편 도원군은 의경세자에 책봉되었다. 그리고 연달아 월산대군과 명숙공주, 후에 성종이 될 자을산군을 낳았다. 그런데 자을산군이 태어난 그 해 9월에 남편인 의경세자가 질병으로 죽자 그녀는 혼인한 지 3년 만에 21세의 과부가 되었다. 바로 전 해에는 아버지 한확이 세상을 떴는데, 잇따른 불행을 겪은 그녀는 2년 3개월 정도에 불과했던 왕세자빈의 지위를 뒤로 하고, 현재의 덕수궁 자리의 사가(私家)로 돌아왔다.

그녀는 공녀로 간 고모들의 존재나 정치 권력의 중심에 있었던 아버지와 형제 그리고 집안 친족을 통해 정치와 권력의 힘을 직접 확인할 수 있었다. 하지만 남편의 죽음으로 사가에 돌아온 그녀는 왕비의 꿈을 접어야 했고, 자식을 통한 궁궐 진입 또한 시동생 해양 대군의 왕위계승으로 포기해야 했다. 그럼에도 불구하고 자식교육에는 엄격하고 철저하여 세조로부터 폭빈(暴嬪)이라는 별호를 얻기도 했다.

소혜왕후의 두 아들 중 차남 자을산군은 1467년(세조 13)에 당

_____

1) 한확과 한명회는 9촌간이었다.

대 최고의 권력자인 한명회의 딸과 혼인하였다. 한명회는 첫째 딸을 해양대군 — 예종 — 에게 혼인시켰는데, 그 딸이 요절하자 다시 둘째 딸을 자을산군에게 혼인시킨 것이다. 그런데 예종은 14개월이라는 짧은 치세를 남긴 채 요절하였고 그 후계자로 13세의 자을산군이 지명되어 왕위에 오르게 되었으니, 그가 곧 성종이다. 소혜왕후의 차남 자을산군이 왕으로 지명된 것은 한명회의 입김이 강하게 작용한 것이다. 왕위에 오른 성종은 먼저 자신의 아버지 의경세자의 존호 및 어머니 수빈의 위상과 칭호를 높여 아버지를 의경왕으로, 어머니를 인수왕비로 하였다. 6년 뒤에는 다시 아버지를 추존왕 덕종으로 하고 어머니는 인수왕대비로 높였다. 그녀는 1504년(연산군 10)에 소혜왕후로 개봉됨으로써 이후 이 이름으로 불리어왔다.

학식과 정치적 감각을 두루 갖춘 당찬 이 여성은 여러 가지 얼굴을 갖고 있다. 그녀는 성인의 정치를 꿈꾸면서 정적을 제거하는 데는 냉혹함을 보였고, 유교적 현실정치를 꿈꾸면서도 불교 신앙에 심취했으며, 자신의 아들을 지키기 위해 며느리에게 사약을 내리는 것을 주저하지 않았다. 그녀는 나라에 중대한 결정 사항이 있을 때마다 언서로서 교지를 내리는 방식으로 성종시대의 정치를 주도해 갔다. 무엇보다 그녀는 불교 억제 정책에 맞서 불사를 창건하는 데 큰 역할을 함으로써 대신들의 공격을 받기도 했다. 그때마다 소혜왕후는 언문 교지로 응답하며 대신들과 격렬한 논쟁을 벌임으로써 강한 의지와 정치적 감각을 유감없이 발휘했다.

한편, 그녀는 조선 정치사의 큰 비극 연산군을 만들어낸 장본인이기도 했다. 자신의 며느리이자 연산군의 어머니인 윤씨가 왕비에 오른 것도 폐비되어 사사된 것도 모두 소혜왕후에 의해 주도된 것이다. 그리하여 손자 연산군의 원망을 받으며 68세의 일기로 불행한 노후를 마감했지만, 그녀가 남긴 우리나라 최초의 여성교육서 『내훈』은 불후의 작품이 되었다.

『내훈』은 여성을 위한 책?

『내훈』의 본문은 모두 7장으로 구성되어 있는데, 각 장의 주제는 언행(言行), 효친(孝親), 혼례(昏禮), 부부(夫婦), 모의(母儀), 돈목(敦睦), 염검(廉儉)이다. 책의 구성은 저자가 쓴 「내훈서(內訓序)」와 본문, 그리고 상궁 조씨(曺氏)가 쓴 발문(跋文)으로 이루어져 있다. 본문의 7가지 주제는 유교적 사회 및 가족생활에서 요구되는 기초적인 덕목으로 유교경전이나 여러 교훈서에서 이미 강조되어 온 것들이다. 한편, "『소학(小學)』·『열녀(烈女)』·『여교(女敎)』·『명감(明鑑)』 등"의 선행문헌[2]에서 뽑은 것을 각 장의 주제에 맞게 편집한 『내훈』을 독창적인 저술이라고 보기는 어렵다. 하지만 선행문헌에서 무엇을 선택할 것인가의 문제는 분명 저자의 의도와 사상이 깊이 반영된 것이다. 본문 각 주제의 내용과 의미를 간략히 살펴보자.

---

2) 실제로 『내훈』에 인용된 선행문헌은 『예기』의 「문왕세자(文王世子)」·「곡례(曲禮)」·「내칙(內則)」·「중용(中庸)」 등과 『여계』, 『소학』, 『열녀전』, 『후비명감』, 『안씨 가훈』, 『맹자』, 『논어』 등 매우 다양하다. 하지만 저자가 이러한 원전을 직접 본 경우보다 『소학』이나 『열녀전』에 인용된 것을 재인용한 경우가 많을 것이다. 『후비명감』은 『내훈』이 편찬되기 몇 년 전 성종의 요구로 역대 후비의 착하고 악한 것을 뽑아 편찬한 것이다.

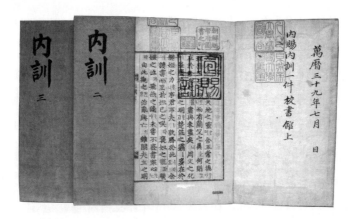

소혜왕후가 지은 『내훈』.

　1장 '언행'은 말의 중요성과 모범적인 행동의 사례들을 소개하였다. 먼저 말이란 "영예와 치욕을 가르는 열쇠이고 친밀함과 소원함을 결정하는 마디"다. 또 말은 "굳었던 것을 풀어주고 떨어져 있는 것을 합치기도 하지만 원한을 쌓고 원수로 만들기도" 하는 능력을 갖고 있다. 그래서 현명한 사람들은 말을 관리하는 데 힘쓴다. 즉 "남에게 거슬리는 말, 아첨하는 말, 근거없는 말, 경솔한 말, 희롱하는 말" 등을 하지 않는 것이다. 여기서 다루는 행동의 범주는 "주인이 보는 앞에서 국그릇에 간을 맞추는 행위를 삼갈 것"이라는 밥상의 예절에서부터, 가난하지만 편안하고 부자이면서 교만하지 않아야 한다는 인생의 기본자세에 이르기까지 그 폭이 매우 넓다. 『내훈』이 제시하는 말과 행동의 요체는 "언충신(言忠信), 행독경(行篤敬)"이다. 즉, 말은 성실하고 미더우며 행동은 돈독하고 공경스럽게 하라는 뜻이다.

2장 '효친'은 『예기』 「문왕세기」에 나오는 문왕의 효 실천의 사례로 시작되고 있다. 문왕은 유교적 효를 실천한 모범적 인물로서 경서와 사서에서 끊임없이 강조되어 온 인물인데, 『내훈』 역시 효친의 시작을 문왕으로 보았다. 문왕은 부친 왕계(王季)를 하루 세 번씩 문안드렸고, 부친이 편안하면 기뻐하고 부친이 불편하면 근심하는 등 부친의 상황에 따라 자신의 기분도 달라졌다고 한다. 문왕의 효심은 자신의 아들 무왕에게 그대로 전달되어 무왕 역시 아버지 문왕을 하늘처럼 모셨다. 이것은 자신이 부모에게 행한 만큼 자식으로부터 되돌려 받는다는 것을 암시해준다. 소혜왕후가 소개한 효 실천의 사례는 우리도 익히 알고 있는 고사들이 많다. 중국 한나라 때 백유(伯兪)가, 어머니의 매가 아프지 않다는 이유로 슬퍼한 것이 그 중 하나이다.

3장 '혼례'는 유교적 사회 건설에서 가장 중요한 혼인의 원리와 목적, 조건 등을 논하고 있다. 혼인의 목적은 두 성을 좋은 관계로 발전시켜 위로는 종묘를 섬기고 아래로는 후세를 잇게 하는 데 있다. 혼인의식 또한 유교식의 친영례를 당연시하였고, 혼인의 조건은 사위감이나 며느리감의 능력이나 인품이지 재물이 되어서는 안 된다는 점을 강조하고 있다. 즉, "며느리의 재물을 가지고 부자가 되고 며느리의 세력에 의지해서 지위가 높아지는 것"은 부끄러운 일이다. 그래서 "딸을 시집보낼 때는 반드시 내 집보다 나은 집으로 보내고, 며느리를 얻을 때는 반드시 내 집보다 못한 집에서 데려온다"는 것이다. 즉, 여자가 권력의 중심에 있어서는 안 된다는 말이다.

4장의 '부부'는 상·하(上·下)로 구성되어 있고 그 분량도 가장 많다. 부부관계에서 특히 부인의 역할을 중요하게 취급하여 그 원리와 구체적 사례를 제시하고 있다. 여자가 출가하는 것을 '돌아간다'고 한 것은 죽거나 살거나 시집을 제집으로 여겨야 하기 때문이라는 것이다. 저자는 "남편은 아내의 하늘"임을 강조하고 있다. 부부란 누구보다 가깝고 친밀한 사이지만 때로는 서로가 빈객처럼 조심스럽게 공경하며 대접해야 하는 관계라는 점을 강조하였다.

5장 '모의'는 어머니로서 훌륭한 모델을 제시한 것인데, 자식의 인격은 어머니의 교육에서 좌우되는 바가 크다고 보았다. 즉 "자식이 현명하지 못한 것은 진실로 어머니에게 달렸으니, 어머니여! 어머니여! 어찌 감히 그 허물을 남에게 돌리겠는가?"라고 한다. 『내훈』이 제시한 어머니의 모델은 자식을 잉태한 그 순간부터 유아기, 소년기, 청년기를 거쳐 장년의 자식이 아무리 높은 지위에 있더라도 어머니의 시선은 자식에서 자유로울 수 없음을 보여주는 것이다. 그녀는 엄격하고 절제된 모정을 추구하고 있다.

6장 '돈목'은 형제나 친척들과 화목하게 지내야 하는 이유와 그 구체적 사례를 제시하였다. 시집 온 여자들은 특히 동서 관계에 신중해야 하는데, 남편의 형제 사이를 나쁘게 할 수도 있기 때문이다. 즉, "사내들 중에 과연 몇 사람이나 뜻이 굳고 강한 심장으로 그같은 아내의 말에 현혹되지 않을 자가 있겠는가?"라고 하였다. 동서 간의 다툼에서 당장은 이겼더라도 누가 먼저 죽을지 모르는 일이고, 또 그 화가 결국 누구에게 미칠것인가를 생각해야 한다는 것이다. 하지만 이 장은 여자들보다는 남자들의 형제관계에 더 집중하고 있다.

7장 염검은 삶의 진정성이란 재물에 있지 않음을 보이고자 청렴과 근검을 실천한 사람들을 소개하였다. "죽는 날 곳간에 곡식이 가득하고 창고에 재물을 쌓아놓게 되는 부끄러운 상황을 만들고 싶지 않다"고 하며 부귀영화를 마다한 제갈공명의 고사를 소개하고 있다. 또 후한의 양진(楊震)은 자신이 천거하여 관직에 오른 왕밀(王密)이 고마움의 표시로 황금 10근을 가지고 오자, "나는 그대를 잘 아는데, 그대는 나를 모르니 어찌된 일이오?"라고 불쾌해했다. 왕밀은 "어두운 밤이라 아무도 아는 사람이 없습니다"고 하자, 다시 양진은 "하늘이 알고 신이 알고 내가 알고 그대가 아는데, 어찌 아는 사람이 없다하오?"라고 하여 거절하였다는 고사도 소개되어 있다.

말하는 자와 듣는 자

모든 말이 그렇듯이 소혜왕후의 말 역시 누군가를 향한 일종의 권력 행위다. 다시 말해『내훈』의 저자로서 자신이 하고 싶은 말을 글로 표현한 것이라는 단순한 사실에서 볼 때, 그 말을 들어야 하는 구체적인 대상이 있게 마련이다. 말하는 자는 당연히 소혜왕후이지만, 듣는 자는 자신을 포함해서 매우 다양하다. 그런데 소혜왕후의 말을 듣는 자 혹은 들어야 하는 자를 성별로 분류한다면 2/3가 남자라는 사실이 매우 흥미롭다. 원래『내훈』은 여성들이 보아야 할 책으로 씌어졌기 때문이다.『내훈』의 청자(聽者)는 크게 소혜왕후 자신과 며느리, 자신의 아들과 아들의 신하 등으로 나눌 수 있다. 오늘날의 공직자인 신하에게 하는 말은 곧 그 배후에 있는 여성들에게도 해당되는 것이다.『내훈』의 각 언어가 누구를 대상으로 한 것인가를 분명히 할 때, 답답한 훈계서에서 생동하는 현실의 언어로 복원될 수 있을 것이다.

소혜왕후에게는 두 부류의 여자가 있다. 학식과 능력을 갖추고서 남자를 선도하는 여자와 "남편이 때리고 꾸짖더라도 당연하게 여겨 감히 말대답하지 않는" 지극히 순종적인 여자이다. 전자가 자신을 모델로 한 것에 가깝다면 후자는 며느리에게 요구된 것이다. 부부장에서 장황하게 소개된 중국의 역대 황후들의 정치적 내조는 소혜왕후 자신의 행위와 동일시하기 위한 것으로 보인다. 즉, 여성의 잠재적 능력을 확인하는 것은 자신의 정치 개입을 합리화하려는 맥락과 통한다. 역사에서는 여성의 정치 참여가 끼친 부정적 영향도 많았지만, 소혜왕후는 긍정적인 결과를 보여주려 했을 뿐만 아니라 여성 능력의 최대치를 보여주려고 했다. 지모(智謀)와 덕성을 구비한 여성들은 남성 대신들과 자주 격렬한 논쟁을 벌여야 했던 그녀에게 든든한 지원자였다.

반면에 "남편을 하늘처럼 받들어야 하는" 부인이란 며느리를 향한 요구이지 남편과 일찍 사별한 그녀를 향한 말은 아니다. 혼인 3년 만에 남편과 사별하여 부부관계의 실제적인 경험이 많지 않았던 그녀는 규범적인 부부상, 그 이상의 것을 생각할 수 없었을 것이다. 따라서 남편이 아내에게 "꾸짖고 때리는" 등의 폭력을 행할 수는 있지만 그 반대의 경우는 용납할 수 없었다. 예컨대 며느리 윤씨는 아들인 성종의 얼굴에 상처를 낸 사건을 발단으로 그녀의 주도하에 폐비되고 사사되기에 이른 것이다. 그녀는 "여자는 원래 남자에 비해 성급하고 투기심이 많은데다 독하기까지 하다"고 하여 교육을 통해 유순하고 약하게 만들 필요가 있다고 하였다. 그 남편에게 오로지 순종하고 시집 가족들에게 헌신하라는 말은 궁극적으로 가부장적 가족구조 속의 모든 며느리를 향한 '말씀'이지만 새로운 며느리를 선발해야 했던 그녀의 욕망이기도 하다.

소혜왕후의 말을 듣는 자 중에서 가장 중요한 인물은 아들 성종이다. 그 내용은 부모에게 효도할 것과 아내를 잘 관리하라는 것으로 요약된다. 『내훈』이 '여성 교훈서'임에도 불구하고 소개된 효의 실천 사례는 주로 아들이 그 부모에게 행한 것들이다. 즉, 며느리의 효도가 원론적인 차원에서 제기된 것에 비해 아들의 효도는 구체적 인물을 열거하는 방법으로 더 많이 제시되고 있다. 그리하여 소혜왕후가 『예기』에서 선택한, "자식된 자는 그 아내가 몹시 좋을지라도 부모가 좋아하지 않으면 내보내야 한다. 반면에 그 아내가 마음에 들지 않더라도 부모가 좋아하면 부부의 도리를 행해야 한다"는 말을, 1년 후 성종은 윤비를 폐하는 중요한 논리로 사용하였다.

『내훈』 7가지 주제 중 염검(廉儉)은 나라의 재물을 사적 용도로 쓰는 것을 경계한 것으로 그 대상은 관직에 있는 자들이다. 신분이 높거나 낮거나 청렴과 절제를 실천해야 할 모든 공직자는 소혜왕후에게는 아들의 신하인 셈이다. 그녀가 아들의 신하에게 하는 말은 청렴을 실천한 남성 인물을 직접 조명한 경우도 있고, 그들 배후에 있는 여성들과의 관련 속에서 보여준 경우도 있다. 예컨대 관직에 나가는 아들에게 "자식이 벼슬살이를 하는데, 누군가 보고 와서 가난하여 견딜 수가 없더라고 하면 좋은 소식이지만, 재물이 쌓여 있고 의복이나 거마가 훌륭하다고 하면 나쁜 소식이다"고 했다는 한 어머니를 소개하고 있다.

모순 속의 진실

읽는 행위와는 달리 쓰는 행위는 자신의 의식을 표현하고 담론을 형성함으로써 사회적 권력을 획득할 수 있는 힘을 가진다. 그런 까닭에 사회적 약자나 주변자는 문자생활에서 제외될 수밖에 없었다. 특히 조선시대의 여성은 독서자(reader)일 수는 있어도 서술자(writer)일 수는 없었는데, 그것은 남성 지식인들이 여성의 글쓰기 행위를 비난하는 말에서도 확인된다. 또한 여성은 읽어도 되는 것과 읽어서는 안 되는 것 등의 독서물에 대해서도 통제를 받았다. 이런 가운데 우리 역사상 최초의 여성 저술서인 『내훈』이 나온 것이다.

　지금까지 『내훈』은 밋밋하고 답답한 훈계의 말씀으로 가득 찬 그저 그런 교훈서라는 이미지에서 크게 벗어나지 않았다. 저자 또한 여성 억압의 이데올로기를 유포시킨 보수적인 왕실 여성의 이미지로 각인되어 왔다. 물론 『내훈』이나 저자에게 이러한 요소가 전혀 없는 것은 아니다. 다만 『내훈』이나 저자의 진실이 하나인 것만은 아니라는 사실을 알 필요가 있다. 여성이지만 '여성임'을 넘어서야 했던 소혜왕후는 모순된 상황에 시시각각 직면했을 것이다. 지금까지 보지 못했던 그 다른 진실을 찾아내는 일에 고전 다시 읽기의 의미가 있다.

　『내훈』의 또 다른 진실은 조선시대 한 여성의 권력 의지가 구체적인 역사 현장을 통해 발화(發火)된 것이라는 점이다. 여성의 의식 및 행위를 제한하는 유교적 젠더 모델과 자기애에 기초한 인간의 보편적 권력 의지는 충돌하는 것이지만 그녀는 이 둘을 다양한 방식으로 교차시킨다. 예컨대 남성을 주도하는 여성과 남성에게 순종하는 여성, 둘 다 그녀에게는 바람직하다. 또 자신의 책이 "민간의 우매한 여자들까지" 널리 읽히기를 바라면서 그 내용은 주로 남성 '영웅'들의 이야기를 담고 있다. 아들 성종은 그녀에게 하나의 큰 우주이지만 그렇다고 단순히 아들을 하늘처럼 받드는 그런 '세속적'인 어머니는 아니다. 여자 교육에 목적이 있다고 하면서도 거기에 제시된 구체적 사례들은 주로 아들이 그 부모에게 효도한 이야기들인 것이다.

『내훈』이라서 청렴과 검소의 주인공은 여자일 법하지만 거의 남성 관료들의 이야기다. 또한 그녀는 자식 교육과 자기관리에 엄격하고 철저했으며, 눈 밖에 난 며느리를 내쳐 죽음에 이르게 한 냉혹함과는 달리 "함께 살 날이 겨우 수십 년, 긴 것을 다투고 짧은 것을 겨루어 본들 무슨 의미가 있겠는가?"라고 지극히 관용적인 모습을 보이기도 한다. 유교적인 가족 질서를 추구하면서 불교적인 신앙으로 자신을 다독거린 소혜왕후. 이러한 모순적인 불일치에 개입하여 새로운 진실을 밝혀내는 것, 여기에 『내훈』 다시 읽기의 묘미가 있다.

더 생각해볼 문제들

1. 어떤 저술이든 저술자는 문제의식을 갖게 마련이다. 따라서 저자의 문제의식이 무엇이었는가를 아는 것은 책의 비밀을 여는 열쇠 중의 하나이다. 그렇다면 아직은 어린 왕의 모후이자 왕실 어른의 자리에 있었던 소혜왕후는 어

떤 문제의식과 동기를 가지고『내훈』을 썼을까?

2. 고전이라 함은 시대를 초월하여 통용될 수 있는 보편적 가치를 제시한다는 데 일차적인 의미가 있다. 한편 비록 고전이라 하더라도 그것이 만들어질 당시의 시대적 문제와 인식의 틀로부터 자유로울 수 없는 한계가 있다. 모두 7장으로 구성된『내훈』의 편명과 그 내용을 살펴볼 때, 지속적인 의미를 가질 수 있는 것은 무엇이고 이미 시효가 끝난 주제나 내용은 어떤 것들이 있는가?

3. 지금까지 알려진 바,『내훈』은 여성들을 위한 교훈서로 여자라면 반드시 읽어야 할 '좋은 책'일 뿐 그 속에서 일어난 저자(writer)와 독자(reader)의 권력 관계의 역동성을 주목하지는 않았다. 고전을 새롭게 한다는 것은 가지 않았던 길을 통해 또 다른 진실을 찾아내는 데 있다. 저자가 누구를 향해 무엇을 말하는가를 분명히 하는 것과 그렇지 않은 것의 차이를『내훈』을 통해 토론해보자.

추천할 만한 텍스트

『내훈』, 소혜왕후 지음, 이민수 옮김, 일신서적출판사, 2001년.

이숙인(李淑仁)

한국학중앙연구원 고전학연구소 연구교수.

성균관대학교 동양철학과를 졸업하고, 동 대학원에서 박사 학위를 받았다. 논문은 유교경전 오경(五經)의 여성윤리사상에 관한 연구다. 동양철학 연구에 페미니즘을 도입하여 '유교 페미니즘'의 새로운 학문영역을 개척하였으며, 여성문화이론연구소에서 여성주의 학술운동을 펼치고 있다.

저서『동아시아 고대의 여성사상』(2005), 역서『열녀전』,『여사서』가 있다. 그리고 논문으로는 「조선시대 여성지식의 성격과 그 구성원리」,「조선시대 교육의 젠더지형도」 등 다수가 있다.

이 책은 매우 눈이 어두운데 간신히 썼으니

그 뜻을 잘 알아서 그대로 시행하고, 딸자식들은 각각 베껴 가되

이 책 가져 갈 생각은 하지 말고,

부디 상하지 않게 간수해서 훼손하지 말라.

— 『음식 디미방』 중에서

정부인 안동장씨 (1598~1680)

경북 안동군 서후면 금계리에서 태어났다. 아버지 경당(敬堂) 장흥효(張興孝)는 참봉을 지내고 향리에서 후학을 가르친 성리학자였으며, 어머니는 첨지 권사온의 딸이었다. 안동장씨는 19세에 영양군의 재령이씨인 석계 이시명(李時明)의 계실로 출가하였다. 이시명은 전실 김씨로부터 일남일녀를 얻었으며 둘째 부인인 장씨로부터 육남이녀를 두었다. 특히 셋째 아들 이현일은 『정부인 안동장씨 실기(貞夫人安東張氏實記)』를 썼는데, 이 책을 보면 부인의 행실과 덕이 매우 높았음을 알 수 있다.

안동장씨는 회임함에 언행을 옛 법도대로 하였고 자애로움과 엄격함으로 자녀들을 훈도하였으며, 서화와 문자에 뛰어나 훌륭한 필적을 남기기도 하였다. 흉년 기근으로 민생이 참혹할 때 굶주린 사람의 구휼에 정성을 다했다. 사방에서 모여든 행인이 집 안팎을 메워 솥을 밖에 걸어 놓고 죽과 밥을 지어 먹이기도 했고, 의지 없는 늙은이를 돌보았으며 고아들을 데려다가 기르는 등 인덕과 명망이 자자하였다. 숙종 6년에 83세를 일기로 세상을 떠난 안동 장씨는, 현재 경북 영양군 석보면 원리의 석계고택에서 말년을 보냈고 묘소는 안동군 수동에 있다.

02

한국 최고의 식경(食經)
안동장씨(安東張氏)의
『음식디미방』

정혜경 | 호서대학교 식품영양학과 교수

매력적인 옛날 옛적의 조리서

요리서는 참 매력적인 책이다. 요리의 나라 프랑스에서는 16세기 초에서 18세기에 이르는 이른바 '탐미의 시대'에 맛의 탐미를 열렬히 지지한 볼테르는 물론이고 이에 비판적이었던 루소까지도 요리를 예술의 한 분야로 보았다. 아무튼 맛있는 음식은 매력적이며 탐미의 대상이기까지 하다. 그래서인지 지금도 음식, 특히 요리에 관한 책은 가장 잘 팔리는 책들 중의 하나이며, 많은 여성 혹은 남성들이 현란한 색상의 요리책들을 열심히 읽고 있는 모습이 자주 눈에 띈다. 이때마다 나는 한 가지 의문을 갖곤 한다. 과연 저 사람들이 우리나라 최고의 요리책 ― 이는 가장 오래된 한글 요리책이면서 내용 또한 최고 수준이라는 의미 ― 인 『음식디미방』이 이미 17세기 중엽에 씌어진 사실을 알고 있을까 하고 말이다.

『음식디미방』은 음식문화를 전공하는 학자들 대부분이 주저 없이 우리나라 최고의 식경(食經)으로 꼽는 책이다. 더구나 순 한글체로 이루어져 있어서 누구나 쉽게 접근이 가능하면서도 우리의 빼어난 전통음식 조리법의 정수를 보여주는 책이다. 물론 책이 씌어진 해로 추측되는 1670년경 이전에도 식품에 관련된 책들이 없었던 것은 아니지만, 대부분 남성들이 쓴 것들이다. 순 한글로, 그것도 여성에 의해서 이렇게 세밀하게 조리방법을 적어 놓은 요리책은 아직 발견되지 않고 있다. 그래서 이 책은 여성이 쓴 아시아권 최고의 조리서로 인정받고 있는 것이다.

이 책은 경북 영양군의 재령 이씨 가문의 서고에서 발견되었으며, 전 경북대학교 교수 김사엽 박사의 논문집을 통해 학계에 소개되었다. 한지로 접은 4·6배판 크기의 책으로, 표지에는 한자로 '규곤시의방(閨壼是議方)'이라 적혀 있고 그 내용 첫머리에 '음식디미방'이라고 적혀 있다. 아마도 표지의 서명은 장씨의 남편이나 자손들이 격식을 갖추어 붙인 것 같고『음식디미방』이라는 표현은 장씨 부인 스스로 쓴 원명이라고 생각된다. 글씨체는 고문의 궁체 붓글씨다.

조리법의 전수를 위해

장씨 부인은 이 책을 왜 썼을까? 아마도 자신이 알고 있는 고유의 조리법을 길이 가문의 후손들에게 물려서 그 맥이 이어지기를 바랐기 때문일 것이다. 이 책의 저자 후기에는 특히 딸들에게 당부하는 내용의 글을 담고 있어 이채롭다.

> 이 책은 매우 눈이 어두운데 간신히 썼으니 그 뜻을 잘 알아서 그대
> 로 시행하고, 딸자식들은 각각 베껴 가되 이 책 가져 갈 생각은 하지
> 말고 부디 상하지 않게 간수해서 훼손하지 말라.

얼핏 생각하면 혹시 딸들이 책을 가져갈까 염려되어 당부한 말로
도 해석될 수 있다. 그러나 그것보다는 딸들이 각각 이 책을 꼭 베
껴가서 그 조리법을 전파하기를 바라는 마음을 담고 있다. 각 가문
의 조리법은 시어머니에서 며느리로 전수되어 왔다는 것이 정설이
지만 실제로는 친정어머니를 통한 모계전수도 드물지 않았다. 필자
가 수년 전 서울의 음식사례 연구를 위해 만나 본 여성들 대부분은
친정어머니로부터 조리법을 전수받았다고 대답하였다. 그래서 그
동안 주로 통용되어 왔던 가문위주의 조리법전수에 의문을 가져오
던 차에 이 책을 접하고는 그 점을 확인할 수 있었다.

또 다른 특이점은, 각 조리법의 명칭 뒤에 '맛 질 방문'이라는 표
현이 붙은 것들이 16종이나 있다는 것이다. 이에 대해 여러 가지 견
해가 있었으나 최근에는 이를 "맛 질이란 곳에서 행해진 조리 방
문"이라고 해석하고 있다. 이 맛 질은 장씨 부인의 어머니인 권씨가
살았던 경북 예천의 맛 질을 가리키며 이 곳의 조리법을 이른다는
것이다. 즉, '맛 질 방문'이란 장씨 부인이 친정어머니인 권씨로부
터 전수받은 조리법이라는 것이다.

그밖에, 이 책은 순 한글로 쓰여졌지만 표지 뒷면에 유려한 한시

한수가 적혀있어서 부인의 빼어난 한문 실력도 짐작케 해준다.

> 시집온 지 삼일 만에 부엌에 들어
> 손을 씻고 국을 끓이지만,
> 아직 시어머니의 식성을 몰라
> 어린 소녀를 보내어 먼저 맛보게 하네.[1]

조선시대의 여성 과학자

이문열의 『선택』이란 소설은 전형적인 조선시대 사대부 가정의 여인으로서 작가의 집안 어른인 장씨 부인의 입을 빌어 요즘 여성들을 가차 없이 질타하고 있다. 그러나 『음식디미방』을 읽어 보면 장씨 부인이 식품의 과학적 조리법을 최초로 기록한 진취적인 여성, 다시 말해 여성과학자라는 생각이 든다. 조선시대에는 여성이 책을 저술하여 남긴다는 것 자체가 사회적 통념에 어긋난 일이었다. 그때문에 자신이 쓴 책을 스스로 불사르기도 하였다. 그렇다면 장씨 부인은 사회적 통념에 과감히 도전한 여성이 아니었을까? 이씨 문중에서는 이런 부인의 공덕을 기려 300여년이 지난 오늘날까지도 음력 7월 6일이면 기제사를 여성임에도 불구하고 '불천위(不遷位) 제례'[2]로 모시고 있다.

---

1) 이 시의 원문은 다음과 같다.

三日入廚下 / 洗水作羹湯 / 未諳姑食性 / 先遣小姑.

2) '불천위'는 국가에 공로가 있어서 영구히 모시는 조상을 일컫는다. 즉, 삼대나 사대 봉사와 관계없이 계속해서 모시는 것이다. 기일제는 물론 차례, 시제도 지낸다.

전통적인 조리법으로 만든 한과.

　조리는 식품화학을 이해한 바탕 위에서 하는 과학의 영역, 즉 현대의 식품가공학의 중요한 한 영역이다. 『음식디미방』은 조선시대 중기 조리과학의 수준을 가늠케 해주는 소중한 책이다. 이 책이 상당히 과학적인 조리법에 따라 씌어졌음은 대부분의 식품학자들이 공감하고 있다 ― 최근 들어 이 책에 소개된 대부분의 음식 조리법이 재현되고 있다.

　여기서는 이 책의 많은 음식들 가운데, 한과류(韓菓類)의 중요한 위치를 점하는 건정류(乾飣類), 그 중에서도 '강정'의 제조법을 통해 그 과학성을 살펴보기로 한다. 식품화학자 장지현에 의하면 조선시대 초엽 이래로 건정류의 종류 및 존재에 관한 기록은 있으나 그 제조법은 밝혀지고 있지 않다가 『음식디미방』에서 비로소 건정류의 과학적 조리 가공법이 최초로 밝혀졌다고 한다.

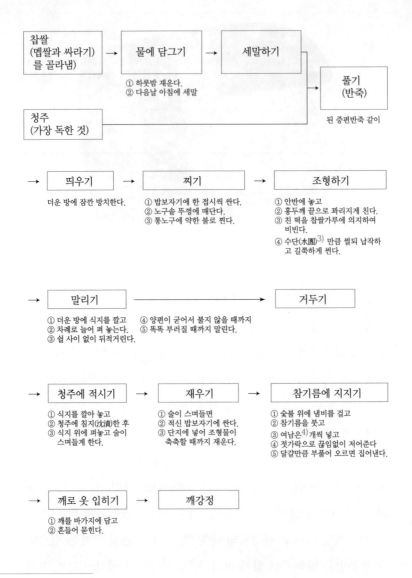

찹쌀
(멥쌀과 싸라기)
를 골라냄) → 물에 담그기 → 세말하기 → 풀기
(반죽)

① 하룻밤 재운다.
② 다음날 아침에 세말

청주
(가장 독한 것)

된 증편반죽 같이

→ 띄우기 → 찌기 → 조형하기

더운 방에 잠깐 방치한다.

① 밥보자기에 한 접시씩 싼다.
② 노구솥 뚜껑에 매단다.
③ 통노구에 약한 불로 찐다.

① 안반에 놓고
② 홍두깨 끝으로 꽈리지게 친다.
③ 친 떡을 찹쌀가루에 의지하여
   비빈다.
④ 수단(水團)3) 만큼 썰되 납작하
   고 길쭉하게 썬다.

→ 말리기 ────────→ 거두기

① 더운 방에 식지를 깔고   ④ 양편이 굳어서 붙지 않을 때까지
② 차례로 늘어 펴 놓는다.   ⑤ 똑똑 부러질 때까지 말린다.
③ 설 사이 없이 뒤적거린다.

→ 청주에 적시기 → 재우기 → 참기름에 지지기

① 식지를 깔아 놓고
② 청주에 침지(沈漬)한 후
③ 식지 위에 펴놓고 술이
   스며들게 한다.

① 술이 스며들면
② 적신 밥보자기에 싼다.
③ 단지에 넣어 조형물이
   축축할 때까지 재운다.

① 숯불 위에 냄비를 걸고
② 참기름을 붓고
③ 여남은4) 개씩 넣고
④ 젓가락으로 끊임없이 저어준다
⑤ 달걀만큼 부풀어 오르면 집어낸다.

→ 깨로 옷 입히기 → 깨강정

① 깨를 바가지에 담고
② 흔들어 묻힌다.

───────────

3) 쌀가루 등으로 경단같이 만들어 꿀물이나 오미자물에 담가 먹는 음식이다.

4) 열 남짓. 즉 '10여 개' 라는 뜻이다.

가장 고른 찹쌀을 멥쌀과 싸라기 없이 가려내어 버리고 물에 담가 하룻밤 재운다. 이튿날 아침에 바람 없는 방에 불을 덥게 때고, 담갔던 쌀을 세말 — 아주 곱게 빻은 가루 — 하여 가장 독한 청주로 된 증편 같이 풀어서 더운 데 잠깐 놓았다가 밥보자기에 한 접시씩 놓아 노구솥 뚜껑에 달아매서 통노구솥에 약한 불로 쪄서 안반에 놓고 홍두깨 끝으로 파리지게 친다.

이를 현재의 조리과정으로 정리해 보면 다음의 도표와 같다. 이 강정 조리법은 장지현의 『한국 조과류사 연구』에 수록된 것이다. 발효, 팽윤과정, 조형과정 등이 아주 과학적으로 정리되어 있어서 놀랍다.

음식의 분류체계

이 책에는 총 146가지의 조리법이 나오는데, 저자는 다음 세 가지로 나누어 놓고 있다.

면병류(麵餠類) 18개 항목.
어육류(魚肉類) 74개 항목.
주류(酒類) 및 초류(醋類) 54개 항목.

이 가운데 어육류가 제대로 되어 있지 않은 것처럼 보인다. 먼저 어육류라 해놓고 별다른 설명 없이 면류, 병과류, 채소류 등을 첨가해서 썼기 때문이다. 그렇지만 전체적으로는 조리법의 분류에서 흔

『음식 디미방』 조리법의 분류에 따른 음식

조리법		음식
주식	국수	메밀국수, 녹말국수, 면, 난면
	만두 류(6)	메밀만두, 수교의, 석류 탕, 만두, 숭어만두, 어만두
부식	국(11)	족탕, 말린 고기탕, 쑥탕, 천어순어탕, 붕어순갱, 와각탕, 난탕법, 계란탕법, 양숙편, 전복탕, 자라갱
	찜	붕어찜, 해삼찜, 개장찜, 개장, 수중계, 가지찜, 외찜
	숙편	양숙, 별미 닭대구편
	선(1)	동아선
	채(5)	연근채, 동아돈채, 잡채, 대구껍질채, 외화채
	누르미(6)	가지누르미, 개장고지누르미, 동아누르미, 대구껍질누르미, 개장누르미, 해삼누르미
	구이(4)	닭구이, 가제육, 웅장, 대합구이
	볶이(3)	양볶이, 꿩지히, 꿩짠지히
	적(2)	동아적, 연근적
	전(1)	어전법
	회(2)	회, 대합회
	침채	꿩침채, 산갓침채, 마늘 담는 법
	젓(4)	게젓, 약게젓, 청어 염해법, 방어 염장법
초	식초(3)	초법1·2, 매자초,
떡 및 한과	떡(9)	상화, 상화편, 증편, 석이편, 잡과편, 밤설기, 전화법, 빈자법, 인절미 굽는 법
	한과(10)	연약과, 약과, 박산, 중박계, 빙사과, 강정, 앵도편, 순정과, 죽순정과, 섭산삼
	화채(5)	토장법 녹두나화, 착면(오미자), 별착면, 차면, 식면(오미자)
저장 및 조리	채소(8)	수박, 동화 간수법, 동화 담는 법, 가지 간수법, 고사리 담는 법, 비시나물 쓰는 법, 건강법
	과일(1)	복숭아 간수법
	고기(2)	고기 말리는 법, 고기 말려 오래두는 법, 참새 말리는 법
	생선(4)	생선 말리는 법, 전복 말리기, 해삼 말리기, 생복 간수법, 연어란
	삶는 법 (8)	질긴 고기 삶는 법, 누른개, 웅장 손질법, 개장 고는 법, 해삼 다루는 법, 국에 타는 법
주류	단양주(11)	정감청주, 점감주, 하절 삼일주1·2, 일일주, 하절주, 이화주1·2·3·4, 사급주
	이양주(23)	감향주, 하향주, 벽향주, 유화주, 향온주, 소곡주, 황금주, 사시주, 칠일주, 백화주, 동양주, 점주, 적주, 남성주, 녹파주, 칠일주, 죽엽주, 별주, 행화춘주
	삼양주(6)	삼해주1·2·3·4, 삼오주1, 순향주법
	사양주(1)	삼오주2
	약용주(3)	차주법, 송화주, 오가피주
	혼양주(1)	과하주
	소주(4)	소주1·2, 밀소주, 찹쌀소주
	누룩(2)	주국방법, 이화 주누룩법

히 쓰는 방법인 음식의 재료를 위주로 한 분류체계에 따라 정리되어 있다. 그리고 술에 관한 항목이 매우 많아 이 시대 사대부가에서는 가양주(家釀酒)를 잘 담그는 일을 매우 중요하게 생각했다는 것을 알 수 있다.

독자의 이해를 돕기 위해 『음식디미방』에 소개된 음식이름들을 현대어로 바꾸고, 그것들을 다시 현대 음식의 조리법에 따라 분류해 보면 왼쪽과 같다. 이를 통해 지금과 비교해도 거의 손색이 없는 다양한 조리법이 당시에도 존재했음을 확인할 수 있을 것이다.

다양한 조리법 및 식품재료들

우리가 흔히 중국 음식이나 서양 음식을 접할 때 그들의 독특한 조리법이라고 생각하는 게 있다. 예를 들어 중국 음식의 경우, 요리의 맨 마지막 단계에서, 물에 푼 전분을 끼얹어 음식을 걸쭉한 형태로 만들어 내는 것이 가장 보편적으로 알려져 있다. 그런데 이와 유사한 조리법이 『음식디미방』에 소개되어 있는 것이다. '누르미'라는 음식이 그것으로, 동아누르미나 대구껍질누르미 조리법을 보면 마지막 단계에서 전분의 즙을 끼얹는 것으로 나온다. 지금은 이러한 조리법이 거의 존재하지 않아서 모르고 있을 뿐, 전통시대에는 우리에게도 그러한 조리법이 있었던 것이다.

그리고 서양 조리법 중에 소스를 이용하는 조리가 있는데, 이 또한 서양조리의 전통이지 우리에게는 없는 조리법이라고 여겨져 왔다. 그런데 서양의 소스에 해당되는 '즙', 예를 들어 생치즙, 동아즙 같은 것을 만들어서 재료 위에 끼얹어 쓰는 조리법이 이 책에 다양한 형태로 소개되어 있는 것이다. 따라서 오늘날 자칫 한국식 퓨전 요리로 해석되기 쉬운 이러한 조리법이 사실은 우리의 전통적인 것이라는 생각에 이르게 된다.

과거 우리 조상들이 갖가지 음식을 다양한 조리법으로 즐겨 먹었음이 『음식디미방』을 통해 확인된다. 그런데 특이하게도 밥과 죽의 조리법이 보이지 않는데, 이는 아마도 늘 접하는 극히 일상적인 음식이라서 그 조리법을 생략한 것 같다. 그래서 그런지 재료에서도 쌀, 보리, 잡곡 같은 곡물류는 빠져 있다. 대신 메밀가루, 녹두가루 혹은 밀가루를 이용한 국수 및 만두 제조법이 소개되어 있다. 그리고 개의 내장까지 조리재료로 이용하는 다양한 조리법이 소개된 것을 보면, 당시에는 개의 식용이 보편적이었던 것 같다. 그 외에도 곰발바닥뿐만 아니라 맨드라미나 뽕나무같이 아주 특수한 것들도 조리재료로 등장한다. 또 다양한 조미료가 이용되었는데, 우리나라에 아직 유입되기 전이어서인지 고춧가루는 보이지 않고 대신 후추, 천초, 생강 같은 재료들이 향신료로 이용되었음을 확인할 수 있다.

다양한 음식 재료들

곡물 : 메밀, 녹두, 밀가루.

채소류 : 무우, 외, 골파, 순무, 동아, 순채, 쑥, 연근, 가지, 도라지,
　　　　거여목, 냉이, 미나리, 고사리, 시금치, 박고지, 두릅, 녹두나물,
　　　　표고, 석이, 염교, 송이.

과실류 : 잣, 머루.

수육류 : 소(쇠고기, 쇠양, 쇠족, 선지), 돼지(돼지창자), 개(개다리,

개부아, 개간, 내장, 개의 살), 웅장, 닭, 꿩, 달걀.

어패류 : 붕어, 해삼, 모시조개, 가막조개, 자라, 대구(대구껍질), 대합, 숭어 천어, 청어.

특수재료 : 앵두나무, 뽕나무, 살구씨, 갈잎, 뽕나무잎, 맨드라미, 돌회.

조미료: 오미자, 참깨, 간장, 참기름, 초간장, 진간장, 새우젓, 소금, 깨소금, 유장, 간장, 된장, 꿀.

향신료: 후추, 천초, 생강, 마늘, 겨자, 자소엽.

조리법에 사용된 언어의 아름다움

이 책의 중요성은 무엇보다도 우리나라 전통 음식 연구에서 차지하는 사료적 가치에 있다. 그 외에도 17세기 국어의 모습을 반영하고 있어서 당시의 한국어, 특히 경상북도 북부 방언의 음운, 문법, 어휘 등을 연구할 수 있는 중요한 자료이기도 하다. 『음식디미방 주해』를 쓴 백두현에 의하면 이 책에 반영된 언어 요소 중 가장 관심을 끄는 낱말들은 음식의 재료와 관련된 각종 명사류 및 조리와 관련된 동사·형용사로서 국어 어휘사 연구에 매우 중요하다고 한다.

'탁면법' 항목에 "글 그로 두고" — "가루로 두고" — 라는 구절이 나오는데 여기서 '굵(粉)'이라는 낱말의 어원을 찾을 수 있다. 다른 문헌에는 등재된 사례가 발견되지 않다가 『음식 디미방』을 통해 비로소 '굵(粉)'의 존재가 밝혀진 것이다. 그리고 '증편법' 항목에 '밋다리쌀', '오려쌀', '남경ᄌ쌀' 등의 표현이 등장하는데, 오려쌀은 올벼쌀의 변화형으로 밝혀졌고 나머지는 미상이다. 또 '탁면법'에

'냥푼 힝긔'라는 그릇 이름이 나오는데 '냥푼'은 현대어로 양푼이고 '힝긔'는 주발로 밝혀졌다 — '힝긔'는 그동안 그 뜻을 알 수 없었으나 전남 방언에서 주발을 행기라고 하는 바 이를 확인 할 수 있었다. 그리고 '즐분즐분ᄒ-'는 밥을 지을 때 밥솥의 밥물이 약간 질벅거리는 모습을 형용한 의태어로서 현대어의 '질벅질벅하-'에 가까운 표현이고, 'ᄌᆞᄅᄌᆞᄅᄒᆞ-'는 현대 국어사전에 '자란자란하-'에 대응되는 표현으로서 샘이나 동이 안의 물이 가장자리에서 넘칠락 말락 하는 모양을 형용한 의태어다.

이와 같은 국어 어휘사적 의의는 차치하고라도 『음식디미방』에는 재미있는 표현들이 수두룩하다. 우리 고유음식에서 아름다운 모양을 내는데 빼놓을 수 없는 역할을 하는 것이 웃기, 장식 혹은 고명이라 불리는 것이다. 그런데 『음식디미방』에서는 이를 '교태'라고 부르고 있어서 매우 흥미롭다. 지나친 비약인지는 모르지만 경복궁 내 중전이 거처했던 곳의 현판도 교태전이다. 그리고 맛이 '묘하나'라는 표현도 자주 등장하는데, 이는 미묘하게 맛있다는 표현으로 이해된다. 강한 불을 매운 불로 표현하고 부패한 고기를 독한 고기로 표현한 것도 재미있다. 당시에도 바둑이 일반적이었는지 "바둑 두듯 낱낱이 뒤집어"라는 표현도 보인다.

음식 이름 하나에서도 선조들의 아취가 느껴진다. 만두탕의 일종인 '석뉴탕'이란 음식명이 나오는데, 이는 만두를 빚어 놓은 모습이 흡사 석류 같다하여 붙여진 이름이다. 하지만 그 재료를 놓고 볼 때 석류와는 전혀 무관하다. 그리고 '듁(죽)엽쥬'라는 술도 등장하는데, 이는 대나무 잎이 재료로 들어가는 것이 아니라 일주일이면 술

안동장씨가 말년을 보냈다고 알려진 경북 영양군의 석계고택.

빛이 댓잎 같고 그 맛이 향기로워서 붙여진 이름이다. 술에서 댓잎
향을 느낀 풍류가 멋스럽다. 또한 '백화주' 라는 술도 나오는데, 들
어간 재료를 살펴볼 때 이 또한 꽃이 들어가는 술이 아니라 백화의
향이 느껴진다는 의미를 담고 있는 명칭일 것이다. 조선 후기의 다
른 조리서에 등장하는 백화주는 실제 수십 종의 마른 꽃잎을 넣고

담근 술이다.

건강한 한국음식의 지혜

최근 우리나라 사람들의 식생활은 한마디로 어지럽다. 국적불명의 음식들이 판을 치고 있다. 특히 서구의 패스트푸드나 가공식품들은 비만의 원인으로 알려져서 서구에서도 외면 받고 있는데, 한국에서는 오히려 그 소비가 증가하고 있는 현실이다. 우리 고유의 음식은 영양학적으로 세계 어느 음식과 견주어도 손색이 없는 건강식이다. 게다가 문화적으로도 매우 품격이 높은 음식이다. 고유한 음식문화를 갖지 못한 미국의 지식인들은 미국의 문화수준에 절망할 때가 많다고 한다. 음식으로 대변되는 고유문화는 한 나라의 지식 및 문화수준의 척도가 되기 때문이다.

그런데 우리나라에서는 이미 수백 년 전에, 그것도 서울이 아닌 경북 안동의 한 구석진 곳에서, 양반가의 한 여성이 이처럼 우리의 전통 음식문화의 정수를 고스란히 담고 있는 훌륭한 책을 써서 남기고 있으니 이 얼마나 놀랍고 자랑스러운가. 과거 우리의 문화수준이 어느 정도였는지를 짐작케 해주어 뿌듯하기 그지없다. 한마디로 『음식디미방』은 우리 고유 음식문화의 진수를 보여주는 한국 최고의 식경이라 할 수 있겠다.

더 생각해볼 문제들

1. 우리나라의 전통 생활문화인 의식주 중에서 왜 유독 음식만이 아직도 전통

적인 맥락 속에 있는 것인가? 그건 우리나라의 전통 음식이 다른 나라 음식에 비해 문화적으로나 건강성 측면에서도 경쟁력이 있기 때문이다. 그런데도 우리는 왜 음식을 전통문화로 인식하여 후세에 남기려는 노력을 하지 않는가?

2. 우리나라 음식의 영양학적 우수성은 수천 년 역사 속에서 형성되어 왔다. 그것은 조선시대의 조리서인『음식디미방』를 통해 알 수 있는데, 특히 이 책을 보면 현대 식품과학의 핵심을 이루는 과학적 지식이 고스란히 용해되어 있다. 그밖에 한국음식의 지혜가 담겨있는 고전문헌 —『산가요록』,『수운잡방』,『규합총서』등 — 외에 어떤 것들이 있는지 찾아보자.

3. 『음식디미방』에 나와 있는 여러 종류의 음식들 중 한 가지를 골라 직접 만들어 보자. 생각보다 어렵지 않고 우리 조상들이 과연 이런 음식들을 왜 만들어 먹게 되었는지 그리고 또 어떤 정성과 마음으로 음식을 대했는지 느끼게 될 것이다.

추천할 만한 텍스트
『음식디미방』(경북대학교 고전총서 10), 경북대학교 출판부, 2003.
『다시 보고 배우는 '음식디미방'』, 황혜성 편저, 중음식문화연구원, 1999.

정혜경(鄭惠京)
호서대학교 식품영양학과 교수.
이화여자대학교 식품영양학과를 졸업하고 동 대학원에서 이학 박사 학위를 받았다.
서울시의 '자랑스러운 한국 음식점' 선정위원 및 농림부의 전통식품 선정위원을 역임하였고 현재 한국영양학회 영양정책위원장과 한국식생활문화학회 부회장을 맡고 있다. 솔잎 맛김, 기능성 맥주, 김치 품질표시기, 기능성 인삼음료 등에 대한 제품 특허를 가지고 있으며 저서로『서울의 음식문화』,『지역사회영양학』,『한국인에게 밥은 무엇인가』(공저) 등이 있다.

기사년(1809) 가을 내가 동호 행정에서 살 때,

집안에서 밥 짓고 반찬 만드는 틈틈이 사랑방에 나가 옛글을 읽었다.

읽으면서 보니, 옛글들은 일상생활에 매우 필요한 내용들을 담고

있다는 것을 알게 되었다. 그래서 산야에 묻힌 모든 글들을 구해서 보고

또 손길 닿는 대로 펼쳐 보며 견문을 넓히고 심심풀이를 삼기도 하였다.

그러다가 문득 '총명이 무딘 글만 못하다'는 옛사람의 말이 생각났다.

적어 두지 않는다면 어찌 잊어버렸을 때 도움이 되겠는가.

그래서 모든 글을 보고 그 중 제일 요긴한 말을 가려서 적고

혹 따로 나의 소견을 덧붙여 다섯 편을 만들었다.

― 『규합총서(閨閤叢書)』, 「서문」 중에서

빙허각 이씨 (1759~1824)

이빙허각은 아버지 이창수(李昌壽)와 어머니 유씨(柳氏) 부인 사이에서 태어난 막내딸로 서울에서 자라났다. 이 빙허각의 친정은 세종의 열일곱째 아들인 영해군의 후손으로 대대로 높은 벼슬을 역임했던 명망 있는 소론 가문이었고, 외가는 사물을 탐구하는 명물학(名物學)과 고증학 분야에서 일가를 이룬 집안이었다. 외가의 인물들 가운데 특히 그녀의 외숙모인 사주당(師朱堂) 이씨(1739~1821)는 『규합총서』에도 영향을 미친 것으로 거론되는 『태교신기(胎敎新記)』를 지었다. 15세가 되자 빙허각은 서유본(徐有本, 1762~1822)에게 시집가는데, 소론에 속했던 서유본의 집안은 이용후생을 위한 학문을 강조하는 실학자 집안으로, 명물학에 조예가 깊었으며 그 중 특히 농학 연구에서 일가를 이루었다. 이빙허각은 이 같은 집안의 학문적 배경 하에 백과전서적인 지식을 망라하여 총서류의 성격을 띤 『규합총서』를 저술했다.

양반 여성의 방대하고도 체계적인 관심
빙허각(憑虛閣) 이씨(李氏)의
『규합총서(閨閤叢書)』

조혜란ㅣ이화여자대학교 국어국문학과 교수

빙허각의 학문적 배경

'돈 전(錢)' 자를 '양과쟁일금(兩戈爭一金)' — '양과쟁일금'이란 "두 개의 창이 금을 다툰다"는 뜻이다. 즉, '전(錢)' 자가 한 개의 '금(金)' 자와 두 개의 '과(戈)' 자로 이루어졌기 때문이다 — 이라고도 한다. 돈이 있으면 위태로운 것을 편안하게 할 수 있고 죽을 사람도 살리는 반면, 돈이 없으면 귀한 사람도 천하게 되고 산 사람도 죽게 만든다. 이런 까닭으로 분쟁과 재판도 돈이 아니면 이기지 못하고, 원망과 한스러움도 돈 아니면 풀리지 않는다. 그러므로 돈이 있으면 귀신도 부릴 수 있을 것이라고들 하니, 하물며 사람이랴. 돈이란 날개 없으되 날고, 발이 없으면서도 달리는 것이다.

– 권2 '바느질·길쌈', 「자모전(子母錢)」 중에서

맑은 그늘과 서늘한 공기, 가랑비와 가벼운 이내, 저녁 해와 고운 눈 그리고 늦은 안개, 보배로운 새와 외로운 두루미, 맑은 시내와 작은 다리, 대나무 곁 혹은 소나무 아래, 환한 창과 성긴 울타리, 푸른 언덕과 숲 사이에서 피리 불고 무릎 위에 거문고를 비스듬히 두어 연주하는 일, 돌 바둑판에 바둑을 두며 눈을 무릅쓰고 달과 짝하는 일은 매화가 사랑하기에 마땅한 것들이다.

모진 바람과 궂은 비, 내리쬐는 볕과 몹쓸 추위, 더러운 계집과 속된 사람, 늙은 까마귀와 사나운 글 그리고 속된 말과 크게 외치는 소리, 꽃에 장막을 치는 일들은 매화가 싫어하는 것들이다.

주인이 운치 있고 손님이 시를 잘 하며, 촛불 밝혀 꽃구경하며, 명필들로 정신을 전하며 꽃 가에서 아름다운 시를 읊는 것은 매화가 영화롭게 여기며 아끼는 것이다.

시정에서 사람들이 꽃을 꺾으며 주인이 인색하고 더러우며, 부잣집 동산에 심기거나 술이나 음식 파는 가게 꽃병에 꽂히거나, 가지를 휘어 엮어 여러 모양으로 만든 장식품이 되거나 꽃구경할 때 기녀와 술 마시고 비틀거리거나 못난 중의 창 앞에 심기거나, 나무 아래 개똥이 있고 가지 위에다 옷을 말리며 지저분한 골짜기와 더러운 곳에서 피어나는 것은 그 욕된 일이다.

– 권3 '시골살림의 즐거움', 「꽃 품평」 중에서

위의 두 인용문은 빙허각(憑虛閣) 이씨(李氏)의 『규합총서(閨閤叢書)』에 실린 글들이다. 전자는 돈에 대한 그녀의 인식을 보여준다. 양반가의 여성이라면 돈을 멀리하거나 혹은 돈에 대해 아예 언급하지 않았을 것만 같은데 뜻밖에 그녀는 돈의 위력에 대해 가감 없이 써내려간다. 그렇다면 그녀는 물질적인 욕망을 추구한 인물이었을까? 그러나 그 밑의 예문은 그녀의 또 다른 세계를 엿보게 해준다. 사군자의 하나로 꼽히는 매화의 마음을 헤아려 적은 글이다. 그 글을 보고 있노라면 돈이야 있든 없든 고즈넉하게 피어난 매화 한 그루를 보며 자기만의 세계를 가꿀 줄 아는 심성 고운 사람의 여유가 느껴진다.

규합의 총서, 즉 '규합(閨閤)'은 여성들이 거처하는 공간을 가리키고, '총서(叢書)'는 그야말로 한 질을 이루는 책을 뜻한다. 『규합총서』라는 책을 아는 이도 많지는 않지만, 안다고 하는 이들도 이 책은 여성들에게 필요한 조리법과 바느질법을 정리해 놓은 책이라고 생각하는 경우가 많다. 이 책의 저자 빙허각 역시 순종적이며 음전했던 조선시대 양반가의 여성일 것이라고 생각하면서. 그러나 위의 두 예문은 음식 조리법도, 바느질법에도 해당 사항이 없다. 『규합총서』는 어째서 식생활과 의생활로만 이야기되어 왔을까? 돈의 힘도 알면서 그러나 그 힘이 미치지 못할 정신적인 경지에서 노닐었을 것도 같은 빙허각은 과연 어떤 여성이었을까?

이빙허각(李憑虛閣)은 아버지 이창수(李昌壽)와 어머니 유씨(柳氏) 부인 사이에서 태어난 막내딸로, 서울에서 태어났다. 이빙허각의 집안은 세종의 열일곱째 아들인 영해군의 후손으로, 대대로 높은 벼슬을 역임했던 명망 있는 소론 가문이었고, 외가는 사물을 탐구하는 명물학(名物學)과 고증학 분야에서 일가를 이룬 집안이었다. 외가의 인물들 가운데 특히 그녀의 외숙모인 사주당(師朱堂) 이씨(1739~1821)는『규합총서』에도 영향을 미친 것으로 거론되는『태교신기(胎教新記)』를 지었다.『태교신기』는 본래 한문으로 지었는데 사주당의 아들 유희(柳僖)가 그것을 한글로 번역하고 발문을 써서 1801년에 완성하였다고 한다 — 빙허각의 외사촌인 유희는『언문지(諺文志)』의 저자로 더욱 유명한 인물이다.

　그런데 친정과 외가 외에 빙허각의 학문에 깊은 영향을 끼친 또 하나의 배경이 있다. 바로 그녀의 시집이다. 빙허각은 15세에 서유본(徐有本, 1762~1822)에게 시집가는데, 서유본의 집안 또한 소론으로 당대에 명망이 높았다. 서씨 집안의 학풍은 이용후생을 위한 학문을 강조하는 실학자 집안으로, 명물학에 조예가 깊었으며 그 중 특히 농학 연구에서 일가를 이루었다.『규합총서』가 인용하는 책 중에는 시아버지인 서호수(徐浩修)가 쓴『해동농서』가 들어 있으며,『임원경제지(林園經濟志)』로 유명한 서유구(徐有榘)는 곧 빙허각의 시동생이다. 서유구는 8천여 권에 이르는 서적을 지닌 유명한 장서가였다고 알려진 것을 보면, 빙허각의 시집에서 소장하고 있었던 책도 상당수였을 것으로 보인다. 따라서 빙허각은 별 어려움 없이 다양한 책을 접할 수 있었을 것이다.

　빙허각의 친정과 시집은 3대에 걸쳐 서로 친하게 왕래하며 지낸 사이였다. 그래서 서로의 사정을 훤하게 알고 있어 중매가 없이도 혼인을 할 수 있을 정도였다고 한다. 빙허각은 친정, 외가, 시집이 모두 명물학이나 고증학에 관심이 있는 집안이었고 특히 시집은 집안 대대로 내려오는 학문의 전통이 깊은 집안이었다. 그러나 조선시대 여성에게 친정, 외가, 시집은 학문적 배경이기 이전에 어쩌면 너무나도 자연스러운 일상적 삶의 환경이기도 하다. 그 집안에 여성이 빙허각 한 사람만 있었던 것은 아니나, 총서를 남긴 여성은 오로지 빙허각 뿐이다.

총서의 저자, 이빙허각

1806년 서유본의 작은아버지인 서형수가 옥사에 연루되어 유배를 당하자 집안이 한순간에 몰락하게 되고, 빙허각도 48세 때 남편을 따라 동호(東湖) 행정(杏亭) ― 이곳을 '삼호'라 불렀다고도 한다 ― 이라는 곳으로 거처를 옮겨 생활하게 된다. 동호 행정은 오늘날의 용산 부근에 위치했던 것으로 보인다. 그 후 서유본은 바깥출입은 별로 하지 않고 독서와 저술에 몰두한 채 아내와 더불어 여러 가지 책에 대해 토론하고 시를 주고받으며 지냈다. 이때 이 부부의 생활을 지켜본 시동생 서유구는, 자기 형에게 있어 형수는 빼어난 아내이자 좋은 벗이었으며 든든한 버팀목 같은 부인이자 손수 노동으로 생활을 책임지는 사람이었다고 회고하고 있다.

> 기사년(1809) 가을 내가 동호 행정에서 살 때, 집안에서 밥 짓고 반찬 만드는 틈틈이 사랑방에 나가 옛글을 읽었다. 읽으면서 보니, 옛글들은 일상생활에 매우 필요한 내용들을 담고 있다는 것을 알게 되었다. 그래서 산야에 묻힌 모든 글들을 구해서 보고 또 손길 닿는 대로 펼쳐 보며 견문을 넓히고 심심풀이를 삼기도 하였다. 그러다가 문득 "총명이 무딘 글만 못하다"는 옛사람의 말이 생각났다. 적어

두지 않는다면 어찌 잊어버렸을 때 도움이 되겠는가. 그래서 모든 글을 보고 그 중 제일 요긴한 말을 가려서 적고 혹 따로 나의 소견을 덧붙여 다섯 편을 만들었다.

　이 예문 역시 이때의 삶에 대한 것이다. 빙허각이 직접 쓴 『규합총서』의 서문인데, 밥 짓고 반찬 만드는 틈틈이 사랑에 나가 책을 읽고 그 중 요긴한 내용들을 추려 『규합총서』를 저술했다는 이야기이다. 『규합총서』는 '주사의(酒食義)', '봉임칙(縫紝則)', '산가락(山家樂)', '청낭결(靑囊訣)', '술수략(術數略)' 등 5권[1]으로 되어 있다. '주사의'에는 술 담기, 장 담기, 초 빚기, 김치, 생선, 고기, 꿩과 닭, 나물, 떡, 과줄[2], 기름 짜기 등이 들어있고, '봉임칙'에는 옷 재단, 봉재, 수놓기, 염색법, 방직, 빨래, 문방사구, 온갖 그릇 및 등잔 관리, 그림, 향 만들기, 양잠, 보물, 돈의 계보, 격물, 방구들 놓는 방법, 열녀, 머리 모양, 화장법 등이 나온다. 그리고 '산가락'에는 밭 갈기, 과실수 기르기, 꽃 기르기, 꽃 품평, 세시기록, 날씨, 가축 기르기, 양봉 등이, '청낭결'에는 태교, 육아, 구급법, 물린 데 치

---

1) 『규합총서』는 원래 3부 2책으로 된 『빙허각전서』의 1부였다고 하는데, 현재 이 전서는 남아 있지 않아 전모를 알 수 없고 그 중 목판본(1869)으로 간행되어 남아 있는 것이 『규합총서』이다. 『규합총서』는 목판본, 국립도서관본, 부녀필지(婦女必知), 영평사본, 정양완소장본 등의 이본이 있으며, '주사의', '봉임칙', '산가락', '청낭결', '술수략'의 5권 중 현재 확인 가능한 내용은 '주사의', '봉임칙', '산가락', '청낭결' 등 네 권이다.

2) 과줄은 꿀과 기름을 섞은 밀가루 반죽을 판에 박아서 모양을 낸 후 기름에 지진 과자를 이르는 말로, 강정·다식·약과 등이 여기에 속한다.

빙허각 이씨가 지은 『규합총서(閨閤叢書)』 표지와 내용.

료법, 민간요법, 벌레 박멸법, 팔도 특산물, 경험 처방 등이 포함되어 있다. 현재 확인되지 않는 부분인 '술수략'에는 집 방위 및 여러 환란에 대처하는 방법들이 하위 항목으로 기록되어 있었다고 한다. 빙허각은 51세에 이 책을 지었는데, 그녀가 살아 있을 때부터 이미 유명하여 베껴 가는 사람들도 왕왕 있었다고 한다.

이 많은 내용을 정리하고 기록하기 위해 그녀가 참고했던 책의 분량만도 방대하다. 그런데 그냥 인용하기만 한 것이 아니라 여러 책들을 비교하고, 경우에 따라서는 직접 실험해 보기도 했으며 혹은 새로운 내용을 덧붙여 넣기도 하였다. 그냥 책만 쓰라고 해도 해내기 힘든 작업인데 빙허각은 '밥 짓고 반찬 만드는 틈틈이' 이 일들을 한 것이다. 남편이 쓴 글에 보면 부인이 누에 길러 비단을 짜서는 그 중 한 필을 베어 거기에다 백화주(百花酒)[3]를 걸러 주었다는 내용이 나온다. 알뜰한 정이 느껴진다.

빙허각은 슈퍼 우먼이었던 것 같다. 방대한 지식을 토대로 한 총서류 저술이나 생활을 책임지는 일, 이 둘 모두 어려운 일인데도 그녀는 살뜰하게 잘 해내고 있다. 게다가 그녀는 『규합총서』 외에도 『빙허각시집』, 『청규박물지(淸閨博物志)』 등도 저술하였다고 한다. 도대체 이런 일들을 어떻게 다 해냈을까 싶은데, 빙허각이 죽고 난 뒤 서유구가 형수를 위해 쓴 묘지명을 보면 그 의문이 약간 풀린다.

빙허각은 어렸을 때부터 남달리 총명하여 부모에게서 사랑을 담뿍 받았다고 한다. 그 총명함을 아낀 부모는 비록 딸이었지만 그녀가 조금 자라자 무릎에 앉혀 놓고 『모시(毛詩)』, 『소학(小學)』 같은 책을 말로 가르쳤고 그녀는 빨리 깨우쳤다. 빙허각은 어렸을 때부터 철저한 성격에다 대단한 노력가였던 것 같다. 무엇이든 남과 겨루어 이기는 것을 좋아했다고 하는데, 지기 싫어했던 그 성격을 잘 알려 주는 일화가 남아 있다. 그녀가 어렸을 때 주변의 또래 아이들이 모두 젖니를 가느라고 이가 빠졌는데 자기 혼자 그대로였다. 그러자 어느 날 저녁 작은 망치를 가지고 자기 이를 모두 두드려 이가

---

3) 백화주는 봄부터 가을까지 온갖 꽃들을 따서 말려 담는 술을 말한다. 서유본의 문집을 보면 백화주 이야기가 자주 등장한다.

빠지면서 입안 가득 피가 흘렀다고 한다. 이를 본 아버지가 "여자는 다른 사람을 따라야 하는데 성격이 저렇게 대단하니 나중에 그 성격을 거스르는 일이 없으면 다행이지만 그렇지 않으면 자기 몸을 상할까 걱정된다"고 했다는 장면이 있다. 그야말로 대단한 성격이 아닐 수 없다. 훗날 그녀는 자식을 많이 낳기도 하고 많이 잃기도 하는데 그 중 장가간 아들이 죽었을 때와 아홉 살 난 아들이 죽었을 때는 상심한 나머지 수십 일을 먹지 않고 굶는다.

어렸을 때부터 부모가 한문 교양을 가르치고 아들처럼 여겼던 일은 나중에 그녀가 자신의 정체성을 형성하는 데 중요한 부분으로 자리 잡았을 것이다. 여기에 치열한 성격이 더해져 전문성 및 완벽함에 대한 열렬한 추구, 지적인 탐구에 대한 집요함 등으로 이어졌을 것이다.

박람(博覽)과 실증 그리고 경험

무릇 각각 조항을 널리 적기에 힘써 밝고 자세하고 분명하게 하고자
하였으므로, 한 번 책을 열면 가히 알아보아 행할 수 있도록 하고,
그 인용한 책 이름을 각각 작은 글씨로 모든 조항 아래 나타내 적고,
혹시 자기 소견이 있으면 신증(新增)이라 썼다.

『규합총서』 서문에 나오는 내용이다. 두루 보아 널리 기록하고, 밝고 자세하며 분명하게 하고, 누구라도 보면 직접 해볼 수 있도록 하며, 인용한 것과 자신이 새로 더 넣은 것을 분명하게 밝혀 적는

것, 이것이 바로 그녀가 『규합총서』를 저술하는 태도였다. 『규합총서』에 인용되어 있는 책들을 열거해 보면, 『고금주』·『본초강목』·『산림경제』·『설부』·『사문유취』·『동의보감』·『수원식단』·『북평풍속유취』·『사류박해』·『박물지』 등 이루 헤아릴 수 없이 많지만 그 중에서도 가장 많이 영향을 받은 책은 『산림경제』이며, 『고사신서』·『해동농서』 등도 본받았다.

그녀는 이렇게 방대한 독서를 통해 얻은 다양한 설(說)들을 그대로 인용하기만 한 것이 아니라 여러 가지 설들을 실제로 실험해 보고 그 결과를 책에 반영하였다. 실증적이면서도 비판적인 접근 태도라 하겠다. 다음의 예문은 '유황배(硫黃盃) 만드는 법'에 대한 서술이다.

> 만드는 방법이 본초, 총서에 다 있되 시험해 본 이 없는데, 우연히 장난삼아 만들어 보니 과연 그대로되, … 다만 본방에 포도를 넣으면 푸르다 하였으되, 포도즙으로 시험해 보니 그대로 되지 않으니 그 까닭을 알지 못하겠다. … 다만 굽이 없으니 아름다운 그릇이나 매우 약하여 조심스럽고 더운 것을 부으면 터지니, 본방에 뜨거운 술을 부으라 한 것이 도무지 이해가 안 간다.

그녀는 책을 읽다가 만드는 방법에 대한 설명이 있으면 그대로 따라서 해 보기도 하였다. 그렇게 실험을 해보면서 되는 것과 안 되는 것을 확인하고, 그 설명의 효용성에 대해 스스로 판단을 내렸다. 그런가 하면 '급하게 맑은 간장 만드는 법'을 소개하면서는 "앞에 소개한 만드는 방법 세 가지는 『산림경제』에 의거한 것인데, 시험하지 못하고"라고 썼다. 이렇듯 그녀는 자신이 직접 해보지 못한 경우에는 실험하지 못했다고 밝히기도 하였다. 그녀의 실증정신은 문헌 고증에서만이 아니라 이와 같은 실제 실험에서도 드러난다. 또 자신이 새로 덧붙인 내용에는 '신증(新增)' 혹은 '자제신증(自製新增)'이라 써 놓았다. 이는 정확하게 기술하려는 태도와 유관한 것이다. 탐구하는 과정만이 아니라 서술방식도 매우 조리가 있어서 실제로 해보려 할 때도 이해하기 쉽도록 설명되어 있다. 다음 예문은 '연잎술' 만드는 방법이다.

> 좋은 쌀 씻고 씻어 한 말을 담가 하룻밤 지낸 후 찌고, 좋은 물 2병을 끓여 밥과 물이 얼음같이 차지거든 한데 섞어라. 좋은 누룩 7홉을 곱게 가루로 만들어 먼저 연잎을 독 속에 펴고, 그 위에 밥을 넣고 누룩을 뿌리기를 켜켜 떡 안치듯 하여 단단히 봉해서 볕 안 드는 찬 데 두어 익혀라. 일절 날물 들이지 말고, 날이 더우면 시어지기 쉬우니 가을에 서늘한 후 서리는 미처 내리지 않고 잎은 마르기 전에 빚으면 향과 맛이 기이하고 오래 두어도 상하지 않는다. 술을 담근 후 다른 좋은 술을 부어도 향내와 맛이 여전하다.

연잎술 담는 법은 홍만선(洪萬選)의 『산림경제(山林經濟)』에도 있다. 두 서술을 비교해 보면 『규합총서』가 『산림경제』의 영향을 받았음을 알 수 있다. 그런데 『산림경제』의 설명을 보고는 그대로 따라하기가 어려운 데 비해 『규합총서』의 설명은 매우 쉽게 서술되어

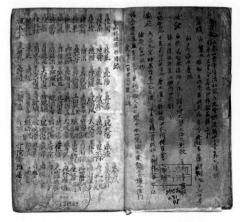

홍만선의 『산림경제(山林經濟)』 표지와 내용.

있다. 이는 빙허각이 술 담그는 일에 익숙했기 때문이기도 하겠지만 무엇보다도 정확하게 서술하고자 했던 그녀의 태도가 순서대로 조리 있게 서술할 수 있도록 하는 데 기여했을 것으로 보인다.

여성에 대한 관심, 여성의 욕망에 대한 긍정

『규합총서』는 빙허각이 집안의 딸과 며느리들에게 읽힐 생각으로 쓴 책이며, 한글로 되어 있다. 그러니 이 책이 여성에 대한 관심에서 비롯되었다는 것은 두말할 필요도 없을 것이다. 그럼에도 불구하고 다시 이것을 강조하는 이유는 다른 데 있다. 흔히 덕 있는 여성으로 칭송 받았던 조선시대 양반가의 여성들은 스스로 매우 검소했을 뿐만 아니라, 아름다운 외모를 추구했던 다른 여성들의 욕망까지도 엄격하게 단속했을 것만 같다. 그런가 하면 여성들의 역할

모델 역시 효녀나 열녀 등 유교적 가부장제가 기리는 덕목들만 강조했을 것도 같다. 사실 조선시대 여성의 교육서라고 할 만한『여사서(女四書)』나『계녀서(戒女書)』[4]의 내용이 바로 그런 것들에 해당한다.

빙허각의『규합총서』에는 이 두 가지가 살짝 다른 방식으로 서술되어 있다.『규합총서』를 쓸 당시 그녀는 검소하게 살 수밖에 없었다. 시동생이 형수의 낡은 치마를 보고 속으로 애처롭게 여겼다는 이야기가 나올 정도로 그녀는 손수 힘써 일해야 했던 것이다. 그런데『규합총서』에는 여성의 화장도구들, 화장하는 방법들, 다양한 머리 모양 등이 상당한 분량에 걸쳐 서술되어 있다. 그리고 귀고리, 가락지 등 여성들의 장신구에 대한 기록들도 있다. 물론 이런 기록은 무엇보다도 물명에 대한 관심, 즉 그녀가 속한 집안의 학문 전통에서 비롯된 것이라 할 수 있다. 그러나 금욕적인 입장에 선다면, 굳이 이런저런 장신구들 또는 화려하게 치장한 모습들에 대해서는 아예 항목화하지 않을 수도 있었다. 허나 빙허각은 이런 항목들을 서술했고, 그 결과 당대 여성들의 미에 대한 인식을 기록으로 전할 수 있었던 것이다.

빙허각 자신은 검소했지만 꾸미고자 하는 욕망, 더 나아가 보석,

---

4) 『여사서』, 『계녀서』 등의 책은 조선시대에 여성을 교육할 때 주로 거론되었던 책들이다. 조선시대 여성 교육의 목표는 인격적 완성이나 고급한 한문 교양의 전달이 아니라 유교적 가부장제 사회가 여성에게 요구하였던 덕목이나 태도 혹은 구체적인 가사 노동에 대한 것들이었다. 『계녀서』는 송시열이 큰딸을 시집보내면서 쓴 것이고, 『여사서』는 중국 후한 시대에 편찬된 책으로 영조 대에 한글로 번역되어 간행되었다.

돈과 같은 물질적인 대상들도 있는 그대로 서술하였다. 영조 때는 양반가 여성들의 머리 사치가 조정의 논의거리가 되었는데, 가발을 사용한 큰머리를 금지시키고 대신 족두리를 사용할 것을 어명으로 권하기도 하였다. 하지만 족두리에다 보석 장식을 하는 바람에 사치 풍조를 없애겠다는 계획은 무산되었다. 그래서인지 『규합총서』에도 민족두리 만드는 법이 한 줄로 간단하게 언급되어 있다. 아마도 너무 익숙한 것이어서 길게 설명할 필요를 못 느꼈던 것 같다. 그러나 『규합총서』에는 그런 검박한 머리 장식만이 아니라, 진주로 머리 장식 만드는 법이나 주머니에 진주와 산호를 얽는 법 등도 서술되었다. 검소해야 하지만 장신구를 사용해서 꾸미는 것 역시 엄연한 현실이었던 것이다.

그런가 하면 열녀를 기술하는 방식은 더욱 흥미롭다. 중국 전한 시대에 나온 유향(劉向)의 『열녀전(列女傳)』은 여러 여성들의 이야기를 쓴 책이다. 그런데 이 다양한 여성들에 대한 『열녀전』이 조선에 들어와서는 '열녀(烈女)', 즉 남편이 죽으면 수절하는 이야기로 축소된다. 조선의 『열녀전』은 '열녀전(列女傳)'이 아니라 '열녀전(烈女傳)'이었던 것이다. 그런데 빙허각의 열녀 이야기는 열녀(烈女)가 아닌 열녀(列女), 즉 다양한 여성들에 대한 기술이다. 물론 그녀도 덕이나 예의가 뛰어난 여성, 훌륭한 어머니, 열녀, 효부 등 기존의 질서에서 충분히 인정하는 여성들을 먼저 앞세워 열거한다. 그런데 재미있는 점은 이런 여성들은 가짓수로는 많이 열거되지만 그 각각에 대해서는 단 한 줄씩으로 처리한 것이다. 마치 시험 보기 위해 정보를 요약해서 외우는 것과 비슷한 형국이다. 게다가 이 중에는 칼 잘 쓴 여성, 마녀, 여승 등 당시에는 부정적으로 간주되었을 여성들도 같이 다루어진다. 이에 비해 몇 줄에 걸쳐 설명을 하고 있는 여성들은 글씨 잘 쓴 부인, 봉후를 받은 부인, 남자의 일을 해낸 여인 등이다. 글씨, 벼슬, 남성의 일 등은 모두 당대 여성들과는 거리가 먼 것이었지만 빙허각은 이런 표지를 지닌 여성들을 특기하고 싶었던 것으로 보인다. 생물학적 성별에 따라 지식의 종류도, 평생 해야 할 일의 영역도 차별화되었던 조선시대에 태어났지만 빙허각의 마음속에는 이 경계를 넘어서고픈 욕망이 숨겨져 있었는지도 모르겠다.

『규합총서』 되돌리기―성별 지식을 넘어

조선시대에는 비록 양반가의 여성이라도 집안이 가난할 경우에는 가사 노동만이 아니라 생산까지 담당해야 했다. 조선시대 후기 가정 경제에서 여성들이 담당했던 노동은 그 비중이 컸다. 밥상 차리는 일에서부터 담장 수리하는 일까지, 또 베 짜고 바느질하여 생계를 담당하는 데 이르기까지 집안 살림을 온통 도맡아 했는데, 이는 총체적인 경영 능력을 요구하는 일이었다. 하지만 『규합총서』는 단지 음식 조리법이나 옷 만드는 방법을 제시하는 데 그치지 않고, 비록 가난한 선비의 부인이지만 양반가의 여성으로서 문화적인 품위를 유지하는 일에까지 관심의 영역을 넓히고 있다.

　홍만선(洪萬選)의 『산림경제(山林經濟)』는 그 서문에서 처사(處士)의 거주 공간인 '산림'과 벼슬하는 이의 일인 '경제'에 대해 설명한 대로, 처사로 살아가는 양반의 삶에 대한 관심에서 비롯되었다.

그리고『임원경제지』역시 벼슬 없이 지내는 향촌의 삶에 대한 관심으로 저술된 책이다. 이는 여러 대에 걸쳐 서울에서 벼슬을 누리면서 소비적인 생활 방식에 따라 살았던 양반들이 자신의 대에 이르러 벼슬자리를 갖지 못할 경우 끝내 빈궁한 선비가 되고 마는 것에 대한 현실적인 대안이기도 하였다.

『규합총서』역시 이들과 동일한 궤에서 저술된 책이다. 차이점이라면 여성의 입장에서 썼다는 것이다. 벼슬도 없고 조상이 물려준 논밭도 다 없어진 상태에 처한 사람이라면 먹고살기 위해 스스로 농사를 경영하고 가축을 기를 줄 알아야 했다. 또한 양반으로서의 삶도 이어가려면 문화적인 생활을 영위할 수 있어야 했다. 이런 관심이 구체적인 일상생활에 대한 지식을 중요하게 여기는 가학(家學)의 전통과 만난 것이『규합총서』이다. 그렇기에 그 내용은 실제로 밭 일구고 온갖 가축, 벌 등을 기르는 일 등을 담고 있다. 그리고 단지 먹는 일만이 아니라 운치도 있고 또 예법도 지킬 수 있게 다양한 술 빚는 방법, 꽃 기르는 방법, 꽃에 대한 품평, 서화(書畵) 등에 대해서도 서술하고 있는 것이다. 물론 조선후기에 이르러 문화에 대한 취향을 긍정하는 풍토가 생기기도 하지만 이는 단지 취향의 문제가 아니라 그것보다 우선하는 삶의 조건과 관련한 것이었다.

그런데 오늘날『규합총서』가 조리법이나 바느질법 등에 국한된 책으로 여겨지는 데는 그만한 이유가 있다. 후대에 나온 이본들 때문이다. 원래 빙허각은 이 책을 5권에 걸쳐 다양한 주제로 저술했지만 후대에 유통된 책들은 그 중에서 '주사의'와 '봉임칙', '청낭결'만 뽑아 만든 것들이었다. 그야말로 가정생활에 필요한 정보들만 수록되어 있었던 것이다. 조선시대 여성이 성별 지식에 얽매이지 않고 방대한 자료를 토대로 체계적인 분류를 시도한 저술 작업이 조선시대 말기를 거쳐 근대에 이르면서 오히려 가사 노동에 국한되어 유통된 것이라 하겠다. 오늘날 『규합총서』는 그 본래의 의미대로 다시 평가되어야 한다. 『산림경제』에서 『임원경제지』로 연결되는 지식의 계보를 잇고 있는 이 책은, 당시 벼슬 없는 양반들이 자긍심을 유지하면서 현실을 타개하고자 했던 구체적인 모색의 결과물이다. 단지 기술이나 방법이 아닌, 여성으로서 삶을 경영하는 능력과 더불어 성별을 넘어서는 지식을 담고 있는 동시에, 기존의 지식 체계에 기대지 않고 새로운 지식 체계를 받아들여 자기 저술로 만들어냈다는 점이야말로 오늘날 되살려야 하는 『규합총서』의 정신일 것이다.

더 생각해볼 문제들

1. 조선 후기에는 임윤지당(任允摯堂), 강정일당(姜靜一堂), 서영수합(徐令壽閤), 김호연재(金浩然齋) 등 여성들이 저술한 책들이 다수 등장한다. 이 같은 양반 여성들의 저술들이 주로 시문집이거나 성리학에 대한 저술인 반면, 안동(安東) 장씨(張氏)가 쓴 『음식디미방』은 자신의 친정과 시집에서 내려오던 음식 만드는 방법을 정리한 요리책으로 이빙허각의 『규합총서』와 더불어 자주 거론되는 책이다. 『음식디미방』과 『규합총서』를 형식과 내용 면에서 비교하면서 읽어 보고, 그 공통점과 차이점에 대해 정리해 보자.

2. 서유구의 문집에는 그가 형수를 위해 쓴 묘지명인 「형수 단인 이씨 묘지명」이 들어 있다. 이 묘지명에는 이빙허각의 어렸을 때 일이나 남편과의 관계 혹은 아들이 죽은 다음 그녀의 반응 등이 서술되어 있고, 남편이 죽은 후 그녀가 썼다는 「절명사」의 내용이 들어 있기도 하다. 서유구가 형수인 빙허각을 위해 쓴 묘지명을 찾아 읽고, 빙허각 이씨의 성격에 대해 추정해 보자.

3. 『규합총서』에는 17가지나 되는 다양한 술을 빚는 방법이 소개되어 있다. 그런데 『규합총서』만이 아니라 다른 조선시대 요리책에도 술 빚는 방법은 빠지지 않고 등장하며, 큰 가문인 경우에는 가문 대대로 내려오는 특별한 술 담그는 법들이 오늘날까지 전해지고 있다. 이런 예들을 참고해 보면 조선시대 음식 문화에서 술이 갖는 의미는 단지 유흥을 돕는 마실 것 이상의 의미가 있었을 것으로 보인다. 조선시대 음식 문화에서 술이 차지하는 의미가 무엇인지에 대해 알아보자.

추천할 만한 텍스트

『규합총서』, 이빙허각 지음, 정양완 역주, 보진재, 2003.

조혜란(趙惠蘭)

이화여자대학교 국어국문학과 교수.

이화여자대학교 국어국문학과를 졸업하고 동 대학원에서 박사 학위를 취득했다.

저서로 『옛 여인들 이야기』, 『한국 고전여성작가 연구』, 『조선의 여성들』(공저)가 있고 번역서로 『삼한습유』, 『19세기 서울의 사랑』(공역)이 있으며, 논문으로는 「'삼한습유' 연구」, 「'옥루몽'의 서사미학과 그 소설사적 의미」, 「여성, 전쟁, 기억 그리고 '박씨전'」, 「고전 소설과 문화 콘텐츠」, 「조선의 여협, 검녀」 외 다수가 있다.

II

전쟁과 개인

『시경』에 이르기를 "내가 지난 일을 징계하여

뒷날의 근심거리를 삼가게 한다"고 하였는데,

이것이 『징비록(懲毖錄)』을 쓴 까닭이다.

나라가 난리를 겪을 때 나처럼 보잘 것 없는 사람이 중요한 책임을 맡아,

그 위태로운 판국을 바로잡지도 못하고 넘어지는 형세를 붙들지도 못하였으니,

그 죄는 죽어서도 용서받을 수 없을 것인데,

이렇게 시골에 살면서 구차하게 목숨을 이어나가고 있으니

어찌 임금의 너그러운 은혜가 아니겠는가?

근심 걱정이 좀 진정되어 지난 일들을 생각할 때마다

늘 황송하고 부끄러워 몸 둘 곳을 모르겠다.

— 『징비록(懲毖錄)』 서문 중에서

유성룡 (1542~1607)

조선 중기의 문신으로, 의성 출생이다. 퇴계 이황(李滉)의 문하생으로 공부했으며, 명종 21년(1566년) 별시문과에 급제하여 승문원 권지부정자(權知副正字)로 임명되면서 벼슬길에 올랐다.

선조 25년(1592년) 임진왜란이 발발하자 도체찰사(都體察使)로 임명되어 군무를 총괄하였으며, 이순신(李舜臣)과 권율(權慄) 등의 명장을 천거하여 등용시켰다. 피난에 나선 선조를 평양까지 호종(扈從)했으며, 명나라 장수 이여송(李如松)과 함께 평양을 수복하는 데 기여했다. 영의정 겸 4도 도체찰사를 겸하면서 화기제조, 성곽수축, 군비확충 등에 노력했다.

1598년 반대파의 탄핵으로 관직에서 물러나 낙향한 뒤로는, 조정의 거듭된 부름에도 불구하고 여생 동안 저술에만 몰두했다. 『징비록』외에도 『서애집』, 『신종록』, 『운암잡기』, 『난후잡록』 등의 저서가 있다.

01

눈물과 회한으로 쓴 7년 전란의 기록
유성룡(柳成龍)의 『징비록(懲毖錄)』

김석근ㅣ건국대학교 정치외교학과 강사

눈물과 회한으로 쓴 전란의 기록

『징비록(懲毖錄)』은 조선 선조 때 영의정을 지낸 서애(西厓) 유성룡(柳成龍)이 집필한 임진왜란 전란사로서, 1592년(선조 25)부터 1598년까지 7년에 걸친 전란의 원인, 전황 등을 기록한 책이다. 이 책은 저자인 유성룡이 벼슬에서 물러나 낙향해 있을 때 집필한 것으로, 제목인 '징비'는 『시경(詩經)』소비편(小毖篇)의 "예기징이비역환(豫其懲而毖役患)", 즉 "미리 징계하여 후환을 경계한다"는 구절에서 따온 것이다. 『징비록』의 첫 장에서 유성룡은 수많은 인명을 앗아가고 비옥한 강토를 피폐하게 만든 참혹했던 전화를 회고하면서, 다시는 같은 전란을 겪지 않도록 지난날 있었던 조정의 여러 실책들을 반성하고 앞날을 대비하기 위해 『징비록』을 저술하게 되

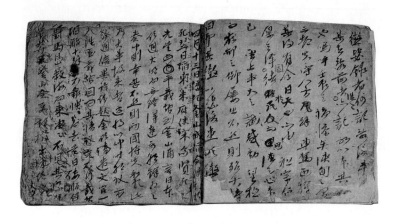

유성룡이 지은 『징비록(懲毖錄)』.

었다고 밝혔다. 이처럼 뚜렷한 목적의식을 가지고 저술되었다는 점
에서, 『징비록』은 우리나라에서 씌어진 여러 기록문학 중에서도 특
히 두드러진다고 하겠다.

　물론 『징비록』이 임진왜란을 다룬 유일한 기록문은 아니다. 하지
만 유성룡이 전란 당시 전황이 돌아가는 급박한 사정을 누구보다
가까운 곳에서 살필 수 있는 중요한 직책을 맡고 있었으며, 기록문
학의 일차적 자료가 되는 조정의 여러 공문서들에 접근할 수 있는
권한을 가지고 있었다는 점에 비추어 볼 때, 임진왜란에 대한 총체
적인 기록으로서의 『징비록』이 갖는 가치와 매력은 학자들에게만
국한되지 않는다. 특히 『징비록』은 전쟁의 경위와 전황에 대한 충
실한 묘사에 그치지 않는다. 조선과 일본, 명나라 사이에서 급박하
게 펼쳐지는 외교전을 비롯하여, 전란으로 인해서 극도로 피폐해진

일반 백성들의 생활상, 전란 당시에 활약한 주요 인물들에 대한 묘사와 인물평까지 포괄하고 있는 것이다. 따라서 실로 임진왜란에 대한 입체적인 기록이라는 평가를 받을 만하다.

기록문학의 생명력이라고 할 수 있는 기록자의 객관성이라는 측면에서도, 『징비록』은 신뢰를 받고 있다. 애초에 상대에 대한 건전한 비판과 공론정치의 활성화라는 목적에서 시작된 붕당정치는, 선조 때부터 소모적인 당쟁으로 변질되고 있었다. 집권층은 동인과 서인으로 분당되었으며 전란을 불과 1년 앞둔 1591년에는 집권 동인이 다시 남인과 북인으로 나뉘어 조정의 공론을 분열시켰고 그에 따라 국력은 날로 쇠약해져 가고 있었다.

유성룡 역시도 동인의 일원인 남인에 들어 있었다. 그러나 그는, 무능이나 전술의 부재로 인해 전투를 그르친 일부 장수들에 대한 냉정한 평가를 제외하면 비교적 객관적인 태도를 견지하고 있었음을 『징비록』에서 확인할 수 있다. 한때 상대 정파에 의해 탄핵의 위기에까지 몰렸던 그였지만, 전란을 회고하는 이 노정객의 안타까움과 반성의 심정은 당파적 증오를 넘어서고 있었던 것이다.

기록문학이라는 이름에 걸맞지 않게 『징비록』의 저술 연대를 보여주는 명확한 기록은 현존하지 않는다. 다만 유성룡이 『징비록』의 저술을 준비하는 과정에서 이용한 사료나 공문서들에 대한 검토 시간을 고려할 때, 벼슬에서 물러나 낙향한 지 3~4년째가 되는 1601년 혹은 1602년 무렵이 본격적으로 집필에 들어간 시기일 것이라는 추측이 가능하다. 그의 사망 이후 책장에 묻혀 세상의 빛을 보지 못할 수도 있었던 『징비록』은 1633년 그의 아들 진에 의해서, 생전에 쓴 글들을 엮은 『서애집(西厓集)』과 함께 간행되면서 세상에 알려졌다. 안동의 하회종가(下回宗家)에 보관되어 있는 유성룡의 친필 초본과 더불어, 초판을 기초로 하여 간행된 16권본과 2권본 등 두 가지 판본 또한 전해지고 있어, 엄밀히 말하면 『징비록』에는 세 가지 판본이 존재한다고 하겠다. 『징비록』은 우리나라에서뿐만 아니라 바다 건너 일본에까지 전해져 간행되기도 했다. 『징비록』은 1695년(숙종 21) 일본 교토(京都)의 야마토야에서 중간(重刊)되었는데, 당시 숙종 임금은 이 책의 해외 유출을 우려하여 일본 수출을 엄금했다는 기록도 전해지고 있다.

전란을 대비한 선견지명

『징비록』에서 유성룡은 전황에 대한 경과뿐만 아니라 전란 발생의 원인과 조정의 대응에서 드러난 문제점 등을 기록하고 있다. 사실 전란의 조짐은 이미 감지되고 있었다. 조선으로 파견된 일본 사신이 보인 오만한 태도나, "군사를 이끌고 명나라를 치러 가겠다"는 일본의 국서는 일찌감치 전란을 예고하는 징조들이었다. 하지만 조선의 대응은, 한편으로는 일본과의 교류가 명나라의 심기를 불편하게 만들지도 모른다며 어떻게 하면 그 파장을 축소할 수 있을 것인지에 초점이 맞춰져 있었다.

다른 한편으로는 점차 현실화 되어가는 전란의 가능성을 애써 외면하려는 모습을 보여주었다. 여기에 부합하는 대표적인 사례가 있다. 즉, 1591년 일본에 파견되었다가 귀국한 통신사 일행에게 선조 임금이 전쟁 가능성을 묻자, 통신사 대표 김성일과 황윤길은 상반된 태도를 보였던 것이다. 이 자리에 함께 있었던 유성룡이 김성일에게 황윤길과 상반된 답변을 한 이유를 따져 묻는 장면이『징비록』에 나온다.

> 황윤길은 부산으로 돌아오자 급히 장계를 올려 왜국의 정세를 보고하면서 "반드시 병화(兵禍)가 있을 것입니다"고 말했다. 사신이 서울에 와서 복명(復命)을 할 때 임금께서는 그들을 불러 보시고 일본의 사정을 물으셨다. 황윤길은 먼저 보고한 대로 대답하였는데 김성일은 말하기를, "신은 그곳에서 그러한 징조가 있는 것을 보지 못하였습니다"고 또, "황윤길이 사람의 마음을 동요시키는 행동은 옳지 않다고 생각합니다"고 말하였다. 이에 의논하는 사람들은 더러는 황윤길의 의견을 주장하고 또 더러는 김성일의 의견을 주장하였다. 이때 나는 김성일에게 묻기를 "그대의 말은 황사(黃使) ─ 황윤길 ─의 말과 같지 않은데 만일 병화가 있으면 장차 어떻게 하려는가?"하니, 그가 말하기를, "나도 역시 어찌 일본이 끝내 움직이지 않을 것이라고 장담하겠습니까? 다만 황사의 말이 너무 중대하여 중앙이나 지방이 놀라고 당황할 것 같으므로 이를 해명하였을 따름입니다"고 하였다.

국란이 시시각각 다가오고 있는 와중에도 지배층 내부의 당파적 증오로 인해서 조정의 국론이 분열되고 민심이 동요하는 상황을 목도한 유성룡은 전란을 대비하는 그 나름의 계책들을 선조에게 건의한다. 이들 가운데 일부는 실제로 조정의 인사정책 등에 반영되어 훗날 전란 극복에 커다란 보탬이 되기에 이른다. 유성룡은 정읍현 감이었던 이순신을 전라 좌수사에 그리고 형조정랑 권율을 의주목사로 천거했던 것이다. 결과론적인 평가이기는 하지만, 이는 전란을 대비한 유성룡의 용인술(用人術)이 돋보이는 대목이라 하지 않을 수 없다.

능력 있는 인재를 등용하는 것과 더불어 유성룡이 지속적으로 추진하려 했던 정책은 바로 '진관(鎭管)체제'로의 복귀였다. 조선 건국 당시에 수립된 일종의 지역적인 방어체제인 진관체제는 각도의 관찰사가 병마절도사의 직책을 겸임한 채 주진(主鎭)에 있으면서, 도내 각진의 육군과 수군에 대한 군사 지휘권을 행사하도록 되어 있었다. 그리고 주진 밑에는 거진, 제진 등이 있어서 지역의 수령이 휘하 군사를 거느리고 그 지방의 진지를 지키도록 한 것이었다. 그러나 건국 이후 세월이 흐르면서 병역 기피자들이 증가했고 그 때문에 병력수급에 어려움을 겪자 1555년 을묘왜변을 기점으로 '제승방략(制勝方略)'체제를 채택하게 되었다.

제승방략체제란, 전투가 벌어질 경우 수령들이 휘하의 군사들을 전장으로 인솔해가서, 중앙으로부터 파견된 군 지휘관의 명령을 받는 체제였다. 따라서 이 체제는 대규모의 적군과 정면 대결할 때의 병력운용 개념으로, 군사력을 집중시킬 수 있고 기동전에 대응할 수 있는 장점을 가지고 있었다. 하지만 중앙에서 파견된 군 지휘관이 전장에 도달할 때까지 기다려야 하므로 급변하는 전세에 기민하게 대처하기 어렵다는 문제점을 안고 있는 체제이기도 했다.

유성룡은 일찍이 제승방략체제의 단점을 지적하면서 진관체제로의 복귀를 강력히 건의했는데, 그 내용이 『징비록』에 들어 있다.

"우리나라 건국 초기에는 각도의 군사들을 다 진관(鎭管)에 나누어 붙여서, 사변이 생기면 진관에서는 그 소속된 고을을 통솔하여 물고기 비늘처럼 차례로 정돈하고 주장(主將)의 호령을 기다렸습니다. 경상도를 말하자면 김해, 대구, 상주, 경주, 안동, 진주가 곧 여섯 진관이 되어서 설사 적병이 쳐들어와 한 진의 군사가 패한다 할지라도 다른 진이 차례로 군사를 엄중히 단속하여 굳건히 지켰기 때문에, 한꺼번에 다 허물어져 버리지는 않았습니다."

"[오늘날에는 군제가 제승방략 체제로 편성되어 있기에] 비록 진관이라는 명칭은 남아 있사오나 그 실상은 서로 연결이 잘 되지 않으므로, 한번 경급을 알리는 일이 있으면 반드시 멀고 가까운 곳이 함께 움직이게 되어, 장수가 없는 군사들로 하여금 먼저 들판 가운데 모여 장수 오기를 천리 밖에서 기다리게 하다가, 장수가 제때에 오지 않고 적의 선봉이 가까워지면 군사들이 마음속으로 놀라고 두려워하게 되니, 이는 반드시 무너지기 마련입니다. 대중이 한 번 무너지면 다시 수습하기가 어려운 것인데, 이때는 비록 장수가 온다 하더라도 누구와 더불어 싸움을 하겠습니까? 그러하오니 다시 조종 때 마련한 진관 제도로 돌아가는 것이 좋을 것 같습니다."

그러나 유성룡의 거듭된 호소에도 불구하고, 조정은 '제승방략 체제가 오랜 기간 문제없이 사용되어온 전술임을 들어 그의 건의를 끝내 묵살해 버리고 만다. 훗날 개전 초기, 관군의 잇단 패배의 원인이 도성에서 파견된 장수를 기다리다가 지친 지방의 군인들이 왜군의 접근에 겁을 먹고 달아나 버린 데 있었다는 사실에 비추어 볼 때, '제승방략'의 문제점을 정확히 지적하고 진관체제로의 복귀를 주장했던 유성룡의 선견지명은 정확한 것이었다고 볼 수 있다.

임금의 수레를 호위하며 피난길에서

결국 우려는 현실이 되고 말았다. 1592년 (선조 25) 4월 13일, 대마도를 거쳐 바다를 넘어온 왜군의 공격에 부산포를 비롯한 영남의 여러 성들이 차례로 무너졌다. 전쟁 발발 후 나흘이나 지나서야 왜군의 상륙과 잇단 패전을 알리는 급보가 조정에 전해지고 조정은 수습책을 찾지 못한 상태로 혼란에 빠져든다. 조정에서는 대표적인 무장 신립(申砬)과 이일(李鎰)에게 큰 기대를 걸고 있었으나, 이일은 상주에서 적을 피해서 도망치고, 신립은 충주에서 배수진을 친 채 왜적과 맞섰으나 대패하고 말았다.

　도성으로 향하는 관문인 충주에서의 패배가 서울로 전해지자, 조정과 백성은 공황상태로 빠져들었다. 그리하여 선조는 서울을 버리고 서쪽으로 피난을 가기로 결정했다. 당시 좌의정이었던 유성룡 역시 임금의 수레를 호위하며 피난길에 나섰다. 왜적의 서울 입성이 임박했다는 긴박한 보고가 속속 전해지는 가운데, 임금과 조정 대신들은 힘 한 번 제대로 써보지 못한 채 도성을 버리고 떠날 수밖에 없었던 것이다.

신립 장군이 왜군에 대항하여 수진을 치고 방어했으나 결국 패배한 충주 탄금대.

고개를 돌려 도성 안을 바라보니 남대문 안 큰 창고에서 불이 일어
나 연기가 이미 하늘에 치솟았다. 사현을 넘어 석교(石橋)에 이르렀
을 때 비가 내리기 시작했다. 이때 경기감사 권징(權徵)이 쫓아와서
호종하였다. 벽제관에 이르니 비가 더 심하게 내려 일행이 다 비에
젖었다. 임금께서는 역으로 들어가셨다가 조금 뒤에 나와 떠나셨는
데, 여러 관원들이 여기에서 도성으로 돌아가는 사람이 많았으며 시
종(侍從), 대간(大諫)들이 가끔 뒤떨어져 오지 않는 이들도 있었다. 혜
음령(惠陰嶺)을 지날 때 비가 물 붓듯 쏟아졌다. 궁인들은 말을 타고

서 수건으로 얼굴을 가리고 소리 내어 울면서 따라갔다. 마산역을
지나가는데 한 사람이 밭에서 바라보고 통곡하며 말하기를, "나랏님
이 우리를 버리고 가시면 우리들은 누구를 믿고 삽니까?" 하였다.
임진강에 이르러서도 비는 그치지 않았다. 임금께서 배에 오르신 뒤
에 수상(首相)과 나를 부르시기에 들어가서 뵈었다. 강을 건너고 나
니 날은 벌써 저물어 물체의 빛깔도 분별할 수 없었다.

　그 후 왜적은 삽시간에 평양성 부근까지 육박했다. 이처럼 왜적
이 급속하게 북상해오자 피난길의 조정은 다시금 경악에 휩싸였다.
그러나 그보다 더 큰 문제가 있었다. 그것은 피난길에서 목격한 백
성들의 동요와 민심 이반의 심각성이었다. 도성과 백성을 버리고
피난을 떠난 임금과 조정에 대한 백성들의 배신감이 극에 달해 있
어서 무엇보다도 민심을 가라앉히는 일이 시급했던 것이다. 전란
이전부터 백성들은 지배계층의 수탈에 불만을 가지고 있었는데, 이
제 불에 기름을 부은 꼴이었다. 임시 행궁을 정한 평양성의 백성들
사이에서 임금이 평양성마저 버리고 피난을 떠나려 한다는 소문이
퍼지자, 민심은 조정으로부터 더욱 멀어지게 되었고, 이들 가운데
일부는 무기를 들고 왕의 행차를 가로막는 곤혹스러운 상황이 벌어
졌다.

　성 안의 아전과 백성들이 난을 일으켜 칼을 빼어들고, 그 길을 막고
는 함부로 쳐서 묘사(廟社)의 신주를 땅에 떨어뜨렸다. 또한 따라가
던 재신(宰臣)들을 지목하여 크게 꾸짖으며 말하기를, "너희는 나라

의 녹만 훔쳐 먹다가 이제 와서는 나랏일을 그르치고 백성을 속이느
냐?" 하였다. 나는 연광정(練光亭)에서 임금이 계시는 행궁으로 달려
가면서 길 위에 있는 부녀자와 어린이들을 보았는데, 그들은 성난
얼굴로 머리털을 곤두세워 소리를 지르기를, "성을 버리고 가시려면
무슨 까닭으로 우리들을 속여서 성안으로 들어오게 하여, 우리들만
적의 손에 넣어 어육(魚肉)으로 만듭니까?" 하였다. 궁문에 이르니
난민들이 거리를 꽉 막았는데, 모두들 팔소매를 걷어 올린 채 무기
와 몽둥이를 가지고 사람들을 막 치며 시끄럽게 어지럽혔으나 어찌
할 수가 없었다. 여러 재신들과 성문 안 조당에 있던 사람들도 모두
얼굴이 하얗게 변해서 뜰 안에 서 있었다.

　이와 같은 민심의 심각한 이반 현상을 기술하는 대목은 『징비록』
이곳저곳에서 쉽게 찾아볼 수 있다. 그러나 조정 대신들은 평양성
을 버리고 북쪽으로 피난을 떠날 것을 재촉하였으며, 선조는 아예
국경을 넘어 명나라로 피신할 생각을 하고 있었다. 그러나 유성룡
은 임금과 대신들을 설득하여 평양성에서 왜적을 맞아 항전하기로
결정을 이끌어냈다. 대신들도 더 이상 민심의 이반을 방치해서는
위험하다는 정세판단에 동의했기 때문이다.
　그렇게 해서 평양성에서의 소요는 진정되었다. 조정이 항전할 것
을 결정함으로써 민심을 다독일 수 있었기 때문이다. 『징비록』에는
실제로 유성룡이 선조 앞에서 백성들의 의지를 믿고 험한 지형에
의지하여 항전을 벌인다면 명나라의 지원을 기대해 볼 수 있지만,
평양성을 버리고 의주로 떠난다면 결국 나라가 망할 것이라는 논리

를 펼치는 대목이 있다.

원병의 도착과 전세의 역전

유성룡은 『징비록』의 지면 상당량을 명나라 구원병에 관한 기술에
할애하고 있다. 지면의 분량이 증언하듯이, 개전 초기 관군의 잇단
패배로 공황상태에 빠져있던 선조와 조정의 대신들에게 명나라의
구원병은 실로 조선을 구원하기 위해 하늘에서 보내준 '천병(天
兵)'에 다름 아니었다. 명나라의 원병이 도착했다는 소식과 더불어,
남해에서 거둔 이순신의 승전과 각지의 의병 봉기 소식이 전해지면
서 정주와 선천을 거쳐 국경에 인접한 마지막 피난지인 의주까지
내몰렸던 임금과 조정 대신들은 잠시 숨을 돌릴 수 있는 여유를 갖
게 되었다.

그러나 명군이 모든 문제를 해결해 줄 수는 없었다. 조정은 명나
라 군사들이 먹을 양식을 차질 없이 조달하는 일에 어려움을 겪고
있었다. 갑자기 닥친 전란 앞에서 조정의 권위가 무너져 인력과 물
자의 동원이 어려워졌기 때문이다. 흩어진 관군을 다시 규합하여
명군과 함께 연합작전을 펼치는 것 역시 수월한 일이 아니었다. 특
히 평양성을 공략하는 과정에서 왜군의 전력에 적잖이 놀란 명군
장수들은 전투에 소극적인 모습을 보였다. 특히 명군의 총사령관
이여송(李如松) 역시도 왜군의 습격 소문에 두려워하여 평양성 이
남을 수복하려는 의지가 없었다. 당시 유성룡은 체찰사의 직분으로
명군에 대한 보급과 협의를 관장하고 있었는데, 그는 종사관을 통
해 명군이 군사를 물려서는 안 되는 다섯 가지 이유를 이여송에게

전달했다. 거기에는 도성 수복에 대한 간절한 염원과 결사 항전에의 의지가 담겨 있었다.

"첫째로 선왕의 분묘가 모두 경기도 안에 있는데, 지금 왜적들이 있는 곳에 빠졌으므로 귀신이나 사람이나 수복을 바라는 마음이 간절하니 차마 버리고 가서는 안 될 것이고, 둘째로는 경기도 이남에 있는 백성들은 날마다 구원병이 오는 것을 바라고 있는데, 갑자기 물러갔다는 말을 듣게 되면 다시 굳게 지킬 뜻이 없어져 왜적에게 의지할 것이고, 셋째로는 우리나라의 강토는 한 자 한 치라도 쉽게 버릴 수 없는 것이고, 넷째로는 우리 장병들이 비록 힘이 약하다 하더라고 명나라 구원병의 힘에 의지하여 함께 진격하려고 도모하는데 후퇴하자는 명령을 듣게 되면 필시 원망하고 분개하여 사방으로 흩어져 버릴 것이고, 다섯째로 구원병이 물러간 뒤에 왜적들이 그 뒤를 타서 덤벼들면 비록 임진강 이북이라 하더라도 역시 보전할 수 없을 것입니다"고 하였으나, 제독 이여송은 이를 보고도 아무 말 없이 떠나갔다.

『징비록』에는 전쟁 수행에 소극적인 이여송과 유성룡 사이의 껄끄러운 관계를 보여주는 일화들이 많이 기술되어 있다. 그 중에서도 부관의 어이없는 모함 때문에 이여송이 유성룡을 잡아들여 곤장을 치려했다는 이야기는 널리 알려져 있다. 왜적과의 강화를 반대하는 유성룡이 명군과 왜군 사이에서 화친을 의논하는 사자들의 왕래를 방해하기 위해 임진강의 배를 모두 없앴다는 것이다. 나중에 사실관계를 확인하여 그것이 모함임을 알게 된 이여송이 한동안 겸연쩍어 했다는 이 이야기는, 지원군의 입장이면서도 실은 점령군이나 다름없는 위세를 가지고 있던 명나라 군사 앞에서 국토를 회복하기 위해 표현 그대로 울며 애원할 수밖에 없었던 당시 조정의 뼈아픈 현실을 우회적으로 드러내는 부분이라 하겠다.

군세를 수습한 관군과 의병들의 활약도 눈부셨다. 행주산성에서 권율이 거둔 승리와 남해 바다 이순신의 거듭된 승전 그리고 각지에서 떨쳐 일어난 의병들의 유격전은 전쟁의 양상을 조금씩 바꿔 놓기 시작했다. 그리고 마침내 전란 발발 이듬해인 1593년 4월 30일, 왜군이 떠나버린 도성에 명나라 군사가 진입하면서 서울이 수복되었다. 『징비록』의 기록에 따르면 유성룡 역시 명나라 군사를 따라 도성으로 들어왔다. 전란 발발 초기에 아무런 경황도 없이 떠났다가 1년 만에 돌아온 도성이었으니 그 감격이야 말로 표현하기 힘든 것이겠으나, 유성룡의 눈에 비친 200년 도읍지의 모습은 온데간데없이 사라지고 남은 것은 오직 거대한 폐허와 고통으로 몸부림치는 백성들의 모습뿐이었다.

성 안에 남아있는 백성을 보니 백 명에 한 명 꼴로도 살아남아 있지 않았고, 살아있는 사람도 모두 굶주리고, 야위고, 병들고 피곤하여 얼굴색이 귀신과 같았다. 이때는 날씨가 몹시 무더웠는데, 죽은 사람과 죽은 말이 곳곳에 드러난 채 있어서 썩는 냄새가 성안에 가득 차서 길에 다니는 사람들이 코를 막고서야 지나갈 형편이었다. 관청과 여염집 할 것 없이 다 없어져 버리고, 오직 숭례문(崇禮門)에서부터 동쪽으로 남산 밑 일대에 왜적들이 거처하던 것들만 조금 남아 있었다. 종묘(宗廟)와 세 대궐 및 종루(鐘樓), 각사(各司), 관학(館學) 등 큰 거리 이북에 있는 것들은 모두 다 타서 없어지고 오직 재만 남아 있을 따름이었다. … 나는 먼저 종묘를 찾아가서 통곡하였다. 다음으로 제독이 거처하는 곳에 이르러 문안하려고 온 여러 사람을 보고 한참 동안이나 소리치며 통곡하였다.

　도성 수복의 여세를 몰아 한강 이남의 왜군을 추격하고자 했던 조정과 유성룡의 의지는 명나라 군사의 소극적인 태도로 인하여 끝내 관철되지 못했다. 같은 해 10월 선조가 평양성에서 서울로 돌아올 무렵, 명군과 왜군 사이에는 종전협상의 움직임이 본격화되고 있었다. 전쟁의 최대 피해자인 조선의 강화 반대 목소리는 배제시킨 상태였다. 더구나 협상안에는 왜군이 조선 영토를 분할 점령한다는 내용이 포함되어 있었다.

　선조는 물론 조정의 대신들은 명나라와 왜국 사이의 이와 같은 움직임에 격렬한 반대 입장을 표시했다. 하지만 명나라 지원병의 힘을 빌리지 않고 독자적으로 왜군을 몰아내기엔 군사적 역량이 너무도 부족했다. 더구나 그동안 명나라 군대의 군수품를 조달하려는 목적에서 백성들에게 부과한 징발과 부역은 한계점에 거의 근접해 있었다. 『징비록』에 기록된 유성룡의 민생 현장에 대한 묘사는 참혹하기 그지없다. 중앙과 지방을 막론하고 굶주림이 만연했으며, 명군이 먹을 군량 운반에 동원된 노인과 아이들이 골짜기에 쓰러졌고, 장정들은 도적이 되어 산으로 들어갔다. 그나마 대다수는 전염병으로 죽었으며 살아남은 사람들조차 아비와 아들, 남편과 자식이 서로를 잡아먹을 지경에 이르러 죽은 사람의 뼈가 잡초처럼 드러나 있을 정도였다고 한다. 이러한 기록은, 조선이 더 이상 전쟁을 수행하는 데 적신호가 켜졌음을 의미하는 것이라 하겠다.

종전의 뒤안길에서

도성을 수복한 관군과 명군 그리고 남해안 일대에 성을 쌓고 지구전 태세로 본격적으로 돌입한 왜군 사이에서 일진일퇴의 공방전과 숨 막히는 첩보전이 벌어지는 가운데, 삼도수군통제사(三道水軍統制使) 이순신이 하옥되는 사건이 발생했다.『징비록』에 기록되어 있는 이순신의 하옥 관련 부분은, 그 후반부에 소개된 이순신의 인물됨과 능력에 관한 유성룡의 극진한 평가와 비교할 때 자신의 감정 표현을 절제하고 일어난 사건의 경과 위주로 담담하게 기술되어 있다. 물론 이순신에 대한 원균의 비판이 모함이었다거나 조정이 이중간첩 요시라의 꼬임에 속아 넘어갔다는 내용은 들어 있다. 하지만, 그동안 이순신의 가장 강력한 후견인이 다름 아닌 유성룡 자신이었다는 사실을 감안하면 그의 적극적인 구명활동이『징비록』에 기록되지 않았다는 점은 독자들에게 의아스러운 것으로 비춰질 수도 있다. 이와 관련해서는 이순신에 대한 옹호가 선조의 화를 돋우어 이순신에게 더 큰 화로 돌아갈 것을 염려하였거나, 유성룡과 이순신 둘 사이의 사적인 친분 관계를 못마땅하게 여긴 조정 대신들의 반발을 예견했기 때문이라는 해석이 지배적이다.

유성룡은『징비록』의 후반부에서 이례적이라 할 만큼 많은 지면

경북 안동에 있는 유성룡의 종가인 충효당. 보물 414호로 지정되어 있다.

을 할애하여 이순신의 인물됨과 능력 그리고 그와 관련한 일화들을
소개하고 있는데, 이순신의 전사와 관련하여 유성룡이 밝힌 다음의
소회는, 이순신이 유성룡에게 단순히 훌륭한 수군사령관 그 이상의
의미를 지니는 인물이었음을 증명해 주는 부분이라 하겠다.

이순신은 사람됨이 말과 웃음이 적고 단아한 용모에다 마음을 닦고
몸가짐을 삼가는 선비와 같았으며 속에 담력과 용기가 있어서 자신
의 몸을 돌보지 아니하고 나라를 위하여 목숨을 바쳤으니, 이는 곧
그가 평소에 이러한 바탕을 쌓아온 때문이었다. 그의 형님 이희신(李
羲臣)과 이요신(李堯臣)은 둘 다 먼저 죽었으므로, 이순신은 그들이

남겨놓은 자녀들을 자신의 아들딸처럼 어루만져 길렀으며, 무릇 시집보내고 장가들이는 일은 반드시 조카들을 먼저 한 뒤에야 자기 아들딸을 보냈다. 이순신은 재주는 있었으나 운수가 없어서 백 가지의 경륜 가운데서 한 가지도 뜻대로 베풀지 못하고 죽었다. 아아, 애석한 일이로다.

1598년 7월, 왜군의 우두머리 도요토미 히데요시(豊臣秀吉)가 사망함에 따라 남해 주변에 진을 치고 있던 왜적은 전의를 상실한 채 본국으로의 귀환을 서둘렀다. 어느 누구도 예상치 못한 갑작스런 종전이었다. 주지하는 바와 같이 본국으로 귀환하려는 왜군의 대규모 함대를 맞아 조선과 명나라의 연합 함대가 벌인 최후의 결전에서 이순신은 전사했으며, 이 싸움을 기점으로 순천을 점령하고 있던 왜장 고니시 유키나가(小西行長)를 비롯하여 부산, 울산, 하동 등에 주둔하고 있던 왜군 전체가 일본으로 철수했다.

전쟁의 종결과 함께 조선 조정은 7년 전란을 승리로 이끌었다는 공허한 영광을 내세우기는 했지만, 그 이면에는 커다란 상처를 봉합해야 하는 과제를 안고 있었다. 『징비록』서문에서 유성룡이 토로한 바와 같이, 임진왜란의 전화가 몰고 온 참혹한 피해를 복구하고 재건하는 일이 그것이었다. 전쟁 발발 수십 일 만에 서울, 개성, 평양 이른바 삼도(三都)가 모두 무너졌고, 임금은 피난길에 올라 고초를 겪었다. 그러나 어느 누구보다 극심한 고통을 겪었음에도 불구하고 전란을 극복할 수 있는 동력을 제공해준 이들은 무명의 백성들이었다.

"어지러운 난리를 겪을 때 중요한 책임을 맡아서, 그 위태로운 판국을 바로잡지도 못하고 넘어지는 형세를 붙들지도 못하였다"며 스스로를 책망하는 유성룡의 모습은 당대의 백성들에겐 어쩌면 때늦은 후회로밖에 들리지 않았을지도 모르겠다. 하지만 "지난 일을 징계하여 뒷날의 근심거리를 그치게 한다"는『시경』의 구절로 자신의 책 제목을 대신한 유성룡의 마음가짐만큼은 수백 년의 시간이 흐른 오늘날까지도 충분히 공감할 수 있는 부분이 아닐까 한다.

더 생각해볼 문제들

1. 기록자의 주관을 완전히 배제한 객관적 역사 서술은 가능한가?

    역사 서술에서 기록자의 주관을 완전하게 배제한 객관성을 구현하는 일은
    쉬운 일이 아니다. 기록자 본인의 의지와는 별도로 사료의 선택과 재구성,
    서술 시점의 선택 등에서 기록자의 주관이 개입되는 것은 불가피하기 때문
    이다. 다만 『징비록』에서 유성룡이 보여준 것과 같이 자신의 선입견과 편견,
    당파심의 영향을 줄여나가려는 노력이 요구된다 하겠다.

2. 임진왜란 발발 초기 민심의 동요와 이반이 심각했던 이유는 무엇인가?

    전란 이전부터 조세와 부역을 비롯하여 백성에 대한 지배층의 가혹한 수탈
    로 인한 불만이 존재하고 있었다. 여기에 전란이 발발하자 백성들은 안중에
    도 없이 자신들의 안위만을 도모하는 조정의 실망스런 모습에 대한 배신감
    이 더해지면서 개전 초기 민심의 동요와 이반 현상은 극에 달했다.

3. 『징비록』이외에 조선시대의 기록문학 작품들에는 어떤 것들이 있는가?

    임진왜란에 대한 기록을 담고 있는 이순신의 『난중일기(亂中日記)』를 비롯
    하여, 병자호란의 참상을 그린 기록으로 궁녀가 집필한 『산성일기(山城日
    記)』, 사도세자의 부인 혜경궁 홍씨(惠慶宮 洪氏)가 궁중생활을 기록한 『한
    중록(閑中錄)』 등이 조선시대의 대표적인 기록문학 작품들이다.

추천할 만한 텍스트

『징비록: 지옥의 전쟁 그리고 반성의 기록』, 유성룡 저, 김홍식 역, 서해문집, 2003.

김석근(金錫根)

건국대학교 정치외교학과 강사.

연세대학교 정치외교학과를 졸업한 후, 한국학중앙연구원 한국학대학원에서 석사 및 박사 학위를 받았으며, 동경대학교 법학부에서 연구하기도 했다. 동아시아의 전통사상과 서양사상의 수용 등에 관심을 가지고 연구하고 있다.

저서로『文明·開化·平和: 日本と韓國』(공저, 2006),『福本和夫の思想』(공저, 2005),『한국 정치사상사』(공저, 2005) 등이 있으며, 역서로는『야스쿠니의 일본, 일본의 야스쿠니』(2005),『역사정치학』(2004),『근대일본사상 길잡이』(2004),『충성과 반역: 전환기 일본의 정신사적 위상』(1998) 외 다수가 있다. 그리고 논문으로는「丸山眞男の著作の韓國語飜譯について」(『丸山眞男手帖』第36号. 2006年 1月),「 '儒學知'と '脫近代的知'のはざま？: 韓國儒敎と '近代の知' についての 一素描」(『季刊日本思想史』66号. 2004年 12月) 등이 있다.

1597년 4월 19일, 맑음.

일찍 길을 떠나며, 어머님 영 앞에 하직을 고하고 울며 부르짖었다.

어찌 하랴. 어찌 하랴. 천지간에 날 같은 사정이 또 어디 있을 것이랴.

어서 죽는 것만 같이 못하구나. …

1597년 5월 8일, 맑음.

이날 새벽꿈에 사나운 범을 때려잡아서 껍질을 벗겨 휘둘렀는데,

이 무슨 징조인지 알 수 없다. … 원(元) – 원균 – 이 온갖 세략으로 나를 모함하려

덤비니 이 역시 운수다. 뇌물로 실어 보내는 짐이 서울 길에 잇닿았으며, 그렇게 해서

날이 갈수록 심히 나를 헐뜯으니, 그저 때를 못 만난 것만 한탄할 따름이다.

— 『난중일기(亂中日記)』에서

이순신 (1545~1598)

몰락한 양반인 덕수(德水) 이씨의 아버지 이정과 어머니 변씨 사이에서 태어났다. 그의 시골 본가는 충청남도 아산시 염치면 백암리이다. 하지만 그는 서울 건천동 — 오늘날의 을지로 4가와 충무로 4가 사이 — 에서 태어나 어린 시절의 대부분을 보냈다. 위로 희신(羲臣)·요신(堯臣)의 두 형과 아우 우신(禹臣)이 있어 모두 4형제였다. 형제 들의 이름은 돌림자인 신(臣)자 위에 삼황오제(三皇五帝) 중에서 복희씨(伏羲氏)·요(堯)·순(舜)·우(禹)임금을 시대순으로 따서 붙인 것이다. 28세 되던 해에 비로소 무인 선발시험의 일종인 훈련원별과(訓鍊院別科)에 응시 하였으나 시험장에서 달리던 말이 거꾸러지는 바람에 말에서 떨어져서 왼발을 다치고 실격하였다. 그 뒤에도 계 속 무예를 닦아 4년 뒤인 1576년(선조 9) 식년무과에 병과로 급제하여 권지훈련원봉사(權知訓鍊院奉事)로 처 음 관직에 나섰다. 처음엔 함경도에서 주로 근무했다. 나중에 유성룡에게 추천되어 전라좌도 수군절도사가 되어 전란을 대비했다. 임진왜란 중 삼도수군통제사를 지내면서 중요한 해전을 치뤘다.

저서로는 1792년(정조 16)에 편찬된 『이충무공전서』가 있다. 그를 대상으로 삼은 작품으로는 신채호(申采浩)의 『이순신전(李舜臣傳)』 등이 있다.

02

인간 이순신의 속살, 그 연민과 감동의 텍스트

이순신(李舜臣)의
『난중일기(亂中日記)』

박현모 | 한국학중앙연구원 연구교수

이순신은 『난중일기』를 쓰지 않았다?!

의외로 많은 사람들이 모르고 있지만, 이순신(李舜臣)은 한번도 『난중일기(亂中日記)』라는 제목의 책을 써본 적이 없다. 아마도 그는 자신의 일기가 그런 제목으로 알려지고 이처럼 고전의 반열에까지 오를 것이라 생각지도 못했을 것이다. 이순신은 다만 13만여 자에 이르는 자신의 일기를 묶어서 『임진일기』, 『병신일기』, 『정유일기』 등의 표제를 붙여놓았을 뿐이었다.

그런 그의 일기들이 『난중일기』라는 이름을 얻게 된 것은 200년이나 지난 뒤였다. 정조(正祖)는 임진왜란 발발 200주년이 되는 1792년(정조 16)에 이순신을 영의정으로 가증(加贈)했다. 아울러 이순신의 글과 그에게 준 글들을 모아서 『이충무공전서』를 편찬했

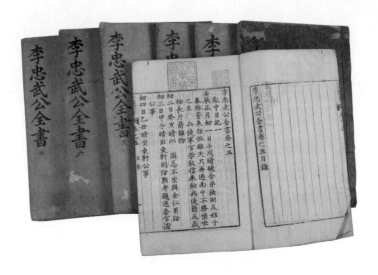

이순신의 저술을 모아 엮은 『이충무공전서(李忠武公全書)』.
여기에 『난중일기(亂中日記)』가 들어 있다.

다. 이 때 편찬자들이 그의 '전란 중의 일기'를 묶어 편의상 『난중일기』란 이름을 붙였다.[1]

　이렇게 『난중일기』가 편찬되고 이름을 얻은 지 다시 300여 년이 흘렀다. 하지만 여전히 이 책은 유명하지만 잘 읽히지 않고 있다. 1965년에 노산 이은상 선생이 『이충무공전서』에서 『난중일기』 부분을 국역했지만 거의 읽히지 않았고, 1989년에 다시 『이충무공전서』를 번역했지만 여전히 접근하기 어려운 책으로 남아 있다. 근래

---

1) 『이충무공전서』 5권부터 8권까지의 내용이다.

TV 사극의 영향으로 가로쓰기를 하거나 세세한 해설에다 몇 군데 오류를 바로잡은 몇 종의 책들이 나왔다.[2] 하지만 1592년부터 1598년까지의 500여 쪽의 그의 일기 중에서 100쪽을 넘겨 읽는 사람은 별로 많지 않다.

이은상은 이 책을 고전의 반열을 넘어 "민족의 성전(聖典)"이라고까지 극찬했으나, 정작 이름만 무성하고 실제로는 읽지 않아 그야말로 '고전의 조건'을 딱 갖춘 책인 셈이다.

읽기 어려운 "민족의 성전(聖典)," 어떻게 접근할 것인가
『난중일기』를 읽기 어렵게 만드는 요인은 많다. 생소한 용어와 건조한 내용, 맥락을 알 수 없는 사건과 낯선 인물들의 돌발적 출현 등이 그것이다. 하지만 내 경험에 비추어볼 때, 『난중일기』는 약간만 다른 각도에서 읽으면 매우 흥미로운 책이 될 수 있다.

첫째, 인간 이순신의 생각과 모습을 찾아 읽는 방법이다. 처음부터 전쟁에 참여하는 군사전략가로서 이순신을 찾으려 하면 쉽게 지치게 된다. 특히 임진왜란에 대한 배경지식이 많지 않은 독자들일 경우, 일본군의 움직임과 명나라의 동향에 대한 최소화된 언급, 전투 상황의 불친절한 기록을 보면서 실망할 수도 있다.

---

2) 최근에 새롭게 출간된 책들 중에서 동아일보사판은 정조 때인 1795년에 간행된 『충무공전서』와 일제시대의 조선사편수회가 간행한 『난중일기초』(1935)를 비교 검토하여 누락되고 오역된 부분을 바로잡은 것으로 주목된다. 특히 이 책은 초서체로 쓰인 이순신의 일기와 편지들 ― 8책 서간첩(書簡帖) ― 을 추가로 번역하여 이은상 번역판에 누락되어 있던 부분을 수정·보완하고 있다.

따라서 모든 내용을 샅샅이 읽기보다는 이순신의 가족 이야기, 개인적인 고통에 초점을 맞추어 발췌해서 마치 신문을 읽는 것처럼 읽어가는 방법을 권하고 싶다. 이렇게 보면 이순신은 결코 타고난 성웅이거나 완벽한 인간은 아니었으며, 잦은 질병치레와 원균에 대한 강한 라이벌 의식, 자기는 늘 불행하다는 강박적 의식에 시달렸던 평범한 인간이라는 것을 알게 된다. 따라서 인간 이순신의 내면세계에 들어가서, 즉 이순신의 눈높이에서 당시 상황을 이해하고 그의 말과 행동을 이해하는 '내재적 접근'이 필요하다. 우리가 미워하는 대상에 대해서 뿐만 아니라, 존경하는 대상에 대해서도 "이해하기 전에는 비방하거나 칭송하는 것을 자제"해야 하기 때문이다.

둘째, 사극이나 소설 작가의 관점에서 『난중일기』를 읽는 방법이다. 인간 이순신의 말과 행동을 어느 정도 이해한 다음에 책의 여기저기에 기록된 이야기들을 새롭게 재구성해보는 것이다. 예를 들면, 이순신이 1597년(정유년) 초에 죽음의 문턱에 이르렀다가 가까스로 풀려나 백의종군의 길을 떠나는 일정은 그야말로 드라마틱하다. 즉, 1597년 4월 2일 한양에서 영의정 유성룡을 만나 "닭이 울어서야 헤어져" 나오는 장면부터, 과천과 인덕원을 지나 수원에서 1박을 하고, 오산과 진위를 지나 평택에서 2박을 하며, 아산과 인주에서 모친의 부고를 듣고 좌절하는 대목은 그의 인간적 아픔을 절절하게 느끼게 한다. 이후 그가 전라남도 승주군에 이르기까지의 일정을 추적하면서 그의 언행을 세심하게 살펴보는 것은 그의 고통뿐만 아니라 그 당시 역로(驛路)와 시일 등을 이해하는 데도 큰 도움이 된다.

이를 위해서는 역사적 사실(document)의 관점을 최소화하는 것이 필요하다. 문화 컨텐츠 내지 텍스트(text)의 관점에서 여러 가지 이야기와 인물들의 이름을 읽어가면 『난중일기』는 무수한 이야기거리(story telling)의 보물창고가 된다.

셋째, 주변 사람에 대한 언급을 통해 그의 입지를 파악해보는 방법이다. 이순신은 일기의 곳곳에 국왕 선조를 비롯해서 영의정 유성룡, 도원수 권율, 경상우수사 원균 등에 대한 생각을 적고 있다. 유성룡은 그가 거의 유일하게 신뢰하는 조정 대신이자 친구였다. 한때 유성룡이 사망했다는 말을 전해 듣고는 "이는 필시 유정승을 질투하는 자들이 말을 만들어 훼방하려는 것"이라고 생각하면서도, "유정승이 만약 돌아가셨다면 나랏일을 어찌할 것인가"라고 걱정했다. 걱정 끝에 그는 다음날 글자를 짚어 점을 쳐보고 "의심하다가 기쁨을 얻은 것과 같다"는 괘가 나오자 마음을 놓기도 했다.

한편, 국왕 선조에 대한 그의 태도는 다소 모호하다. 매월 첫날 임금을 향해 망궐례를 올리면서도 이순신은 한번도 왕에 대한 충성이나 연민의 느낌을 표현하지 않았다. 유교국가에서 관례적으로라도 표현될 만한 국왕에 대한 단심(丹心)을 그는 전혀 언급하지 않고 있다. 그에게 선조는 나라꼴을 이 모양으로 만든 장본인이자, 현지 사정을 무시한 채 원균의 말만 듣고 "적이 돌아가는 길목에 급히 나아가 적을 몰살시키라"는 명령만 반복하여 내리는 혼군(昏君)일 따름이었다.

인간 이순신에게서 발견되는 인상적인 특징 중의 하나는 원균에 대한 라이벌 의식이다. 원균에 대한 이순신의 감정은 복합적이었다. 그의 눈에 비친 원균은 이기적이고 무식한데다 부패한 장수였다. 즉, 원균은 아군이 "적에게 포위되어 거의 구할 수 없는 지경"에 이르렀는데도 "못 본체하고 끝내 구해주지 않는", "괘씸한" 지휘관이었으며, "이순신이 머뭇거리면서 앞으로 나아가지 않는다"고 조정에 보고하면서도 정작 "교서에 숙배하는 예"도 모르는 "무식한" 장수였다. 이 때문에 그는 원균을 "흉측하고 거짓된" 사람으로 간주했으며, 여러 장수들과 회의를 하다가도 원균이 들어서면 헤어져 돌아가게 하기도 했다.

하지만 이런 이순신의 원균에 대한 평가를 곧이곧대로 받아들이는 것은 곤란할 것 같다. 근래 원균에 대한 재평가에서 드러나고 있는 것처럼,[3] 그를 무능하고 부패한 인간 말종의 장수로 매도해서는 곤란하겠기 때문이다. 실제로 1596년에 서울로 압송된 후 처형되기 직전의 이순신을 구해낸 정탁도 어전회의에서 원균을 "쓸만한 장수"라고 평가했다. 『선조실록』에 따르면, 정탁은 "남방에 가서 들으니 왜적이 수군을 무서워하는데" 수군을 이끄는 "원균은 사졸이 따르니 가장 쓸만한 장수요 이순신도 비상한 장수"라고 말하고 있다. 좌의정 김응남 역시 "이순신이 조용하고 중도에 맞는 장수"

---

3) 최근 사극 『불멸의 이순신』을 계기로 여진족을 토벌한 "강직하고 용맹스런" 장군으로서 원균을 재평가하려는 움직임이 있다.

라면 원균은 "병폐가 있기는 하나 몸가짐이 청백하고 용력(勇力)으로 선전하는" 장수라고 평가하고 있다.

요컨대 이순신의 인간적인 측면을 먼저 이해하고, 그와 관련된 이야깃거리를 찾아보는 한편, 그의 주위 인물들을 중립적 시각에서 접근해 간다면 『난중일기』는 무척 흥미로운 텍스트가 될 것이다.

하지만 이 정도에서 멈춘다면 『난중일기』를 읽는 재미와 의미는 반감될 수밖에 없다. 많은 사람들이 궁금해 하는 이순신의 리더십 내지 성공요인을 간과할 수는 없기 때문이다. 인간 이순신의 모습을 이해하고, 책의 여기저기 묻혀있는 이야기 거리를 찾아낸 다음엔 "과연 그처럼 불완전한 사람이 그토록 어려운 상황에서 백전백승의 성과를 거둔 요인은 무엇인가"라는 데 초점을 맞추어 다시 읽어볼 필요가 있다.

이순신의 출발점 : 아전 단속

『난중일기』의 서두는 의외로 '아전 다스리기'로 시작된다. 1592년 1월에 전라좌도 수군절도사로 임명되어 내려간 이순신은 방답의 군관과 아전들이 병선(兵船)을 수선하지 않았다는 이유로 곤장을 때리고, 이웃집 개를 빼앗아 잡아먹은 토병(土兵) 박몽세에게 곤장 80대를 때렸다. 이순신의 아전 다스리기는 『일기』의 도처에 나온다. 그는 수군을 모집하는 일을 거짓으로 보고한 옥과(玉果) 아전을 비롯해 "각 고을 아전 열한 명을 처벌"했으며, "지휘에 응하지 않고 적의 변고도 보고하지 않은" 아전을 잡아서 매를 때렸고, "입대(入隊)에 관한 사무를 태만히 한 죄로 순천의 이방(吏房)을 처형하려고"도 하였다.

특히 그는 군의 사기 및 전력에 큰 영향을 주는 탈영병이나 군량 절도범들은 엄하게 다스렸다. 군사 30명을 배에 싣고 도망간 흥양 보자기 막동이를 "사형에 처해 효시(梟示)"했으며, "도망갔던 발포의 수군을 잡아 처형시켰고", 집으로 도망간 수군 황옥천의 "목을 베어 군중에 높이" 매달기도 했으며, 군량을 세 번이나 훔쳐낸 남평의 색리와 순천 격군을 처형했다. 이순신은 아전뿐만 아니라 군관이나 머슴, 종 등의 직무태만과 민폐를 엄하게 처벌했다. 그는 광양 김두검이 복병할 적에 "칼도 아니 차고 활도 아니 차고서 무척 오만하므로 곤장 70대를" 때렸으며, 상관에 대해 업무보고를 하지 않은 우후 이몽구를 곤장 80대로 다스렸고, 군량을 도둑질하여 나눠 가져가던 장흥의 군량감관과 아전을 잡아다 호되게 곤장을 때렸다. 이 외에도 갖가지 처벌내용이 『일기』의 도처에서 발견된다.

이처럼 아전과 하급 군관 및 수군들을 엄하게 다스린 이유는 무엇인가? 아마도 그것은 우선 국가의 기강 전체가 문란해진 탓일 것이다. 즉 "권세 있는 사람들에게 아첨이나 하여 자신이 감당치 못할 지위에까지 올라 국가의 일을 크게 그르치건마는 조정에서 살피지 못하고 있으며, 중한 범죄자를 고소한 사람이 오히려 갇혀서 죽어가고, 죽을 처지에 놓였다가도 궁궐의 상궁에게 뇌물을 바쳐서 풀려나는 등 나라 "안팎이 모두 바치는 물건의 다소로 죄의 경중을 결정"하는 상황이었기 때문이다.

뿐만 아니라 자신의 책임을 완수하지 않는 군관 및 아전, 그리고 엉뚱한 사람에게 표창을 내리는 일이 계속 존재하는 한 "허술한 방비의 대책"과 "결함 있는 전쟁방비"의 문제는 불가피하다고 보았기 때문이다. 위아래가 온통 "제 한 몸만 살찌울 일만 하니 앞날 일을 짐작할 만하다"는 임관 초기 이순신의 한탄은 이 같은 상황을 잘 말해준다. 말하자면 이순신은 나라 전체로나 자신의 휘하에 있는 부대 안에서나 하나같이 부패한 상황에서 민폐 끼치는 자들과 군량을 훔치는 자들은 곤장으로 다스리고, 도망자들은 처형하는 등 기강을 바로 세워가는 데서 시작했던 것이다.

이순신의 리더십: 승리의 요인들

그러면 그처럼 기강이 무너지고, 허술한 방비상태였던 조선의 수군을 거느렸던 그가 어떻게 백전백승할 수 있었던가? 러·일전쟁을 승리로 이끈 일본 함대의 수장 도고 헤이하치로(東鄕平八郎, 1848~1934)가 "나를 넬슨에 비교하는 것은 가하나 이순신에 비교하는 것은 감당할 수 없는 일"이라고 말했고, 세계 해전사(海戰史) 전문가 발라드(G. A. Ballard, 1862~1948) 제독이 "어떠한 전투에서도 그가 참가하기만 하면 승리는 항상 결정된 것과 같았다"고 극찬했던 이순신의 군사 리더십을 살펴보지 않을 수 없는 이유가 여기에 있다.

"이순신은 사람됨이 충용(忠勇)하고 재략(才略)도 있었으며 기율을 밝히고 군졸을 사랑하니 사람들이 모두 즐겨 따랐다"는 『선조실록』 사관(史官)의 말처럼, 충무공은 기율을 바로잡는 엄한 지도자이면서 동시에 "군졸을 사랑하는" 장수였던 것으로 보인다. 그는

통제영의 수군 지휘소였던 수루(戍樓). 경남 통영시 한산도에 있다.

전투 여건이 허락하는 한에서 병사들에게 음식과 술을 내려 오랜 전쟁에 지친 병사들을 위무하곤 했다. 즉 여제(厲祭) — 역병 퇴치를 위한 제사 — 가 끝난 후 "삼도 군사에게 술 1,080동이를" 내리거나 "삼도 사사(射士)와 본도 잡색군(雜色軍)을 먹이고 종일토록 여러 장수들과 같이 취했다"는 기록, 그리고 활쏘기 시합이나 씨름대회를 열어 진 쪽에서 한턱을 내도록 해서 거나하게 취할 때까지 함께 마시는가 하면, 체찰사 이원익이 한산도를 방문했을 때는 체찰사가 베풀어주는 형식을 빌어 "군사 5,480명에게 음식을" 먹이는 등 잔치를 베풀어 장병들의 사기를 북돋아주었다. 그는 또한 전투가 끝나면 직접 부하들의 전공을 공정하게 작성하여 조정에 보고하였으며, 그 전공에 따라 내려온 상품과 직첩을 휘하 장수들에게 배분하였으며 자신에게 내린 상금과 음식물들을 군졸들에게 베풀어주기도 했다.

이순신의 리더십의 비결은 무엇보다도 방대한 정보의 수집과 공격보다 방어 전략의 이점을 최대한 살린 신중한 방어전략, 전투를 앞두고 중요한 휘하 장수들과의 작전회의, 철저한 자기관리와 담대하면서도 솔선수범하는 전투수행 그리고 앞에서 논한 아전 관리 등을 들 수 있다.

첫째, 탁월한 정보수집과 전투에의 활용이다. 이순신은 전쟁기간 내내 다양한 채널을 가동해서 적정(敵情)은 물론이고 명군의 움직임과 조정의 상황을 파악했다. 그는 조정에서 보낸 선전관이나 휘하의 탐방 군관과 망군(望軍)들의 보고는 물론이고 의병장, 피난민들, 항복해온 왜군, 적진에서 탈출해온 사람 그리고 명나라 장수 등을 통해서 적군의 동태를 파악하고 있었다. 그는 여러 가지 정보 중에서 거짓정보로부터 진실된 정보를 가려내어 작전계획에 활용하곤 했다. 실제로 이 같은 정확한 정보를 효과적으로 이용한 결과 이순신은 적의 동태를 미리 예측하고 철저히 대비하여, 전투를 승리로 이끌 수 있었다.

유럽의 7년전쟁과 나폴레옹전쟁 등 주요 전쟁을 연구한 바 있는 클라우제비츠는 『전쟁론』에서, "사태의 진상을 파악하는 것이야말로 전쟁의 어려움 중에서 가장 큰 것"이라 하여 장수의 정확한 식별능력이야말로 전투를 승리로 이끄는 비결이라고 했다. 이순신은 거짓된 정보를 미리 간파하여 "군대를 안정"시키는 한편, 의심스러운 정보라 할지라도 일단 대비를 하는 등 신중한 태도를 보였다.

둘째, 방어 전략의 이점을 최대한 활용하는 능력이다. 이순신은 "전라도 지역의 수군을 출동시켜 경상도 지역의 왜군을 물리치라"는 선조와 조정의 다수 신료들의 요구를 줄곧 받아들이지 않았다. 선조는 임진왜란이 발발한 이듬해에 선전관을 보내어 "부산으로 나가 적을 무찌르라"고 지시한 것을 비롯해 여러 차례 이순신에게 출동명령을 내렸다. 그러나 이순신은 "팔짱만 긴 채 한 가지라도 계책을 세워 적을 치는 일이 없다"는 오해와 질책을 받아가면서도 끝까지 원정을 나가지 않았다. 그는 "우리나라의 미더운 것은 오직 해군뿐"이며 적이 "험고한 곳에 웅거하여 소굴 속에 있는" 상황에서 결코 "경솔히 나가 칠 수는 없다"고 판단했다. 실제로 이순신은 임진왜란 초기에 영남관찰사의 후원 요청에 따라 사천 전투에 나가 "산위에 진을 치고 배를 그 산 밑에 벌여 놓아 항전하는 태세가 아주 튼튼한" 적과 싸우다가 활군과 격군 중 탄환을 맞은 사람이 많고 이순신 자신도 탄환이 왼편 어깨를 지나 등을 관통하는 부상을 입는 등 어려움에 처한 적이 있었다.

클라우제비츠에 따르면, "방어는 현상유지라는 소극적인 목적을 가지나 공격보다도 강력한 전쟁방식이며, 공격은 획득이라는 적극적 목적을 가지지만 방어보다는 약한 전쟁방식이다." 왜냐하면 "공격은 방어보다 훨씬 큰 전력을 소비"하며, "공격자가 이용하지 않고 보내는 시간은 모두 방어자의 이익이 되기" 때문이다. 예컨대 7년전쟁에서 프리드리히대왕은 마지막 3년간을 방어 전략으로 일관

했는데, 이는 상대방을 스스로 무너지게 했으며 프로이센이 최후 승리를 거두는 결정적인 요인이 되었다. 이런 점에서 국왕의 압력과 도원수 권율의 독촉, 원균의 선동을 이겨내고 방어 전략을 고수하다가 마지막에 철수하는 왜군을 추격하여[4] 격멸한 이순신의 전략은 탁월한 것이었다고 하겠다.

셋째, 작전회의의 효과적인 이용이다. 『난중일기』에는 이순신이 휘하의 장수들과 "군사 일을 의논"한 기록들이 자주 발견된다. 그는 술을 마시거나 식사를 함께 하면서 많은 장수들과 군사 일을 토론하여 전투문제를 결정했다. 특히 중요한 정보가 있을 때 작전회의에서 이를 미리 알려주고 대책을 세우기도 하였다. 예컨대 정유년 9월 어느 날 탐방군관의 적정을 보고받은 이순신은 "여러 장수들에게 군령을 내려 재삼 신칙"하게 한 다음, 적선의 공격을 막아냈다. 그날 저녁 무렵 이순신은 또한 "여러 장수들을 불러 모아 … 밤에 반드시 적의 야습이 있을 것"임을 알려주고 대비케 했는데, "밤 8시에 적이 과연 야습을 해와 탄환을 많이 쏘고 덤볐으나" 아군의 치밀한 대응으로 패퇴한 일도 있었다.

---

4) 클라우제비츠는, "승리의 효과는 얼마간의 추격을 함으로써 비로소 생긴다"면서 "추격을 하지 않는다면 어떤 승리도 커다란 효과를 가져오지 않는다"고 주장한다. 그는 전쟁에서의 "승리를 구체적으로 나타내는 것은 전리품"인데 "이 전리품은 대개 추격에 의해서 비로소 노획된다." 따라서 "이 추격은 승리를 완성하는 제2단계의 행동이며, 많은 경우 제1단계의 행동, 즉 전투에서의 승리 그 자체보다 더 중요하다"는 것이다. 따라서 클라우제비츠에 따르면 "적이 전투를 포기하고 진지를 떠나는 순간"과 "양군 사이에 일진일퇴하는 운동"을 구별할 수 있는 장수의 판단력이 전투에서는 매우 중요하다.

이외에도 이순신은 부하 장수들과 긴밀하게 정보를 공유하고 중요한 작전계획을 마련하곤 했다. 우수사 및 가리포와 모여앉아 이야기한 기록, 우수사 이억기와 한참 동안 군무를 의논한 일, 수사 원균 및 우수사 이억기와 함께 군무를 의논한 일 등.

넷째, 그는 자기관리에 철저했으며 전투에서는 위험을 무릅쓰고 선봉에서 솔선수범하는 모습을 보였다. 이순신은 세상이 부패하고 혼란한 와중에서도 공적인 마음과 자세를 늘 견지했다. 그는 어머니의 상을 당한 처지에서도 전선으로 나아갔으며, 전투가 없을 때면 둔전을 개척하고 어염을 판매하여 군량을 넉넉하게 했다. 전세가 불리해질 경우 그는 "대장선을 적선 속으로 몰고 가" 뒤에 있는 군사들을 독려하곤 했다.

1597년 명량해전에서 이순신은 적선 133척이 아군의 배를 에워싸자 "여러 장수들이 적은 군사로 많은 적을 대적"하는 것을 두려워하고 군사들도 "얼굴빛이 질린" 상황에서, "죽으려면 살고 살려고 하면 죽는다"면서 "노를 바삐 저어 앞으로 돌진"하는가 하면 도망치는 안위에게 "네가 군법에 죽고 싶으냐? 도망간다고 어디가서 살 것이냐"고 독려했다. 김응함에게도 그는 "당장 처형할 것이로되 적세가 급하므로 우선 공을 세우게 한다"라고 하여 모면할 기회를 부여하여 적장 마다시의 목을 베게 했다.

이순신은 자기관리에도 철저했다. 백의종군하라는 명령을 받고 흥양을 지나던 길에 자신의 종들이 고을 사람들의 밥을 얻어먹었다고 하자 그는 "종을 매 때리고 밥쌀을 도로 갚아" 주도록 했다.

평범한 인간의 감동적인 자기극복

이상에서 살펴본 바와 같이 이순신 장군의 리더십은 무너진 군대의 기강을 바로 세워 국가의 운명을 위기에서 구해냈다. 그런데 그의 탁월한 리더십과 공적 때문에 이순신을 '타고난 성웅' 내지 '초인적인 영웅'으로 간주해서는 안 될 것 같다.

『난중일기』에서 수없이 많이 발견되는 '한탄'과 '꿈', '죽음' 등의 단어가 심상치 않기 때문이다. 그는 평범한 남편이요 아들이었으며 정이 많은 아버지였다. 아내의 병이 위중하다는 말을 듣고 괴로워하였으며 어머니의 부고를 듣고는 "찢어지는 아픔"에 울부짖었다. 그는 금부도사의 감시를 받으며 남쪽 땅으로 내려가는 과정에서 자신을 홀대하는 김덕린에게 서운해 하였으며, 어머니의 입관(入棺)식을 도와준 벗 오종수에게는 "뼈가 가루가 되어도 잊기 어렵다"고 기록했다. 또한 아들 면의 전사소식을 들었을 때는 "천지가 깜깜하고 해조차도 빛이 변했구나. 슬프다 내 아들아 나를 버리고 어디로 갔느냐"면서 슬퍼했다.

이순신은 뜻밖에도 강인한 체력의 소유자가 아니었다. 비록 무과 시험을 통해 관직에 진출했지만, 전장에서 늘 몸이 아파 괴로워하고, 온백원이라는 위장약을 상비해야만 했다. 그는 나라의 일, 집안의 일 그리고 자신의 일로 "마음이 산란하여" 밤늦게까지 뒤척이다가 새벽녘이 되어서야 잠들곤 했다. 자신의 '새벽꿈'을 해석하면서 그날그날의 일진을 점치기도 했다. 그가 이처럼 괴로워하고 꿈을 분석하거나 점을 치는 행위를 어떻게 보아야 하는가? 이는 전쟁의 불확실성과 과중한 책임의식에서 비롯된 것으로 보인다. 즉, 이순

이순신 장군의 위폐를 모신 충남 아산의 현충사(顯忠祠).
1704년 충청도 유생들이 건립했다.

신은 온 국토가 적에게 들어가고 원군으로 온 명나라 군대조차도 싸우기는커녕 화친을 주장하거나 심지어 "적을 치지 말라"고 압박하는 상황에서 전쟁이 어떻게 될지 알 수 없었다. 더군다나 자신은 원균을 비롯한 많은 사람들의 견제를 받고 국왕으로부터도 불신을 받고 있었다. 특히 자신이 맡고 있는 수군이 무너졌을 때 나라의 운명과, 자신을 믿고 들어온 전라도 인근의 많은 백성들의 목숨을 책임져야 한다는 생각에 하루도 마음을 놓을 수가 없었다.[5] 이순신은 일종의 '불행한 의식'을 소유하고 있었는데, 이 같은 의식은 점을 치는 행위로 나타나곤 했다.

　요컨대 『난중일기』에서 발견되는 이순신의 모습은 나면서부터 용감하고 완전한 인간이 아니라 불완전하고 연약한 존재지만, 동시에 끊임없는 자기반성을 통해 부족한 점들을 극복해 간 존재였다. 바로 이 점 때문에 우리는 인간 이순신으로부터 감동받게 되며 더욱 존경하게 되는 것은 아닐까?

---

5) 클라우제비츠에 따르면 "전쟁이란 구체적 상황에 따라 그 성질을 달리하는 카멜레온 같은 것"이며, 장수가 느끼는 압력으로는 아군의 손실과 전투가 길어지면서 느끼는 저항감이 가장 크고, 오히려 적의 행동은 간접적인 압력이 될 뿐이라고 보았다. 즉, "지휘관이라 할지라도 유혈의 희생에 의해서 야기되는 괴로운 생각과 자기 자신의 내부와 싸워야 하고, 또 그것이 실제 부하들이 받는 인상·기분·불안·노고 등과도 직접 간접으로 싸워야 한다." 따라서 유능한 장수에게 있어서 "이러한 시기야말로 장수의 마음 깊숙이 간직해 두었던 정열과 희망의 불을 다시 켜줄" 때라는 것이다.

더 생각해볼 문제들

1. 일본에서 이순신은 어떻게 묘사되고 있나?

   임진왜란 당시에는 이순신을 비롯한 조선 장수의 실명을 거론하지 않고 있다. 예컨대 조선 수군과 싸운 와키자키 야스히루의 무훈담인 『와키자카키(脇坂記)』 등에는 이순신이나 거북선에 대한 묘사가 없다. 단지 호리 세이이의 『조선정벌기』에는 이순신을 이통제(李統制)로 호칭하고 있다. 즉, 그가 철퇴하는 시마즈와 고니시군을 섬멸하기 위한 해전에서 명나라의 무장인 등자룡을 구하려다 고니시 유키나가에게 살해당했다고 기록되어 있을 뿐이다. 그에 비해 도고 헤이하치로나 시바 료타로 등 일본인들은 이순신을 '군신(軍神)'으로까지 극찬하고 있어서 대조를 이룬다.

2. 이순신을 '국가적 영웅'으로, 원균을 '간사한 소인배'로 이분화하는 태도를 어떻게 보아야 하는가?

   이러한 이분법은 이순신의 어려운 처지와 그 극복과정을 극화하는 효과는 있으나, 사태를 지나치게 단순화하는 경향이 없지 않다. 그 당시의 조정을 동인과 서인의 극한 대립으로 묘사하는 것이나, 이순신과 원균을 선악으로 양극화하는 것은 역사의 실제 모습이 아닐뿐더러 이순신을 깊이 있게 이해하는 길에도 장애가 된다고 본다.

추천할 만한 텍스트

『완역 이충무공전서』 상·중·하, 이순신 지음, 이은상 옮김, 성문각, 1989.

『이순신의 난중일기』(완역본), 이순신 지음, 노승석 옮김, 동아일보사, 2005.

박현모(朴賢謀)

한국학중앙연구원 연구교수 겸 세종국가경영연구소 전통연구실장.

서울대학교 정치학과에서 「정조의 성왕론과 경장정책에 관한 연구」로 박사 학위를 취득했으며, 이후 한국학중앙연구원 연구교수로 정조와 세종 등의 국왕 리더십을 연구하고 있다. 『역사와 사회』 편집위원장을 지냈으며, 《중앙일보》 칼럼니스트, 2006 광주비엔날레 전시자문위원 등으로 활동하고 있다.

저서로 『정치가 정조』(2001), 『세종의 수성(守成)리더십』(2006) 등이 있고 역서로는 『몸의 정치』(1999) 등이 있으며, 「정약용의 군주론: 정조와의 관계를 중심으로」, 「경국대전의 정치학」 등 50여 편의 연구논문이 있다.

이엽(李曄)이 탈출하다 적들의 추격을 받게 되어

잡히게 되자 스스로 칼로 몸을 찌르고는 바다 속으로 뛰어 들었다.

그 배에 남아 있던 사람들도 자결하거나 혹은 잡히게 되었다.

적들이 죽은 이엽의 시체를 끌어내고,

그 나머지 사람은 왜경(倭京)으로 끌고 가서

산 채로 모두 수레에 걸어 놓고 찢어 죽이니

우리나라 남녀가 이 말을 듣고 눈물을 흘리지 않는 자가 없었으며,

어떤 이는 글을 지어 제사도 지냈다.

― 『간양록(看羊錄)』 중에서

강항 (1567~1618)

전남 영광 출생으로 자는 태초(太初), 호는 수은(睡隱)이다. 선조 21년(1588)에 진사과에 합격하고, 26년
(1593)에 병과(丙科)에 선발된 후 교서관 박사 및 공·형조좌랑을 지냈다.
선조 30년(1597)에 정유재란이 일어나자 이광정의 종사관으로서 의병을 모으기 위해 격문을 들고 동분서주하
던 중 왜군에게 피랍되었으며 일본의 오쓰성(大津城)을 거쳐 교토의 우시미성(伏見城)에서 포로생활을 하다
1600년 5월 부산으로 송환되었다. 이후에는 관직을 사임하고 향리에 남아 후학을 가르치다 1618년 세상을 떠
났다.
강항은 일본에 억류되어 있는 동안 일본인 후지하라 세이카(藤原惺窩)에게 주자학을 전하여 일본의 에도(江戶)
시대 유학 창시에 큰 영향을 주었다. 『간양록』 외에도 『수은집(睡隱集)』, 『운제록(雲堤錄)』, 『강감회요(綱鑑會
要)』 등의 글을 남겼다.

03

처절한 임진왜란 포로 체험의 세계
강항(姜沆)의 『간양록(看羊錄)』

이채연 | 신라대학교 국어교육과 교수

『간양록』은 어떻게 구성되어 있나

『간양록(看羊錄)』은 임진왜란 때 일본에 잡혀갔던 조선의 포로를 대표하는 가장 상징적인 인물인 강항(姜沆)이 일본에서 조선으로 돌아올 때까지의 체험을 기록한 글이다. 그 시기는 선조 30년 (1597) 9월에서 33년(1600) 5월까지이다. 현전하는『간양록』의 판본은 필사본, 목판본이 있는데 서울대 규장각에 소장되어 있다.

『간양록』은「적중봉소(賊中封疏)」— 적중에서 올리는 상소 —, 「적중문견록(賊中聞見錄)」— 적중에서 듣고 본 것의 기록 —,「섭 란사적(涉亂事迹)」— 난리를 겪은 사적 —,「고부인격(告俘人檄)」 — 포로인들에게 고하는 격문 —,「예승정원계사(詣承政院啓辭)」— 승정원에 올리는 계사 — 등의 글로 구성되어 있다.

115

강항이 지은 『간양록(看羊錄)』 목판본.

「적중봉소」는 강항이 일본의 지리 및 지세, 관호, 군제, 형세 등을 기록하여 선조에게 올린 소(疏)로서 임란 당시의 일본 정세가 상세히 담겨 있다. 그는 원래 이 봉소(封疏)를 3개로 만들어 두 번은 탈출하는 조선인을 통해서, 한 번은 중국인을 통해서 조선 조정에 전하고자 하였다. 비록 포로로 잡혀 있었지만, 일본 현지의 많은 정보를 수집하여 적극적으로 조선 조정에 보내고자 했던 것이다.

「적중문견록」은 강항이 일본에 체류하면서 일본인과의 친교를 통해서 알게 된 일본의 실정을 기록한 글이다. 여기에는 '왜국백관도', '왜국팔도육십육주', '임진·정유에 침략해 온 왜장의 수요' 등이 수록되어 있다. '왜국백관도'와 '왜국팔도육십육주'는 신숙주의 『해동제국기』의 내용과 일치되는 부분이 많이 있지만, 임란 당시의 실정을 보다 자세하게 기록하고 있어 시사성이 강하다. 특히『해동제국기』가 천황중심의 계보에 초점 맞춘 것이라면, '왜국백관도'는 천황 이하 관료들의 직급 및 관직명을 밝히고 있어 당시의 일본 실정을 파악하는 데 귀중한 자료라 할 수 있다. '임진·정유에 침략해 온 왜장의 수요'는 당시 출정 장수들의 인적 사항, 즉 그들의 가계, 관직, 식읍, 성격 등에 대해 자세하게 서술하고 있다. 이러한 것은 일본 실정에 정통하지 않으면 알 수 없는 것으로, 그가 이러한 사실을 파악하기 위해 얼마나 많은 노력을 기울였는지를 짐작할 수 있게 한다. 조선 영조 때 문인인 안석경(安錫儆)은『강항전(姜沆傳)』에서 다음과 같이 밝힌 바 있다.

> 내가 강항이 기록한 적중의 글을 읽고서, 그가 포로로 잡혀 곤란한 처지에서도 적의 중요한 것을 취득하여 조정에 아뢰고, 우리 조정의 실책을 지적하여 진술하고 자신의 새로운 계책을 올린 것을 훌륭하게 여겼다. … 장차 반드시 일본에 보복할 날이 있을 것이면, 비록 시대가 지나고 형세가 바뀌어 옛날과 지금이 판이하더라도 강항의 취득한 바는 오히려 의로운 것이라 할 수 있고, 주달한 바는 오히려 채택할 만한 것이 있다. 아아! 어찌 소홀히 할 수 있겠느냐. 내가 이 때문에 강항을 위해 전을 짓는다.

안석경의 이러한 지적은 강항의 충절을 선양하는 의미도 있지만, 『간양록』이 담고 있는 정보적 가치의 중요성 또한 짐작할 수 있게 한다. 특히 17세기 이후 실학자들이 일본에 대해 보다 객관적인 안목에서 평가하고자 할 때 『간양록』을 참고로 하는 것만 보아도 그의 용의주도한 관찰력과 치밀성을 한층 더 돋보이게 한다.

「섭란사적」은 자신의 포로체험을 일기 형식으로 적은 글인데, 군데군데 시(詩)가 섞여 있어 강항의 정서적인 면을 엿볼 수 있게 한다. 강항은 『수은집』에 많은 시를 남기고 있지만 포로체험을 시로 형상화한 「섭란사적」의 시는 특히 소재적 특성 때문에 의미 있는 것으로 받아들여진다.

「고부인격」은 조선으로의 귀환이 결정된 뒤 대마도에 도착하여 남아 있던 조선 포로들에게 보내는 격문이다. 이 글은 포로생활을 청산하면서 과거를 회고하는 관점에서 쓴 글이기 때문에 일본에 대한 적개심으로 가득 차 있다. 또한 남아 있는 포로들에 대한 격려와 분발을 촉구하고 있어 어조가 상당히 격양되어 있다. 당시에 많은 격문이 있었지만, 그중에서도 가장 호소력 있는 글로 생각된다. 「예승정원계사」는 고국에 도착하여 왕에게 적의 사정을 설명하기 위해 올린 글이다.

강항은 원래 이 책의 제목을, '죄인이 타는 수레'란 뜻의 '건거록(巾車錄)'이라 하였다. 그 뒤 후학인 윤순거(尹舜擧)가 책을 간행할 때, 권필(權韠)이 강항의 충절을 예찬한 시구(詩句)인 '절위간양락(節爲看羊落)'을 차용하여, 그의 절개를 칭송하는 뜻에서 제목을 '간양록'이라 한 것이다.

임진왜란은 노예전쟁이다

임진왜란은 1592년 음력 4월 13일 일본의 부산진 침략을 시작으로

1598년 11월 울산에서 철군할 때까지의 7년 전쟁을 말한다. 임진왜란의 역사적 의미를 규정짓는 데는 한·일간의 입장이나 학자들의 관점에 따라 다양하게 나타날 수 있지만, 전 세계가 인정한 가장 잔혹하고도 유래가 드문 전쟁이었다는 점에는 모두가 공감하고 있다. 그 단적인 예로 조선인을 강제로 포획하여 노예로 매매한 것과 코를 베어 전공(戰功)을 확인케 한 것을 들 수 있다. 이런 관점에서 임진왜란을 '노예전쟁'이라 부르기도 한다. 즉, 임진왜란은 영토 확장의 성격을 띠기보다는 인적 수탈에 더 많은 무게를 둔 전쟁으로 해석한 것이다. 그들의 군사편제와 전략을 살펴보면 이러한 사실은 더욱 분명해진다.

일본은 조선 침공 전에 이미 군사편제를 전투부대와 특수부대로 이원화하여 효과적으로 전쟁을 수행할 수 있는 전략을 세워놓고 있었다. 3개의 편대로 나누어진 전투부대는 속전속결로 북진하여 점령지를 확대하였고, 특수부대는 후방에서 전투 병력과는 별도의 임무를 수행하였다. 즉 도서부, 금속부, 공예부, 포로부, 보물부, 축부으로 짜여진 6개 특수부대는 조선의 인적·물적 자원을 약탈하여 일본으로 수송하는 것이 그 주된 임무였다. 도서부는 조선의 서적을, 공예부는 자기류를 비롯한 각종의 공예품을, 포로부는 조선의 학자·관리 및 목공·직공·토공 등 장인, 노동력을 가진 젊은 남녀의 납치를, 금속부는 조선의 병기·금속활자를, 보물부는 금은보화와 진기한 물품들을, 축부는 조선의 가축을 포획하는 일을 수행하였다.

남녀 포로는 주로 큐슈 지방을 중심으로 하여 일본 전역에 분산시켰는데 이 중 학자나 공예가들은 관작과 녹봉, 토지를 주어 대우

「동래부사순절도(東萊府使殉節圖)」(변박 작, 육군박물관 소장).

했다. 공예 중에서도 일본에 큰 영향을 준 것은 도자기 제작 기술이라 할 수 있다. 당시 다도를 숭상했던 일본은 다기(茶器)의 대부분을 중국과 조선으로부터 수입했기 때문에 이를 보완하기 위해 포로로 잡은 도공들로 하여금 자기를 제작하도록 했던 것이다.

당시 포로로 잡혀간 조선인들은 대부분 경상·전라도 사람들이었다. 전쟁이 장기화되면서 일본군은 주둔지인 경상·전라도 일대의 학자·공예가들을 다투어 납치해서 일본으로 데려갔던 것이다. 특히 임진년 초기보다 정유재란 이후에 잡혀간 사람이 훨씬 더 많았는데, 그 때문에 전라도 지방의 피랍인이 다른 곳에 비해 많은 편이었다. 당시 조선 포로의 수에 대해서는 한·일간에 이견이 있다. 일본 측에서는 2~3만 명 정도로, 한국에서는 10만 정도로 추정하고 있는 것이다.

일본으로 잡혀간 조선 포로들은 크게 세 가지 형태의 삶을 살았다. 첫째, 일본에 남아 영구히 거주한 경우다. 이는 일본인의 방해로 조선으로의 송환의 기회를 얻지 못했거나 일본인과 결혼하여 자식을 낳고 살게 되었던 경우로서 대부분의 포로들은 이에 해당했다.

둘째, 왜군 장수와 상인이 결탁하여 조선인을 포로로 잡아 노예로 팔아버린 경우다. 일본상인들은 조선인 포로들을 포르투칼 노예상인들에게 팔아 넘겼다. 이들은 처음부터 노예사냥을 목적으로 조선에 출정해서 남녀노소를 막론하고 사로잡아 나가사키(長崎)로 끌고 간 뒤 포르투칼인과 총, 비단 등으로 교환했다. 당시 조선인 납치·매매실상이 어떠했는지는, 일본과 마카오 관할 천주교 교구의 주재 신부였던 루이스 세르꾸에이라(Luis Cerqueira)가 1598년

9월 4일에 쓴 글을 통해 살펴볼 수 있다.

> 배가 들어오는 항구인 나가사키에 인접한 곳의 많은 일본인들은 포
> 로를 사려는 포르투칼 사람들의 의도에 따라, 그들에게 팔기 위한
> 조선 사람들을 사려고 일본의 여러 지역으로 돌아다녔을 뿐만 아니
> 라, 조선인이 이미 잡혀 있는 지역에서 그들을 구매하는 한편, 조선
> 인들을 포획하기 위하여 조선으로 갔습니다. 그리고 일본인들은 포
> 획과정에서 많은 사람들을 잔인하게 죽였고, 중국 배에서 이들을 포
> 르투칼 상인들에게 팔았습니다.

이 과정에서 당시 조선인들이 당해야 했던 비참함이 어떠했는지
는 일본군 종군 승려로서 참전한 케이넨(慶念)이 쓴『조선일일기
(朝鮮日日記)』에 생생히 기록되어 있다. 케이넨은 자신이 부산에서
목격하게 된 현장을 1597년 11월 19일자 일기에 다음과 같이 적고
있다.

> 일본으로부터 수많은 상인이 왔는데, 그 중에는 인신매매자들도 섞
> 여 있었다. 이들은 남녀노약(男女老若)을 사서 새끼줄로 목을 얽어
> 뒤에서 재촉하는데, 말을 듣지 않을 때 채찍으로 매질하는 상황은
> 마치 죄인을 다루는 것과 같았다. … 이와 같이 사 몰아가지고 마치
> 원숭이 떼를 얽어서 걷게 하는 것과 같았고, 소나 말을 다루듯 하는
> 광경은 차마 눈뜨고 볼 수 없었다.

셋째, 포로 송환의 임무를 맡은 관리였던 포로 쇄환사(刷還使)들을 통하거나 탈출을 감행하여 조선으로 귀환하게 된 경우이다. 이들 가운데는 여러 번 탈출을 시도하다 실패하여 목숨을 잃은 경우도 있었으며, 상소를 써서 일본의 정세를 본국에 알리려고 남다른 노력을 기울인 이들도 있었다. 이 글에서 다루는 강항을 비롯하여 노인(魯認), 정희득(鄭希得), 정경득(鄭慶得), 정호인(鄭好仁)과 같은 인물들이다. 이들이 남긴 『간양록』(강항), 『금계일기』(노인), 『월봉해상록』(정희득), 『만사록』(정경득), 『정유피란기』(정호인)는 한 개인의 신변잡기적인 일기의 수준을 뛰어 넘어 당시 이름 없이 살다간 조선 포로들의 실상을 상세히 술회하고 있다는 점에서 귀중한 문헌적 가치를 가진다. 또한 체험을 통해 당시 일본의 정세와 풍속을 상세히 기록했다는 점에서 귀중한 사료가 되고 있다.

『간양록』의 역사성과 문학성

『간양록』은 실기문학이다. 실기문학은 실존인물이 전쟁이나 난(亂), 사회적 의미가 있는 역사적 현장에서 직접 겪은 체험을 기록한 것으로 역사와 같은 사실지향적인 서술태도를 보이면서도 이성보다도 감성에 호소하는 체험중심의 문학을 말한다. 우리가 흔히 알고 있는 유성룡의 『징비록』, 이순신의 『난중일기』 등이 이에 해당한다.

우리 역사에서 의미를 부여할 만한 큰 사건들은 대부분 실기가 남아 있다고 해도 과언이 아니다. 특히, 전쟁과 관련해서는 더욱 그렇다. 전쟁이란 인간이 절대폭력 상태에 노출되는 것을 의미할 뿐만 아니라, 인간의 본능 속에 잠재하고 있는 파괴적인 힘에 정당성을 부여해주는 측면도 있기 때문에 많은 인명이 가차 없이 희생되기도 한다. 그 과정에서 겪는 삶은 숙명이라고 말하기에는 너무나 기구하고 기막힌 경우도 있을 것이다. 평상시 같으면 상상조차도할 수 없는 일이 다반사로 행해지는 것이다. 또한 그러한 사례들에 대해서 이해하고 정리할 만한 시간적·정신적 여유가 전시에는 허용되지 않는다. 그래서 전쟁 기간 중 일어났던 일에 대한 술회나 증언은 살아남은 자에 의해서 이루어질 수밖에 없고, 이것이 소위 상상적 문학으로 형상화되기 위해서는 일정한 시간이 필요하게 된다.

전쟁 중에 겪는 처참한 경험은 기존의 문장형식으로는 도저히 담아낼 수가 없다. 실기에서의 '사실'이란 객관적인 현실성을 가진 존재나 현상으로, 실제의 공간과 시간 속에서 구현되었거나 가시적으로 검증할 수 있는 것이어야 한다. 따라서 실기문학에서는 작품의 심미적 예술성 보다는 소재의 현장성과 참신성 그리고 현상을 있는 그대로 전달하려는 작가정신이 매우 중요하다. 이런 이유로 역사학의 분야에서는 실기를 역사적 사료로 이해하려고 하고, 문학의 영역에서는 작가의 경험이 문학적으로 어떻게 형상화되어 있느냐를 따져 보는 것이다.

『간양록』은 기록 당시의 그 어떤 글보다도 일본에 대해 자세한 사실을 전하고 있다. 비록 포로의 신분이기는 하지만 일본에서 2년 8개월간을 체류하면서 기밀에 속하는 많은 자료를 염탐·수집하여 쓴 것이기에 군사·지리적 가치가 매우 높다. 「적중봉소(賊中封疏)」, 「적중문견록(賊中聞見錄)」과 같은 것은 역사성이 높은 글이라 할 것이다. 반면에 포로로 잡혀와서 나라 잃은 슬픔과 망향의 그리움을 일기 형식으로 담은 「섭란사적(涉亂事迹)」은 강한 문학적 체취를 드러내고 있어 읽는 이로 하여금 연민의 정을 자아내게 한다.

조선 조정에 일본의 정세를 전하다

임진왜란의 와중에 많은 조선인이 일본으로 끌려갔지만 오늘날 그들의 실상을 정확히 알기는 어렵다. 조선인 포로들 중에는 전문적인 기능을 갖춘 장인 또는 일반 백성들도 있었지만, 양반들도 많았다. 양반을 제외한 나머지 사람들은 그들의 체험을 남길 수 있는 방법이 없었기 때문에, 이들의 행적에 대해선 양반 신분의 인물들이 남긴 기록을 통해서 간접적으로 확인할 수밖에 없다. 이런 점에서 『간양록』은 단순히 강항 개인의 체험기일 뿐만 아니라, 조선 포로들의 생활상을 함축·대변하고 있는 공동체험기라고 확대해서 해석할 수도 있다.

『간양록』에는 속죄의식(贖罪意識)과 극왜의지(克倭意志)가 강하게 표출되어 있다. 강항은 포로로 잡혀왔다는 수치심과 임금에 대한 죄스러움을 가지면서도, 민족적 자존과 문화적 우월감을 잃지 않으려 했다. 이러한 속죄적 보상의지가 구체적으로 드러난 것이 행동을 통한 극왜의지의 실천이다. 그가 포로로 잡혀와 구차하지만 생명을 유지할 수 있었던 것은 오로지 복수의 일념 때문이었다.

8일 동안 먹지 않았으나 오히려 숨이 붙어 있음이 한스럽다. 그러나 죽지 않은 것은 장차 할 일이 있기 때문이니, 의미 없이 죽는 것은

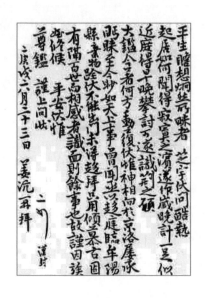

강항의 친필.

부끄러움을 씻는 것이 되지 못한다. 예양(豫讓)은 비수를 갖고 다리
아래 엎드려 조맹(趙孟)에 대해 원수를 갚기로 기약했고, 철퇴를 들
고 모래밭에 나타나서 장량(張良)의 분을 씻기로 맹세했다.

강항은 일본군에 사로잡혀 일본 땅에 도착한 후 구차하게 사느니
차라리 죽는 것이 나을지도 모른다는 생각을 했다. 그러나 그렇게
죽는 것은 의미 없는 죽음이기 때문에 부끄럽지만 살아서 복수를
해야겠다고 생각을 바꾸게 된다. 포로로 잡혀온 그가 살아남아야
하는 궁극적인 목적은, 오로지 일본에게 당한 수모를 후일에 갚겠
다는 것이다. 이런 이유 때문에 그는 탈출의 기회를 엿보면서 일본

의 정세를 탐문하고 수집했던 것이다. 「적중문견록(賊中聞見錄)」은 이런 의도에서 기록된 글이며 이는 조선 조정에 일본의 실상을 있는 그대로 전달하려는 보고지향적 목적의식이 구체화된 것이라 할 수 있다.

혈육 상실의 아픔과 망향의 그리움을 노래하다

강항은 피랍과정에서 자유를 박탈당했고, 또 오랜 기간 고향을 떠나 적지에 머물렀기 때문에 『간양록』에는 혈육에 대한 그리움과 고국에 대한 그리움의 정서가 잘 표출되어 있다.

> 좋은 때와 명절일수록 더욱 마음이 슬펐다. 임금과 어버이를 바라보면 모두 만리의 큰 바다 밖에 있다. 바야흐로 화창한 봄을 맞이하여 초목과 모든 생물이 다 스스로의 즐거움이 있는데, 우리 형제는 눈물이 가득찬 눈으로 서로 마주하고 있을 뿐이다.

이 글은 강항이 1598년 새해를 맞이하여 자신의 처지를 한탄하면서 쓴 글이다. 강항의 집안은 피란길에 오르면서 두 척의 배를 준비했었다. 그런데 부친은 배멀미 때문에 작은 아버지와 함께 큰 배에 탔고, 강항은 형제 및 그 밖의 집안사람들과 함께 작은 배를 탔다. 그런데 사공이 실수로 닻줄을 풀어 놓아 강항의 배는 부친이 탄 배와 떨어지고 말았다. 그 이후 강항 형제는 일본군에 피랍되었고, 부친에 대해서는 아무 소식도 듣지 못했다.

봄비가 한 번 지나고 나면

돌아갈 생각 배나 많아진다오.

어느 때나 우리 집 담장 밑에

손수 심은 꽃 다시 볼거나.[1]

　문 밖에 봄비가 내리지만 그것은 반가운 비가 아니다. 그 비는 일본에서 처음 보는 것이 아니기 때문이다. 작자는 지난해에도 봄비를 맞으며 고향에 돌아가기를 기원했었고, 올해에도 또 봄비를 보게 된 것이다. 이는 내년에도 다시 일본 땅에서 봄비를 보게 될지 모른다는 막연한 불안감을 암시한다. 『간양록』에 나타나는 고향에 대한 그리움은 대부분 꿈을 통해 표출되거나, 사물을 매개로 한 정경화(情景化)를 통한 간접적인 방식으로 이루어지고 있다.

임금에 대한 충성심－유교적 관념성의 아이러니

『간양록』에서 '혈육에 대한 그리움' 다음으로 두드러지는 망향(望鄕)의 정조는 '연군(戀君)과 충절'이라 할 수 있다. 포로 실기문학에 연군의 정이 나타난다는 것은 일종의 아이러니라 할 수 있다. 많은 조선인들이 전쟁에서 엄청난 수난과 살상의 피해를 당한 궁극적 책임은 임금에게 있다. 포로들의 입장에서는 임금에 대한 원망의 정도가 훨씬 강해야 되는 것이 당연한 이치임에도 불구하고, 오히

---

1) 春雨一番過 / 歸心一倍多 / 何時短墻下 / 重見手栽花.

려 임금에 대한 충절을 드러내고 있는 것이다.

> 금장(錦帳)의 명부(名部)가 일본에 떨어지니
> 머나 먼 천리길 바람편에 맡겼다오.
> 대궐의 소식은 큰 파도 넘어 아득한데
> 학발(鶴髮)의 모습은 꿈 속 희미하도다.
> 두 눈은 일월 보기 부끄러운데
> 일편단심 옛 조정만 기억되누나.
> 강남이라 방초(芳草)시절 뭇 꾀꼬리 요란한데
> 우공(寓公)을 돌려보낼 빠른 배 있을는지.[2]

『간양록』의 시는 임금의 안부를 궁금해 하면서 임금에 대한 일편
단심이 여전히 변치 않고 있음을 보여주고 있다. 하루라도 빨리 고
국에 돌아가고 싶다는 심정 및 자신의 처지에 대해 부끄러워하는
마음도 감추지 않고 있다. 강항이 느끼는 부끄러움은 전쟁터에서
떳떳하게 죽지 못하고, 구차하게 살아 포로로서 감내해야 되는 치
욕 때문이다. 그는 이것을 임금에 대한 신하의 도리를 다 못한 것으
로 여겼으므로 하늘 보기가 부끄럽다고 한 것이다. 강항이 이 글의
제목을 본래 '죄인이 타는 수레'라는 뜻의 '건거록(巾車錄)'이라 지
은 것도 이 같은 인식 때문이었다.

---

2) 錦帳名部落海東 / 絶程千里信便風 / 鳳城消息鯨濤外 / 鶴髮儀形蝶夢中 / 兩眼却慙同日月 / 一
心猶記舊鸞鴻 / 江南芳草群鶯亂 / 倘有飛艎返寓公.

스스로를 반성하고 후세에 교훈으로 삼다

『간양록』은 포로 생활의 참상을 있는 그대로 기록함으로써, 스스로를 반성하는 계기로 삼음은 물론 후세인들을 경계(警戒)시키려는 교훈적인 의도에서 씌어진 것이라 할 수 있다. 물론 여기에는 일본의 정세나 풍속을 기록하여, 이를 전쟁에 효과적으로 이용하고자 한 의도 등도 모두 포함되어 있다. 그밖에 다른 조선인 포로들의 생활상을 기록하여 참담했던 당시의 처지를 잊지 않고 간직하고자 했던 의도도 있었다. 따라서 『간양록』은 당시 일본 내의 포로 실상을 알려주는 드문 자료라는 점에서도 중요한 가치를 지닌다.

더 생각해볼 문제들

1. 『간양록』의 실기문학적 가치에 대해 알아보자.

   『간양록』은 임진왜란이라는 역사적 현장에서 직접 체험한 것들을 적은 실기문학에 속한다. 따라서 사료로서의 역사성과 개인 체험의 심미성을 공유하고 있다. 『간양록』의 사료로서의 가치는 당시 일본 내부의 정세와 상황을 아주 자세히 기록하했다는 점에 있고, 문학으로서 가치는 포로체험이라는 사적 체험을 통해 당시의 수많은 조선 포로의 애환을 대변하고 있다는 데 있다.

2. 강항의 포로체험이 남긴 의미는 무엇인가?

   강항이 비록 포로의 신분으로 일본을 다녀온 것이지만 이는 당시 사대부에게는 흔하지 않는 해외체험이었다. 임란 이전에도 사신들이 일본을 다녀오고 그 느낌을 기록으로 남긴 적이 있지만 이것은 어디까지나 의례적 의미를 지닌 제한적 관찰을 바탕으로 한 것이었다. 이에 비해 강항의 일본 체험은 일본의 현실을 있는 그대로 직시할 수 있는 중요한 자료들을 얻게 됨과 동시에 주자학이 일본에 뿌리내릴 수 있도록 도움으로써 조선 문명을 떨쳤다는 의미를 갖는다.

3. 임진왜란 때 얼마나 많은 조선인이 포로로 잡혀갔는가?

정확하게 그 수를 집계할 수는 없지만 적게는 2만 명에서 많게는 10만 명까지로 추정된다. 이 중에서 조선으로 송환된 사람은 사명대사 유정을 비롯해 몇 차례 파견된 포로 쇄환사에 의해 약 7,500명 정도이다.

추천할 만한 텍스트

『간양록』, (국역 해행총재·Ⅱ), 강항 지음, 신호열 옮김, 민족문화추진회, 1968.

『수은 간양록』, 강항 지음, 이을호 옮김, 양영각, 1984.

『간양록』, 강항 지음, 편집부 옮김, 성문출판사, 1994.

이채연(李採衍)

신라대학교 사범대학 국어교육과 교수.

부산대학교 국어국문학과를 졸업하고 동 대학원에서 박사 학위를 취득했다. 현재 한국국어교육학회 이사, 문학교육학회 이사, 한국어교육연구회 이사로 활동 중이다.

저서로는 『임진왜란 포로실기 연구』, 『한국의 사회 변동과 교육』, 『한국 서사문학사의 연구』, 『유학생을 위한 톡톡 튀는 한국어 Ⅰ-Ⅵ』, 『사이버 가정학습 학습주제별 콘텐츠 유형 적용방안 연구』 등이 있다.

가르침을 받들어 부모님에게 효성스럽고

남편에게 공손하였으며 움직임에 반드시 예법(禮法)이 맞아서

집안이 항상 엄숙하였던 것이며, …

그 죽음에 이르러서는 서자(庶子)와 첩자(妾子)들도

모두 친어머니의 상(喪)을 당한 듯이 슬피 곡(哭)하였으니

그 어짊을 가히 알 것이다.

― 소경(趙絅)이 쓴「남평조씨 행장」중에서

남평조씨 (1574~1645)

조선조 인조 때 좌의정을 지낸 시북(市北) 남이웅(南以雄)의 부인으로 선조 7년에 태어나 인조 23년에 72세로 죽었다. 아버지는 현감을 지낸 조경남(曺慶男)이고, 어머니는 남원 윤씨로 기재(棄齋) 윤강원(尹剛元)의 넷째 딸이다. 외할아버지인 윤강원은 중종·명종 연간에 판교(判校)·예조정랑(禮曹正郎)·정언(正言) 등을 지냈고, 외삼촌인 윤진(尹軫)은 의병장으로 정유재란 때에 입암산성(立巖山城)에서 장렬하게 전사하였다. 윤진의 딸은 연양부원군(延陽府院君) 이시백(李時白)의 부인이 되었다.

애들아, 370년 전에 나는 이렇게 살았단다
남평조씨(南平曺氏)의
『병자일기(丙子日記)』

박경신 | 울산대학교 국어국문학과 교수

할머니가 들려주는 생생한 370년 전 삶의 현장

우리는 가끔 조상들은 실제 어떻게 살았을까 하는 의문을 가지는 경우가 있다. 흔히 역사가 이런 의문에 해답을 제공한다고 말하지만 역사에 남겨진 것은 조상들의 삶 가운데 극히 일부분에 지나지 않는다. 정작 우리가 궁금해 하는 일상적 삶의 구체적 모습을 보여줄 수 없다는 점 때문에 역사는 우리의 궁금증을 해소시키기에 크게 미흡한 것이 사실이다.

그렇다고 해서 사태가 완전히 절망적인 것은 아니다. 이런 우리의 안타까움을 해소시켜 줄 수 있는 생생한 370년 전 생활의 기록이 일기로 남아 있으니 그것이 바로 남평조씨(南平曺氏)의 『병자일기(丙子日記)』다. 이 일기에는 남평조씨가 생활의 현장에서 겪은 모든 일들이 생생하게 담겨 있다. 병자호란이라는 대전란을 당하여 피난길에서 가족을 잃고 발을 동동 구르며 찾아다닌 이야기, 종들과 함께 농사를 지으면서 꿋꿋하게 살림을 꾸려간 이야기, 이웃집에 불이 난 이야기, 도깨비불 때문에 온 마을사람들이 소동을 벌이고 밤잠을 설친 이야기, 종이 도둑떼를 만나 물건을 모두 빼앗기고 돌아온 이야기, 집에 도둑이 들었던 이야기 등등 사람이 살아가면서 겪을 수 있는 거의 모든 일들이 영상기록물 못지않게 생생한 모습으로 담겨져 있다.

작자인 남평조씨는 귀여운 손자를 무르팍에 앉혀놓고 세상 살아가는 이야기를 들려주는 인자한 할머니처럼 일상의 하루하루를 담담하면서도 따뜻한 어조로 도란도란 이야기하고 있다. 거기에는 어떠한 꾸밈도 허식도 없다. 370년 전 살았던 인자한 한 할머니가 오늘에 되살아나서 그때의 삶의 모습을 잔잔한 미소를 머금고 들려주는 생생한 이야기가 바로 이『병자일기』다.

『병자일기(丙子日記)』는 어떤 책인가?
이 책은 조선조 인조 때 좌의정을 지내고 춘성부원군(春城府院君)에 봉해진 시북(市北) 남이웅(南以雄)의 부인이자 정경부인(貞敬夫人)인 남평조씨가 인조 14년(1636) 12월부터 인조 18년(1640) 8월까지 3년 10개월에 걸쳐 기록한 한글 필사본 일기다. 기록은 몹시 아팠다든지 너무도 바빴다든지 하는, 특별한 사정이 있었던 몇 날을 제외하고는 거의 매일 이루어졌다. 아마도 지은이 남평조씨는 대단한 기록벽을 가지고 있었던 듯하다.

충남 공주군 반포면 공암리 성강마을에 소재한 남산영당.

겉표지에 '숭정병자일기(崇禎丙子日記)'라고 되어 있어서 이렇
게 부르는 것이 합당할 듯한데, 이 책이 세상에 처음 공개될 때 그
냥 '병자일기'라는 제목으로 알려졌고, 따라서 그 후에도 이 제목을
그대로 통용하고 있다. 원본은 현재 충청남도 공주군 반포면 공암
리 성강마을에 있는 남산영당(南山影堂)에 후손이 보관하고 있으
며, 축소 영인본 전문이 『역주(譯註) 병자일기(丙子日記)』[1]에 실려
있다. 현재 남아있는 원본은 한 책으로 묶여 있으나, 종이의 크기로

---

1) 굳이 『역주 병자일기(丙子日記)』에 원문을 축소 영인하여 실은 것은 이 책이 현재 상태로나
마 보존되기를 역주자들이 강하게 희망했기 때문이었다.

보아 본래는 네 책으로 되어 있었던 것을 합철한 듯하다. 현재 전하는 책은 표지 1장에 본문 72장으로 되어 있는데, 내용상으로 보아 앞과 뒤에 각각 낙장이 있는 것으로 판단되며, 현재 전하는 것은 원래 있었던 기록의 중간 부분만인 것으로 짐작된다. 한 면은 대체로 가로 27cm, 세로 28.2cm 정도이고, 글자의 크기는 가로 1.0 내지 1.5cm, 세로 2.0 내지 2.5cm 정도이다. 본문 77면부터 120면까지는 면당 15자 19행 정도를 유지하고 있고, 다른 면은 대체로 21자 19행 내외를 유지하고 있다. 글씨는 해서체로 되어 있는데, 달필이라고 보기에는 곤란하지만 읽는 데에는 크게 불편하지 않다.

황망 중에 떠난 피난길과 피난살이의 어려움

현재 남아 있는 이 작품의 첫머리는 병자호란으로 황급히 피난을 떠나는 것으로부터 시작된다. 이렇게 급히 피난길에 오른 병자년 12월 15일부터 난이 끝났다는 소식을 듣고 당진으로 거처를 옮긴 정축년 2월 17일까지가 피난기(避亂期)라고 할 수 있는데, 피난길에서 겪은 갖가지 어려움이 주된 내용이다. 임금님을 모시고 남한산성으로 들어간 남편으로부터 일이 급하게 되었으니 황급히 몸만이라도 피하라는 급한 연락을 받고서는 한밤중에 가족들을 다그쳐 피난길을 가다가 벌어진 소동이 병자년(1636) 12월 17일자 일기에 다음과 같이 생생하게 기록되어 있다.[2]

---

2) 인용한 것은 원문을 현대어로 번역한 것이다. 이하 같다.

ㅇ 날이 새도록 길을 가니 서리와 눈이 말[馬] 위에 온통 얼어붙었다. 청호(淸湖)의 큰 길에 다다르니 군병(軍兵)이 오른다고 하므로 청호 작은 길로 오다가, 걸어오던 두 집의 종 여덟 명과 난추와 천남이를 길을 잘못 들어 잃고 아침이 되도록 찾지 못했다. 길마다 피란하는 사람들은 끝이 없고 길이 여러 방향으로 났으니 어디로 가는지를 몰라서 온 집안사람들이 발을 동동 구르며 애를 썼다. 마을에 들어가 아침밥을 먹고 종들을 다 흩어서 찾으나 찾지를 못하니 갑갑하고 민망하기를 어찌 다 말하랴. 그렇게 하다가 보니 청풍(淸風)으로 가는 길은 늦어 가는데 주인(主人)이 복명(復命)하기를 도적이 벌써 그쪽 방향으로 갔다고 하니 그쪽으로는 갈 엄두도 내지 말라고 하거늘 진위(振威)의 감찰댁(監察宅)을 찾아 들어가니 시간은 이미 한낮이 지났다. 잃은 사람들을 아직까지 찾지 못하여 우리 행차가 거기에 들고 그쪽 사람들이 모두 나서서 잃어버린 사람들을 찾아왔다. 저희들도 밤이 새도록 길을 가서 아침밥도 못 먹고 행차와는 헤어졌으니 애가 타서 진위(振威) 고을 앞에까지 갔었다고 하였다. 잃었던 사람들은 찾았으나 시간은 벌써 저녁 때였다. 날이 저물었으니 서로 애를 쓰며 지내고 청풍(淸風)으로 가는 것은 이미 틀렸다고 하여 감찰댁(監察宅) 일행과 함께 피란하기로 하였다.

음력 12월 중순이니 일년 중 가장 추울 때다. 마음 편하게 떠난 홀가분한 여행길이라도 고통스러울 텐데 전혀 예상도 못하다가 생명의 위협을 느껴 밤중에 황급히 떠난 피난길이었으니 그 고생이 얼마나 심했을지 짐작이 되고도 남음이 있다. 눈과 서리 속에서 밤

을 꼬박 새워 가는 피난길인데, 적군이 밀려온다는 뜬소문에 겁이
나서 큰길로 나갈 수도 없다. 작은 길로 작은 길로 가다가 밀려가는
많은 피난민 행렬 속에서 아이들을 잃어버렸으니 그 심정이 오죽
했겠는가. 밤중에 잃어버린 아이들을 일가들의 도움을 받아 다음날
저녁 때에야 겨우겨우 찾을 수 있었으니 그 애태우는 모습을 눈앞
에 보는 듯하다. 병자호란 당시에 백성들이 겪었던 고통이 이렇게
소상하게 나타난 다른 기록은 아직 발견된 것이 없다.

　ㅇ 아침에 물가[海邊]에 내려 대[竹]를 가리고 지어간 찬밥을 일행이
몇 숟갈씩 나누어 먹었다. 충이와 어산이가 연장도 없이 대나무를
베어, 가까스로 이간(二間) 길이나 되는 집을 짓고 문 하나를 내어 명
매기[3)]의 둥지처럼 조그만 움을 묻고 생대잎으로 바닥을 깔고 대잎
으로 지붕을 이어 세 댁(宅)의 내행차(內行次) 열네 사람이 그 안에 들
어가 지내고 종들은 대나무를 베어 막(幕)을 하여 의지하고 지내나
물이 없는 무인도라 대나무 수풀에 가서 눈을 긁어모아 녹여서 먹었
다. 당진(唐津)에서 축이가 몹시 아파서 오지 못했는데 조리(調理)하
고 오장(五將)[4)]의 양식(糧食)을 찧어 날라다가 바닷물에다 애벌 씻어
서 밥을 해 먹었다. 피란 온 사람들이 모두들 거룻배로 나가 물을 길
어오나 우리 행차는 거룻배도 없고 그릇도 없으니 한 그릇의 물도
얻어먹지를 못하고, 주야(晝夜)로 산성(山城)을 바라보며 통곡하고

---

3)　칼새과에 속하는 새로 제비와 비슷하게 생겼다. 바위나 동굴 등에 둥지를 짓고 산다.

4)　조선시대에 오위(五衛)의 군사를 거느렸던 오위장(五衛將)을 말한다.

싶을 뿐이었다. 마음속으로 참으며 날을 보내니 살아 있을 날이 얼마나 되랴. 그래도 질긴 것이 사람의 목숨이니 알지 못할 일이다. 한번 일에 한 자식을 다 없애고 참혹하여 설워하더니 지금은 다 잊고 다만 산성을 생각하는가? 망국(亡國) 중에 나라가 이렇게 된 일을 부녀자가 알 일이 아니지마는 어찌 통곡하고 또 통곡하지 아니하겠는가.

위의 글은 정축년 1월 17일자의 일기인데, 이 기록에는 피난하느라고 무인도에 들어가 고생하던 모습이 생생하게 드러나 있다. 아침에 무인도에 도착해서 가지고 갔던 찬밥 몇 숟갈씩을 나누어 먹는다. 그리고는 종들이 변변한 연장도 없이 어렵게 대나무를 베어 제비둥지 같은 집을 짓고 겨우 부녀자들만 그 제비둥지 같은 집에 들어갈 수 있었다. 양식은 얼마간 준비해 왔지만 물이 없어서 할 수 없이 눈을 긁어모아 녹여서 먹고, 바닷물에다 쌀을 대충 씻어 밥을 해먹을 수밖에 없는 고난의 연속이다. 남들은 그래도 작은 배라도 있어서 육지로 나가 물을 길어오는데 남평조씨 일행은 그런 준비조차 전혀 없는 상태였다. 그러나 정작 조씨 부인을 슬프게 하는 것은 그런 육체적 고통이 아니다. 남한산성에서 어려움을 겪고 있을 남편과 나라의 운명이 더 걱정스러운 것이다.

남편과 자식에 대한 끝없는 그리움
『병자일기』에는 구구절절 죽은 아들과 심양으로 떠난 남편에 대한 그리움이 묻어나오지 않는 곳이 없다. 특히 서산·당진에서의 체류

기와 충주에서의 체류기에 이런 경향이 더욱 강하게 나타난다. 그
것은 남편이 중국의 심양에 억류된 상황이었기 때문에 어쩔 수 없
었다고 보아야 할 것이다.

다음은 무인년 4월 28일자 일기다.

ㅇ 꿈에 사직(社稷) 어머님을 뵈옵고 천계의 아이 때 얼굴도 보니 깨
어서 마음이 흐뭇하나 마음에 아쉽기가 그지없다. 나는 어찌 자식
하나도 없이 흰 머리카락을 빗는가 하고 생각하니 슬프고 서럽다.
천계는 죽어서도 어머님을 모시고 가 있는가 싶으니 더욱 마음 아프
기 그지없다. 집안에 제비 암수 여나믄 마리가 새끼를 쳐서 나는 모
양을 보니, 새끼도 날며 안으며 먹이를 물어다 먹이는 것을 보니, 인
간(人間) 사람으로서도 저 짐승을 부러워하게 되니 어찌 아니 슬프며
아니 서러우랴. 혜아를 벗을 삼아 소일(消日)하니 이 사람들이 아니
면 어찌하리. 청풍(淸風)의 세미가 공(貢) 세 필(疋)을 하여 왔으나 도
로 준 것은 그래도 노주(奴主) 사이라서 인심을 쓰는 모양을 취한 것
이다. 명옥이의 공(貢)도 쌀 열네 말 반, 참깨와 찹쌀 각각 한 말 하여
왔다. 오늘도 정수가 계속하여 집안일을 하느라고 부치는 논이나 제
논이나 김을 묵히게 되니 이것도 알곡식이라 이틀을 사람 열셋을 모
아 매어 준다. 이것도 품앗이로 맨 것이다.

지은이는 당당한 대갓집의 마나님으로 편안한 삶을 살았을 것 같
아도 사실은 그렇지 못했다. 슬하에 3남1녀를 두었으나 불행하게
도 모두 일찍 죽고 말았다. 특히 두 아들은 각각 13살, 25살에 죽었

다. 장남은 결혼도 하지 않고 죽었지만 둘째 아들은 아내를 둘이나
두었음에도 불구하고 자식 하나 남기지 못한 채 부부가 함께 죽고
말았다. 그 자식들이 죽은 것이 이 작품이 씌어지던 때로부터 불과
3~7년 전이었기 때문에 지은이는 단 한 시도 마음 편할 날이 없었
고, 무슨 일을 당하여도 자식들이 생각나서 눈물짓지 않을 수 없었
던 것이다. 특히 죽은 자식들의 생일이나 제삿날 등에는 자식에 대
한 그리움 때문에 눈물짓는 애절한 사연이 더욱 감동적으로 표현되
어 있고, 이런 날의 일기는 그 분량에서도 다른 날보다 월등히 길
다. 예순을 넘긴 나이에 일시에 자식들을 잃은 슬픔만도 감당하기
벅찬 일인데, 병자호란이라는 크나큰 난리까지 만나 아무런 준비
없이 떠난 피난길에서 갖은 고생을 겪어야 했고, 그것으로도 부족
해서 남편마저 오랑캐 땅으로 보내야 했던 한 많은 여인이 바로 남
평조씨였다. 이런 사정을 안다면 이 날의 일기에서 지은이가 새끼
를 기르는 제비를 한없이 부러워하면서 깊은 설움에 잠기고, 자신
은 저 제비만도 못하다고 슬퍼하는 심경이 충분히 이해될 수 있을
것이다.

어수선했던 병자호란 직후의 사회상
어느 시대 어느 곳에서나 전쟁 직후의 상황은 어수선하게 마련이
다. 인명과 재물의 피해는 말할 것도 없고, 기존의 사회질서가 극심
한 혼란에 빠지며, 국가의 통제력이 약화되어 도적이 창궐하고 민
심이 흉흉해지는 것은 전쟁 후에 나타나는 일반적인 현상이다. 이
러한 상황은 병자호란 직후에도 예외가 아니었음을 이 작품을 통해

확인할 수 있다.

ㅇ 초경(初更)쯤 되어서 귀란(鬼亂) — 귀신(鬼神)이 나왔다고 해서 벌이는 소동 — 으로 고을에 소동이 나서 온 마을이 진동(振動)하니 허무한 일이다. 고을로부터 방포(放砲)와 두드리는 소리가 일각(一刻)이나 계속되니 온 마을 사람이 소동하여 진동하니 밤이 새도록 두렵고 무서우나 형적(形迹)이 없는 일이다.

— 정축년 7월 28일

ㅇ 밤에 도적(盜賊)이 들었다. 먹을 것을 궤(櫃)에다 다 쓸어 가지고 또 채워둔 광에 있던 약주(藥酒) 만들던 것 다 먹고, 함(函), 탕기(湯器), 주발(周鉢), 퉁노구[5] 두 개, 새옹[6] 두 개와 막개, 행기 형(兄)의 옷 보따리에 싼 채 도둑맞았다.

— 기묘년 7월 3일

ㅇ 애남이가 선산(善山)에 가서 무명 두 동 반을 실어오다가 충주(忠州) 지나서 도적을 만나 몸만 들어왔다. 그 베를 받아서 치자(置子)[7] 가는 데 결속(結束)[8]에 쓰려고 기다리고 있었는데 어쩔 수 없게 되

---

5) 품질이 낮은 놋쇠로 만든 작은 솥을 말한다.

6) 놋쇠로 만든 작은 솥이다.

7) 병자호란(丙子胡亂) 후에 청나라 수도 심양에 조선 대신들의 자제(子弟)를 인질로 두던 일 혹은 그 자제를 말한다. 치질자(置質子)라고도 한다.

8) 여행이나 출진(出陣)을 위하여 몸을 단속하거나 채비를 차리는 일을 말한다.

었다. 면화(棉花)는 백사십 근을 삯말에 싣고 왔는데 그것은 도적들
이 버리고 갔더라고 하면서 가져 왔다.

    - 경진년 윤1월 그믐날

  위의 정축년 7월 28일자 일기는 귀신소동이 나서 온 마을이 소란
하고 지은이도 두려움에 뜬눈으로 밤을 지새웠다는 사실을 기록하
고 있다. 이런 소동이 벌어졌다는 것은 사회가 그만큼 불안한 상태
였음을 의미한다.

  기묘년 7월 3일자 일기는 지은이의 집에 도적이 들어서 먹을 것
과 살림살이를 훔쳐갔다는 사실을 보여주고 있다. 작자의 남편은
당시 한성부판윤(漢城府判尹) — 오늘날의 서울특별시장에 해당한
다 — 이라는 높은 지위에 있었는데, 이 정도 벼슬아치의 집에 도적
이 들 정도였다면 민간에서는 좀도둑이 상당히 심했을 것이다.

  경진년 윤1월 그믐날 일기는, 좀도둑 정도가 아니라 상당한 조직
을 갖추고 무리를 지어서 횡행하는 도적떼가 있었음을 보여준다.
'화적'이라는 도적떼가 무명베는 약탈하지만 면화는 아예 약탈하지
도 않을 정도였다고 하였으니 그 규모가 꽤 컸을 것으로 짐작할 수
있다.

흥미로운 청나라와의 외교관계 뒷이야기

조선은 병자호란에서 패하고, 그 결과 소현세자와 봉림대군, 그리
고 삼공육경(三公六卿)의 자제들이 인질이 되어 청나라 심양에 억
류되는 수모를 겪었다. 오랑캐로 치부했던 청나라에게 화의를 청할

수밖에 없었던 당시의 상황은 참으로 굴욕적인 것이 아닐 수 없었다. 그러나 그것은 엄연한 현실이기도 했다. 이러한 상황 아래에서 조선의 조정은 겉으로는 청나라의 명령을 듣는 것처럼 하면서도 내부적으로는 승복하지 않는 이중적 자세를 취하고 있었다는 것을 이 작품은 잘 보여주고 있다. 청나라와의 관계에서 외교적 문제가 발생하면 임시방편으로 해당 관리를 잠시 투옥하여 형식적인 조사를 하거나 잠시 귀양을 보내는 방법으로 그 문제를 해결하려 하였다는 내용이 이 작품 속에 들어 있다.

ㅇ 아침 드신 후에 청배에 가시더니 약주를 잡수시고 들어오셨다. 저녁 때에 치자(置子) 바꾼 일들 때문에 배오개[梨峴] 영감과 병조판서(兵曹判書)와 홍보가 옥(獄)에 갇힌 기별이 오니 의금부(義禁府)에 가셨다가 밤중쯤에 들어오셨다. 그런 놀라운 일이 없다. 치자(置子) 대신으로 보내신 일 때문에 이러하다. 두림(斗臨)이가 가게 되었으니 아직 어린 아이로서 나의 눈과 귀 같은 구실을 하고 있다가 저리로 보내게 되는 심정이 슬프기 그지없으니 이런 시절이 옛날에도 있었든가? 갑갑한 일이다.

— 경진년 3월 9일

ㅇ 날이 아직 밝기 전에 모여서 옥(獄)에 갇히신 분들을 만나보러 가셨다. 오늘 정사(政事)에서 대사헌(大司憲)에 임명되시니 전에는 대사헌이 민망하더니 이번에는 이런 시원한 일이 없다. 비록 직위로는 형조판서(刑曹判書)보다 아래이나 편안함이 많은 자리이니 기쁘기

남평조씨의 남편 남이웅(南以雄)의 초상화.

한량없다. 모두들 치하하러 오셨다. 아직은 질자(質子) 보내는 것을
면하나 어찌 되려는가 한다.

— 경진년 3월 11일

○ 연양군(延陽君)이 동작(銅雀)으로 나가시니 그지없이 섭섭하고 마
음이 울적하다. 얼마 가 계실 것은 아니지마는 인정이야 어떠하겠는
가? 오이 안주를 장만하여 강머리[江頭]에 나가셨더니 벌써 배가 건
너 가버린 뒤였으므로 그 약주를 영안위(永安尉)와 강가에서 잡수시

145

고 취하여 들어오셨다.

－ 경진년 3월 14일

위의 경진년 3월 9일자 일기는 소현세자가 청나라로부터 일시 귀국한 지 이틀 뒤의 기록이다. 본래 청나라에서 세자와 삼공육경(三公六卿)의 적장자를 인질로 삼겠다고 요구하였을 때 조선의 일부 대신(大臣)들은 적장자 대신 서자(庶子)나 얼손(孽孫) 등을 적장자로 가장하여 인질로 보냈었다. 그런데 이 사실을 뒤늦게 알게 된 청나라에서 세자가 일시 귀국할 때 이것을 외교 문제로 삼았고, 그리하여 조선 조정에서는 청나라와의 관계 때문에 해당 관리들을 일시 투옥하여 조사하는 절차를 밟았음을 알 수 있다.

그 이틀 뒤인 3월 11일자 일기는 그렇게 투옥된 이들을 당시의 관리들이 새벽에 위로차 방문하였다는 사실을 적고 있는데, 이것은 당대의 조선 조정이 청나라에 대해서 취했던 이중적 대응자세를 잘 보여주는 것이다. 강대국과의 외교적 마찰 때문에 본의 아니게 동료들을 옥에 가두고 형식적으로나마 조사하지 않을 수 없었던 것이 당시의 상황이었다. 그들은 단순한 동료만으로 그치는 것도 아니고 직접 인척관계에 있는 사람들도 있었기 때문에 그럴 경우, 그 곤혹감은 더 클 수밖에 없었다.[9] 더구나 이 사건을 직접 처리하여야 하

---

9) 옥에 갇혔다고 언급된 사람들 가운데 '배오개[梨峴] 영감'이라고 지칭된 남이공(南以恭)은 지은이의 남편인 남이웅(南以雄)과는 사촌간이며, '병조판서(兵曹判書)'라고 지칭된 연양군(延陽君) 이시백(李時白)은 지은이의 외사촌의 남편이다.

병자호란의 굴욕을 담고 있는 삼전도비.

는 위치에 있었던 당시의 형조판서가 바로 작자의 남편인 남이웅(南以雄)이었으니 그 심리적 부담은 더욱 크지 않을 수 없었을 것이다. "오늘 정사(政事)에서 대사헌(大司憲)에 임명(任命)되시니 전에는 대사헌이 민망하더니 이번에는 이런 시원한 일이 없다. 비록 직위로는 형조판서(刑曹判書)보다 아래이나 편안함이 많은 자리이니 기쁘기 한량없다"는 이 날의 기록이 이러한 사정을 잘 보여주고

남평조씨가 지은 『병자일기(丙子日記)』 표지와 내용.

있다. 판서에서 대사헌으로 직위가 낮아진 것을 모든 사람이 치하하러 왔다는 언급은 당시 조선의 어려운 외교적 상황을 역설적으로 보여주고 있다고 할 것이다.

3월 14일자 일기에는 이러한 이중적 대응자세가 더 구체적으로 드러나 있다. 『인조실록(仁祖實錄)』에는 조선 조정에서 이들에 대해 '정배어중도(定配於中道)' ― 충청도 지역에 정배시키기로 하였다는 말이다 ― 하기로 결정했다는 내용이 나오는데, 이 내용은 이 날짜 일기에 나타난 "얼마 가 계실 것은 아니지마는"이라는 구절과 관련이 있다. 이 정배는 조선 조정의 내부적 합의에 따라 청나라와의 관계를 고려한 일시적이고 불가피한 조처였던 것이다.

성실한 기록은 영원히 남는다

이 작품의 지은이인 남평조씨는 특별한 사람은 아니었다. 아마도 그녀는 이 일기를 하루하루 기록하면서도 이것이 몇 백 년 후에 자신을 문학사에 이름을 남길 작가로 만들어 주리라고는 상상하지 않았을 것이다. 그녀는 단지 자신의 주변에서 일어나는 모든 일들을 성실하게 기록해 두어야겠다는 매우 소박한 바람에서 이 일기를 썼을 것이다.

그러나 오늘날 사정은 어떤가? 원했던 원하지 않았던 간에 그녀는 우리 문학사에서 훌륭한 수필문학가로 인정받고 있으며, 그녀가 쓴 『병자일기』는 사가(私家)의 부녀자가 쓴 국문학사상 최초의 대규모의 여성 실기 문학작품으로 평가받고 있다. 성실한 기록은 영원히 남는다. 우리가 탁월한 글재주를 가지고 있지 않아도 우리는 얼마든지 훌륭한 문학가가 될 수 있다는 것을 이 작품은 잘 보여주고 있는 것이다. 꼭 어렵고 대단한 작품을 써야 하는 것도 아니다. 초등학교 학생들도 쓰는 단순한 일기로도 충분하다. 문제는 거기에 담긴 성실함인 것이다.

더 생각해볼 문제들

1. 문학과 역사의 관계에 대해서 생각해 보자. 역사는 사실이라는 것을 가장
    소중하게 여긴다. 그러나 문학은 반드시 사실만을 요구하지는 않는다. 역사
    는 사실을 요구하고 문학은 '사실일 법한 것'을 추구한다는 점에서 다르다.
    그러나 문학 가운데는 사실에 바탕으로 하는 것도 있는데 일기 같은 것이 그
    러한 예다.

2. 이 작품은 사가의 부녀자가 쓴 대규모의 여성 실기문학으로 사실상 우리 문
    학사에서 그 분야의 첫머리에 놓일 수 있는 작품이다. 우리가 알고 있는 여
    성 실기 문학에는 어떤 것들이 있는지 알아보자.

3. 이 작품에 나타난 당대의 사회상이나 문화에 대해 살펴보자. 이 작품은 일기
    이고, 지은이가 생활 주변에서 일어나는 일들을 매우 세심하게 기록했기 때
    문에 당시의 사회상이나 생활상이 매우 잘 드러나 있다. 이 작품보다 조선시
    대 중기의 생활상을 더 생동감 있게 보여주는 기록을 우리는 아직 찾지 못하
    고 있다.

추천할 만한 텍스트

『역주 병자일기(丙子日記)』, 전형대·박경신 역주, 예전사, 1991.

박경신(朴敬伸)

울산대학교 국어국문학과 교수.

서울대학교 인문대학 국어국문학과를 졸업하고 동 대학원에서 석사 및 박사 학위를 받았다. 박사 학위
논문은 「무가(巫歌)의 작시원리(作詩原理)에 대한 현장론적(現場論的) 연구(研究)」다.

『안성무가(安城巫歌)』(공저), 『역주(譯註) 병자일기(丙子日記)』(공역), 『동해안(東海岸) 별신굿 무가
(巫歌)』(1~5권), 『한국(韓國)의 별신굿 무가(巫歌)』(1-12권), 『고등학교 문학』(공저), 『서사무가(敍
事巫歌) 1』(공저), 『대교·역주 태평한화골계전(太平閑話滑稽傳)』(1~2권), 『서거정(徐居正) 문학(文
學)의 종합적 검토』(공저), 『한국 구비문학의 이해』(공저), 『동해안 별신굿』(공저), 『한수(韓脩)와 그의
한시(漢詩)』(공저) 등의 저서 및 역서와 「무속제의(巫俗祭儀)의 측면에서 본 변강쇠가」 등 30여 편의
논문이 있다.

III

과학 그리고 기술

선조 임금께서는… 백성들의 병고를 걱정하여 병신년(1596년)에

태의(太醫) 허준(許浚)을 불러 다음과 같이 하교하였다.

"…사람의 병은 다 몸을 조섭하지 못하는 데서 생기므로

수양하는 방법을 먼저 쓰고 약과 침, 뜸은 그 다음에 쓸 것이며

여러 가지 처방이 번잡스럽기만 하므로 되도록 그 요긴한 것만을 추려낼 것이다.

산간벽지에는 의사와 약이 없어서 일찍 죽는 일이 많다.

우리나라에는 곳곳에 향약(鄕藥)이 많지만

사람들이 잘 알지 못하니 이를 분류하고

향명(鄕名)을 병기하여 백성들이 알기 쉽게 하라.

— 『동의보감(東醫寶鑑)』의 「서문」에서

허준 (1539~1615)

본관은 양천이고 호는 구암(龜巖)이다. 아버지 허론(許碖)은 무과 출신으로 외직을 두루 거쳤으며 어머니는 영광 김씨 가문의 서녀였다. 전라도 장성에서 태어난 허준은 1569년 30세에 내의원에 천거된 이후 내의첨정(內醫僉正), 내의정(內醫正) 등을 역임했고 1590년 51세 때는 당시 왕자였던 광해군의 천연두를 치료한 공로로 당상관을 제수받기도 했다. 53세 때 임진왜란이 발발하자 선조를 의주까지 호종하였으며, 61세부터는 의서 편찬에 주력하였다.

『언해태산집요(諺解胎産集要)』, 『언해두창집요(諺解痘瘡集要)』, 『언해구급방(諺解救急方)』을 간행한 데 이어 본격적으로 종합의서인 『동의보감』의 간행에 들어갔으나 1608년 선조 임금의 사망으로 의주로 귀양을 갔다가 해배된 이듬해에 『동의보감』 25권을 완성하였다. 이후에도 1613년과 1614년 신종 전염병의 창궐을 막기 위한 『신찬벽온방(新撰辟瘟方)』과 『벽역신방(辟疫神方)』 등을 저술하였으며 76세로 생을 마쳤다.

01

조 선 유 학 의 인 간 과 학
허준(許浚)의 『동의보감(東醫寶鑑)』

김호 | 경인교육대학교 사회교육과 교수

『동의보감』의 탄생과 새로운 인간과학

『동의보감(東醫寶鑑)』의 전체 구성은 모두 다섯 편으로 내경편(內景篇), 외형편(外形篇), 잡병편(雜病篇), 탕액편(湯液篇), 침구편(鍼灸篇)이 그것이다. 먼저 내경편은 『동의보감』 전편의 의학론을 정리한 부분으로 허준의 의학론과 철학을 한 눈에 살펴볼 수 있다. 『동의보감』 편술의 원칙이 수록되었기 때문이다. 이 원칙은 기존의 의학서들이 필적하지 못하는 『동의보감』의 장점이었다. 이른바 '양생론(養生論)'으로 통칭되는 수양의 방법이다. 이밖에 내경편에는 주로 오늘날의 내과 질환에 해당하는 병증들을 수록하였다.

다음 외형편 4권은 몸 외부에 생기는 질병과 이비인후과, 안과의 질병, 피부과, 비뇨기과 등의 질환이 기술되어 있다. 잡병편 11

155

권은 진찰법, 병의 원인과 내경편과 외형편에서 언급하지 않은 여러 가지 내과적 질병들에 대하여 그 질병의 병론(病論)과 그 병증(病症)에 대한 처방들을 수록하였다. 이른바 병리·진단학에서부터 구급, 부인, 소아과 그리고 전염병 등에 대해 광범위하게 기록하였다.

잡병편에는 구급, 부인, 소아의 질병 등을 별도로 기술해 놓고 있어서 후일『동의보감』의 전체적인 구성에 혼란과 중복이 있다는 비판을 받기도 하였으나, 여기에는 허준(許浚)의 인간에 대한 이해가 가장 잘 드러나 있다. 한편, 탕액편 3권에는 당시 우리나라에서 흔히 사용했던 약물 1천여 종에 대한 효능, 적용 증세, 채취법, 가공 방법, 산지 등을 밝혀놓았으며, 나아가 가능한 경우에는 약물의 이름 밑에 민간에서 부르는 향명(鄕名)을 한글로 달아놓기도 했다. 이른바 조선시대 전기의 향약론으로 총칭되는 임상약물학 혹은 본초학의 집대성이라 할 만한 탕액편은 내경편과 함께『동의보감』의 가치가 잘 드러나는 부분이다. 마지막으로 침구편 1권에는 침과 뜸을 놓는 방법과 장소, 즉 혈(穴)의 위치나 적용 증상 등을 기술해놓았다.

『동의보감』이 완성되자 허준은 조선의 의학이 중국으로부터 독립했다는 자신감을 드러냈다.『동의보감』의 권1「집례」에서 허준은 중국과 조선을 포함한 동북아시아의 의학권을 동원(東垣)의 북의(北醫)와 단계(丹溪)의 남의(南醫)[1] 그리고 조선의 동의(東醫)로 구분하였다. 허준 당대의 조선 의학이 중국의 그것에 버금가는 하나의 로칼리티(locality)를 구축했다는 자부심이었다. 이미 여말

선초에 신유학과 함께 수입된 금원사대가[2]와 명나라 초기의 의학이 양예수의 『의림촬요』 등을 통해 허준에게 전해졌으며 그 바탕 위에서 허준은 새로운 의학 지식을 나름대로의 기준으로 분류·정리할 수 있었다. 특히 16세기 중후반 조선에 새롭게 도입되고 있었던 명대(明代)의 의학은 누군가에 의하여 정리될 필요가 있었다. 이루어지기만 한다면 조선 전기의 『의방류취』나 『향약집성방』 이후 가장 큰 업적이 되는 것이 분명했다.

그렇다면 이러한 독자적인 정리와 편집을 가능케 하며 나아가 자부심마저도 가지게 된 요인은 어디 있었던 것일까? 허준은 가장 먼저 조선의 의학 전통을 들고 있다. 중국과 함께 조선의 경우도 예부터 사승관계(師承關係)를 통한 의학·의술의 전수가 이어져 왔음을 강조하고 있다. 바로 고려시대 말엽부터 지속되어온 향약 사용의 전통과 계승이다. 향약 사용을 중심으로 한 경험방들의 수집과 전수는 조선 의학의 독자성을 담보하는 실증의 자연학이라 일컬을 만한 것이었다. 즉, 『동의보감』 탕액편에 보이는 수많은 '속방(俗方)' 기사들은 바로 전통적인 약물학의 지식으로서 당시 조선에 분포하는 동·식물에 대한 자연과학적 이해가 어느 정도 축적되어 있었는

---

1) 금원사대가(金元四大家)의 한 사람이었던 이동원(李東垣)은 중국의 북부에서, 또 다른 인물인 주단계(朱丹溪)는 중국 남부에서 주로 활약하며 자신의 학설을 펼쳐나갔다. 이를 빗대어 동쪽의 조선에서 허준의 동의가 있음을 비유한 것이다.

2) 중국의 금원시대(金元時代)에 한의학이 융성하였는데 특히 당대 유명한 의사 4명의 대가를 금원사대가(金元四大家)라고 한다. 유하간(劉河間), 장자화(張子和), 이동원(李東垣), 주단계(朱丹溪)이다.

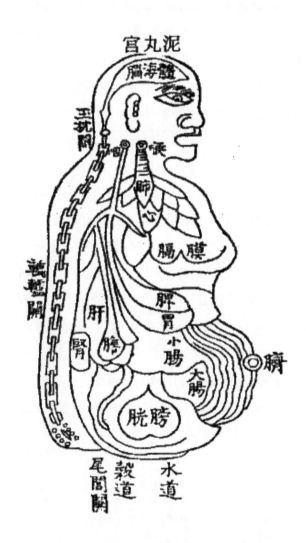

허준이 그린 「신형장부도(身形藏腑圖)」.

지를 단적으로 보여 주고 있다. 그리하여 이러한 맥락에서 허준은 '조선의 동의'를 정립하고 계승시켜야 한다는 자부심을 가질 수 있었던 것으로 보인다. 정리된 의서의 내용이 만물의 변화를 비추어 밝혀내는 것이라면, 중국에서 '보감'이라고 하듯이 조선에서도 역시 보감이라고 할 만하다는 생각으로 자신이 편찬한 의서를 '동의의 보물'이라고 이름지었던 것이다.

허준은 동의의 체계를 구축하는 데 머물지 않고 그것을 인간사회의 보편적 질서인 인륜의 차원으로까지 연계시키려 했다. 다시 말해서 인륜에 바탕을 둔 자연학, 즉 동양의 전통적인 자연관인 '하늘과 땅 그리고 인간의 우주론'에 바탕을 둔 새로운 의철학(醫哲學)을 도출해낸 것이다.

허준은『동의보감』의 서두를 한 장의 도판으로 시작한다. 백 마디의 말보다는 한번 보는 것이 더 확실하게 자신의 뜻을 보여줄 수 있다고 생각한 것이다. 이른바「신형장부도(身形臟腑圖)」가 그것이다. 혹자는 인체 내부의 장기 및 그 특징을 그림으로 표현한 것이 뭐 대단하겠냐고 반문할지 모르지만, 사실 허준이 거질의『동의보감』에서 서술하려 했던 인간의 정수가 바로 이 도형과 논설에 있다고 해도 과언이 아니다. 하늘을 상징하는 머리와 땅을 나타내는 몸, 그리고 이 둘을 인체의 척추가 연결하여 하늘과 땅의 선천적 기운에 인체의 후천적 기운을 소통·순환시키고 있다는 것이 그 내용이다. '자연을 닮은 인간', 그것이 목적하는 바는 대단히 심오하고 정치적이었다.

자연(自然)과 당연(當然)

오늘날 우리는 '본연(本然)' 또는 '자연(nature)'을 인간의 손때가 묻지 않은 상태로 보는 반면, 무언가 인간의 흔적을 자연에 새긴 상태를 '문화(culture)'로 이해한다. 그러나 이렇게 자연과 문화를 상대적인 것으로만 파악한다면, 조선시대 사람들이 생각했던 자연과 문화의 관계를 이해하기가 어려워진다. '자연'이란 '자연의 상태' — 즉, 본연(本然) — 와 '자연스럽다'는 의미를 동시에 지니고 있다. 그런데 우리에게 '자연스러운 것'들은 '본래 그러한 것'이 되기 쉽다. 그것이 몸에 밴 습관이든 마음의 습속이든 마찬가지이다. 밤에 한 쪽 방향으로만 누워서 자는 습관이 있는 사람은 그 후 이를 바꾸더라도 한동안 어리둥절한 경험을 하게 된다. 18세기의 실학자 성호 이익은 자신의 경험을 예로 들어, 습관을 고치기는 어렵다고 토로한 바 있다. 또한 오랫동안 먹물이 벼루에 배게 되면 그것을 완전히 씻어낼 수 없다는 비유를 들어, 습관을 고치기는 거의 불가능할 정도라고 과장하기도 했다.

몸에 배인 습관처럼 마음의 습관(habit of mind) 역시 가장 강력한 자연스러움의 바탕이 된다. 너무나 자연스러워 무심결에 행동하고 사고하는 것들이 우리의 상식을 구성한다. 개인의 생각을 넘어서는 여러 사람들의 집단적 심성(mentality)을 상식이라고 정의할 수 있다면, 우리는 실로 다양한 수준과 내용의 상식의 굴레로부터 자유롭지 못함을 깨닫게 된다. 우리는 대부분 자신의 상식에 근거한 행동과 사고방식을 자연스럽게 취급하게 되므로 상식에 어긋난 행동과 사고를 대하는 순간 불편하고 부자연스럽게 느끼는 것이다.

 상식 가운데 오랜 시간 동안 내면화된 역사적 축적물들은 보통 '문화'가 된다. 야콥 부르크하르트가 『세계사적 성찰』에서 말했듯이, 자발적으로 일어나며 그 어떤 하나의 보편적이거나 강제적인 권위도 요구하지 않는 정신적 발전들의 총합이 바로 문화인 것이다. 우리가 공기를 무의식적으로 마시고 내뱉듯이 내면화된 문화역시 거의 본능에 가까울 정도로 우리의 사고와 행동을 지배한다. 개인적 차원에서만 보더라도 습관이 된 생각이나 행동은 몸에 푹배어져 있어서 무의식중에 우리를 움직이는 것처럼, 문화는 한 시대 구성원들의 몸과 마음을 조절하는 보이지 않는 메커니즘이다.

 그런데 자연스럽게 내면화되어 있어서 본성처럼 느껴지는 문화의 목록들을 정리하다보면 상당 부분 도덕이나 예절 등 지켜야할 것들과 관련되어 있음을 알 수 있다. 에토스(ethos)라는 단어의 어원이 '습관'이나 '관습'을 의미하고 있다는 것은 우연이 아니다. 도덕과 인륜은 습관의 자연스러움에서 기원하기 때문이다. 인륜, 즉당연을 거부하기 힘든 이유가 바로 도덕이 '자연스러움'에 기초한본연(本然)으로 인식되기 때문이다.

자연을 닮은 인간

모든 사회의 전통과 역사적 관습은 도덕과 법의 근원으로 자연스럽게 전환되는 게 보통이다. 자연법이 실정법과 성문법의 기초가 된것도 그러하고 조선의 자연철학이 곧 사회철학으로 환원되는 것도그러하다. '자연스러운 것'은 곧 '당연한 것'으로 될 수 있는데, '당

161

연함'은 '자연스러움'에 가장 가까울 때 그 효과가 제일 강력하다. 말하자면 '당연한 법도〔當然之則〕'들이 '자연의 법칙〔自然之理〕'과 한 몸이 될 때, 즉 당연한 도덕이 자연의 원리를 형이상학의 차원에서 요청할 때 이 둘의 관계를 비판적으로 회의하기가 어렵다는 말이다. 당연한 일은 너무나 자연스럽게 본성적인 것으로 되고, 반면에 너무나 자연스러운 일도 당연한 것으로 여겨지기 때문이다.

아리스토텔레스가 말하는 피지스(Physis)[3]와 노모스(Nomos)[4]의 관계가 혼연 일치된 세상이다. 신유학이 추구하는 것 역시 본연〔자연〕과 당연, 그리고 당연과 본연〔자연〕의 관계가 혼연일치된 '성리학(性理學)'의 세계다. 즉 인간의 본성〔性〕이 곧 자연의 원리〔理〕이며 자연의 원리가 곧 인간의 본성이 되는 것이다. 이는 인간이 지켜야 할 도덕률〔人文〕[5]들이 본래부터 그랬던 것〔人性〕처럼 내면화될 수 있는 상황, 따라서 당연의 질서를 자연의 원리로 이해하는 일, 이것이 신유학의 '자연학'이었다.

이렇게 인문(人文)이 인성(人性)이 되면, 자연은 도덕의 반대편에 있는 것이 아니라, 그것과 한 몸이 되어 버린다. 도덕의 반대로서의 자연이나 문명의 반대로서의 자연이 아니라 도덕 그 자체로서 자연인 셈이다.

---

3) 자연이라는 의미로 원래는 사물을 가리킨다.

4) 인위적인 것들을 의미한다. 인간이 만들어 낸 인위적인 법률, 습관, 관습, 방법, 태도들이 그러하다.

5) 인문이란 '인간의 문화'이며, 보통 세상에서 지켜야 할 도덕률들을 의미한다.

인간 사회의 도덕률을 보증하기 위한 자연의 원리는 '자연스럽게' 인간 사회로 인입(引入)되어야 한다. 자연과 한 몸인 인간 그리고 인간과 똑같은 자연, 이것이 바로 조선 성리학이 목적하는 천지인(天地人)의 메타포였다. 이를 위해 인간 세상의 도리가 자연의 원리와 한결같음을 증명할 필요가 있었다. 다시 말해 인간의 형성 뿐아니라 인간 자체가 자연과 일치되어야 함을 과학적으로 보여줄 필요가 있다는 말이다.

바로 국가의 대규모 프로젝트로 만들어진 의서 『동의보감』의 역할이었다. 이 책은 인간을 자연의 모사품인 소우주로 규정함으로써 자연의 질서를 인간사회의 질서, 즉 당연(當然)의 세계로 끌어들이는 데 결정적인 역할을 하였다. 이러한 유교적 인간론은 다음의 「신형장부론」에서 두드러지게 나타난다.

사람은 우주에서 가장 영귀한 존재이다. 머리가 둥근 것은 하늘을 본뜬 것이고, 발이 네모진 것은 땅을 본받은 것이다. 하늘에 사시가 있으니 사람에게는 사지가 있다. 하늘에 오행이 있으니 사람에게는 오장이 있다. 하늘에는 육극(六極)이 있으니 사람에게는 육부가 있다. 하늘에 팔풍(八風)이 있으니 사람에게는 팔절(八節)이 있다. 하늘에 구성(九星)이 있으니 사람에게는 구규(九竅)가 있다. 하늘에 12시(時)가 있으니 사람에게는 12경맥이 있다. 하늘에 24기(氣)가 있으니 사람에게는 24유(兪)가 있다. 하늘에 365도(度)가 있으니 사람에게는 365골절이 있다. 하늘에 일월이 있으니 사람에게는 안목이 있다. 하늘에 주야가 있으니 사람에게는 오매(寤寐)가 있다. 하늘에 뇌전이 있으니 사람에게는 희로(喜怒)가 있고, 하늘에 우로(雨露)가 있으니 사람에게는 눈물이 있다. 하늘에 음양이 있으니 사람에게는 한열(寒熱)이 있고 땅에 천수(泉水)가 있으니 사람에게는 혈맥이 있으며 땅에 초목과 금석이 있으니 사람에게는 모발과 치아가 있다. 이러한 것은 모두 사대(四大), 오상(五常)이 묘하고 아름답게 조화되어 성립된 것이다.

도교와 불교의 주술적 의학

15·16세기 조선 의학은 상당히 주술적이고 구복적인 세계에 머물러 있었다. 고려시대 이후 널리 행해졌던 수경(守庚)[6] 풍습은 도교의 주술이 의학의 담론으로 받아들여진 결과다. 도교에서는 삼시충(三尸蟲)이 사람의 몸속에 있다가 경신일 밤에 상제에게 올라가 인간의 죄과(罪過)를 고발한다고 보았다. 삼시는 3마리의 벌레로 몸 안의 위치에 따라 상시(上尸), 중시(中尸), 하시(下尸)로 구분되었는데, 사람이 도를 닦는 것을 싫어하고 마음이 타락하는 것을 바랐다. 때문에 장생불사와 건강을 유지하기 위해서 반드시 삼시충을 제거할 필요가 있었다. 여기서 수경의 풍습이 발생하였다. 경신일 밤에 잠을 자지 않고 환하게 불을 켜놓아 삼시충이 상제에게 보고하지 못하도록 한 것이다. 특히 불교와 습합되어 수경신(守庚申)을 하면서 『원각경(圓覺經)』을 낭송하기도 했다.

---

6) 경신일을 지킨다는 의미로 밤을 세워 삼시충이 몸 밖으로 빠져나가지 못하게 하는 풍속이다.

이미 고려시대에 밤새도록 풍악을 울리고 잔치하며 술 마시는 떠들썩한 수경신 풍속이 왕실로부터 민중들 사이에 널리 행해졌다. 그리고 이는 조선시대에도 그대로 이어져 많은 학자들이 삼시의 풍속을 노래하였다.

불교 역시 구복적인 도덕관의 한 차원으로 받아들여졌다. 15·16세기에 가장 널리 읽히고 전파되었던 『장수경(長壽經)』은 의학과 연관된 불교의 담론을 잘 보여준다. 장수와 멸죄를 구하는 한 우바새의 질문에 석가모니가 답하는 형식으로 이루어진 불경이다. 사람들은 악업을 멸하고 장수를 위한 방편으로 『장수경』을 필사하여 전파하거나 향을 사르고 지성으로 기도했다. 그밖에도 장수를 위해 지켜야 할 금기 사항이 자세히 나와 있는데 부모가 될 줄 알면서도 성교를 하여 아이를 잉태하거나 출산 시 피를 땅에 흘려 지신(地神)을 쫓아내거나, 아이의 배꼽을 충실히 마감하지 못하여 독충이 들어오거나, 아이의 입 안에 있는 나쁜 기운을 솜으로 잘 닦아주지 못하거나 임신이나 출산 도중 부정한 것을 보아서는 안 된다. 또한 아이가 병들었다면 어미의 젖을 짜 허공에 뿌려 원귀들에게 제공하고 청정한 마음으로 장수경을 독송하면 병이 낫는다고 보았다.

이처럼 불교의 장수경이나 도교의 수경 풍속은 여전히 인간의 행복과 장수를 기복적 차원에서 구원하려는 데 지나지 않았다. 마땅히 지켜야 할 장수의 방법과 건강한 삶을 위한 지침들이 주술적이고 미신적인 세계의 소산이었던 것이다.

양생(養生)의 정치학

조선시대의 유학은 도교와 불교의 주술적이고 구복적인 차원의 인체론을 넘어 새로운 차원의 인체과학을 만들어야 했다. 그러면서도 기왕의 불교와 도교의 내용을 배제하지 않고 이를 포섭하는 결과물이 필요했다.

『동의보감』은 불교와 도교의 인간학을 모두 포섭하면서 새로운 인간과학의 정당성을 주술이나 구복의 세계가 아닌 하늘의 법칙으로부터 가져왔다. '자연을 닮은 인간'은 당연히 '자연의 원리'를 준수하지 않을 수 없다. 춘하추동의 순리, 밤과 낮의 질서, 음과 양의 조화, 인륜의 구현, 이 모두는 당연한 인간의 삶이 정초해야 하는 자연의 원리였다. 『동의보감』의 양생학은 바로 이를 구현한 인륜의 의학에 다름 아니다. 자연스러운 삶이 곧 인간의 마땅한 도리요, 인륜의 마땅함을 지키는 일이 건강의 지름길이라고 여겼기 때문이다.

유학을 중심으로 불교 혹은 도교를 회통하려는 철학은 16세기 중·후반 서울과 한강 이북의 경기도 일대의 철학자들로부터 준비되고 있었다. 허준의 스승인 양예수 그리고 『동의보감』 편찬의 기초를 설계했던 유의(儒醫) 정작 등에게서 나타나는 유학과 도가 및 불교를 넘나드는 회통의 사상은 매우 중요한 의미를 지닌다.

중국을 시원으로 하는 동양 의학은 시작에서부터 양생 등 도가철학에 근거하고 있었다. 중국 최고의 의서인 『내경(內經)』의 첫머리에서 자연에 조응하는 양생의 도를 설명한 이후, 전통적으로 의학은 자연을 따르는 양생설과 밀접한 관계를 유지할 수밖에 없었다.

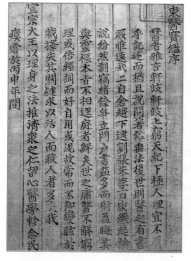

허준이 저술한 『동의보감(東醫寶鑑)』의 표지와 내용.

물론 『동의보감』의 경우도 이러한 철학을 뼈대로 조선 의학의 전통을 정리하였다. 『동의보감』의 서문격인 「집례」를 보면 "도(道)는 정(精)을 얻고 의(醫)는 조(粗)를 얻는다"고 되어 있다. 그러나 이때의 '도'는 단지 도가에서 말하는 '도'의 개념을 뜻하는 것만은 아니다. 따라서 궁극적으로 유학의 체계 내에서 도·불을 절충하는 삼교회통의 맥락을 드러내고 있음을 알 수 있다. 바로 16세기 중·후반 조선 사상계의 특징을 반영하고 있는 것이다. 이것이 허준이 이루어낸 새로운 인체과학, 즉 『동의보감』의 양생학이다.

　『동의보감』은 인체가 소우주임을 천명함으로써 소우주 인간과 대우주 자연의 상응을 증명하였다. 그럼으로써 인간 사회의 '당연함의 질서'를 '자연의 법칙'으로 내면화할 수 있는 발판을 마련하였다. 또한 자연의 질서는 인간의 윤리로 자연스럽게 내삽할 수 있는 기회를 제공받았다. 『동의보감』이 유학자들과의 합동 작업이라는 점을 상기할 필요가 있다. 인간사회의 질서를 유지하기 위한 당연한 것들의 목록, 즉 유학자들이 주장하는 많은 도덕의 항목들이 '자연의 법칙'이 된 것이다.

유학자들은, 부낭한 삶은 인륜에 어긋나는 일인 동시에 양생에도 적합지 않으므로 자연스럽게 사는 일이야말로 가장 건강한 삶의 기초이자 윤리적 삶의 전제라고 여겼다. 자연을 닮는 행위 그것은 첫째로 인륜을 알고 지키는 것이요, 둘째로는 수양이었다. 조선의 양생학이 외단(外丹)[7]보다 수양과 절제를 강조하는 내단(內丹)[8]으로 침잠한 이유는 매우 분명하다. 『동의보감』의 양생학이 그랬듯이 양생이란 자연에서 기원하는 당연의 질서와 문화의 절제를 인체에 투영하는 것이기 때문이다.

분명히 허준의 『동의보감』은 조선시대 초기부터 전해온 독자적인 향약(鄕藥)의학, 그리고 양예수의 스승인 장한웅(張漢雄)과 정작(鄭碏) 등으로부터 이어진 도교와 불교 및 유학을 회통하고 나아가 명나라의 새로운 의학을 통합한 16세기 후반의 조선 의학의 일대 결정판이다.

---

7) 마음의 수양보다는 약물의 섭취 등 외부적인 방법으로 장생을 추구하는 방법이다.

8) 외단과는 반대로, 수양에 치중하는 섭생방법이다.

그러나 더욱 주목해야 할 점은 『동의보감』의 인간과학이야말로 도교와 불교를 넘어 새로운 시대정신으로 자리 잡은 유교의 윤리적 삶을 철학적으로 뒷받침하려 했다는 사실이다. 『동의보감』을 통해 의술은 유교의 통치술이 되었고 유교는 과학적 근거를 얻게 되었다. 인체를 포섭한 새로운 인체과학은 인륜의 정당성을 자연의 법칙에서 구함으로써 그것이 매우 근원적이고 비판 불가능한 영역에 있는 것처럼 만들었다.

『동의보감』의 지성사적 의의는 바로 여기에 있다. 자연과 인간을 완전하게 이어준 '신형장부론'의 과학, 이는 자연과 인간의 관계에 대한 유학의 이데올로기를 인체에 투영한 인간과학이다.

더 생각해볼 문제들

1. 허준이 자신의 의학을 '동의'라고 한 이유는 무엇인가? 18세기 중반 청나라에서 『동의보감』이 출판될 때 능어(凌魚)가 지은 서문을 참고하여 생각해보자.

> 동의(東醫)란 무엇인가? 나라가 동쪽에 있으므로 '동(東)'이라 한 것이다. 옛날에 이동원(李東垣)이 십서(十書)를 지어 북의(北醫)로서 강소(江蘇) 등 남쪽에서 행해졌고, 주단계(朱丹溪)가 심법(心法)을 지어 남의(南醫)로서 관중(關中)의 북쪽 지방에서 두각을 나타냈으니 지금 양평군 허준이 궁벽한 외번(外蕃)의 나라에서 저술하여 능히 중국[華夏]에 행해졌으니 족히 전할 만한 것이라면 지역의 한계를 두지 않는 법이다. 보감(寶鑑)은 또 무엇을 말하는가? 햇빛이 구멍을 비추어 어두운 그늘이 사라지고 살결을 분별할 수 있을 정도가 되는 것이니 사람으로 하여금 책을 한번 열어보면 일목요연하여 환한 것이 보감이라 할 만하였다. 예전에도 위생보감(衛生寶鑑), 고금의감(古今醫鑑) 등의 서명이 있었으니 동의보감이라 한다고 해서 과장되거나 혐의할 만한 일은 아닌 것이다.

2. 『동의보감』에서 허준이 강조한 조선 의학의 전통, 즉 향약(鄕藥)이란 무엇인가? 특히 선조 임금이 본초에 향명(鄕名)을 부기하도록 명한 이유와 관련지어 생각해보자.

3. '자연을 닮은 인간'이란 어떤 의미인가? 이는 인간과 자연을 합일시키는 의미에서 오늘날 생태주의나 친환경주의와 같은 자연주의와 흡사해 보이기도 한다. 그러나 유학에서 말하는 천인합일(天人合一)은 자연의 가치가 중심이라기보다는 인간 중심의 자연관이라고 할 수 있다. 양자의 입장 차이는 무엇인지 생각해보자.

추천할 만한 텍스트

『동의보감』, 허준 지음, 동의과학연구소 옮김, 휴머니스트, 2002.
『완역 동의보감』, 허준 지음, 최창록 옮김, 푸른사상, 2005.

김호(金澔)

경인교육대학교 사회교육과 교수.

서울대학교 국사학과를 졸업하고 동 대학원에서 석사 및 박사 학위를 취득하였으며, 서울대학교 규장각 연구원 및 가톨릭대학교 교양교육원 교수를 역임하였다.

저서로『죽음의 기록, 검안의 문화사』(2006), 『원통함을 없게 하라, 조선 법의학의 세계』(2005), 『조선 과학인물 열전』(2003), 『허준의 동의보감 연구』(2000), 『살인의 진화심리학 :조선 후기의 가족 살해와 배우자 살해』(2003, 공저), 『포스트모더니즘과 역사학』(2002, 공저), 『조선 시대 생활사2』(2000, 공저) 등이 있으며, 역서로는 『신주무원록(新註無寃錄)』(2003), 『조선 의학사 및 질병사』(2006) 등이 있다.

나랏말ᄊᆞ미 듕귁에 달아 문ᄍᆞᆼ와로

서르 ᄉᆞᄆᆞᆺ디 아니ᄒᆞᆯ씨, 이런 젼ᄎᆞ로

어린 ᄇᆡᆨ셩이 니르고져 ᄒᆞᇙ배 이셔도

ᄆᆞᄎᆞᆷ내 제 ᄠᅳ들 시러 펴디 몯ᄒᆞᇙ

노미 하니라. 내 이ᄅᆞᆯ 윙ᄒᆞᆼ야

어엿비 너겨 새로 스믈여듧ᄍᆞᆼ를

ᄆᆡᇰᄀᆞ노니 사ᄅᆞᆷ마다 ᄒᆡᅇᅧ 수ᄫᅵ

니겨 날로 ᄡᅮ메 뼌한킈 ᄒᆞ고져

ᄒᆞᇙ ᄯᆞᄅᆞ미니라.

　　ー「훈민정음(訓民正音)」 '예의' 편에서

세종(1397~1450)과 집현전

조선조 제3대 임금 태종의 셋째 아들로 탄생하였다. 22세 되던 1418년에 왕세자에 책봉되고, 같은 해 8월에 태종의 양위를 받아 즉위하여 1450년까지 재위하였다. 이 기간 중 정치·경제·문화 등 모든 면에서 훌륭한 치적을 쌓아 수준 높은 민족문화를 창달하고, 조선왕조의 초기 기틀을 튼튼히 하였다.

1420년에 집현전(集賢殿)을 설치하고, 궁내에 정음청(正音廳)을 설치하여, 성삼문·신숙주·최항 등으로 하여금 훈민정음의 창제에 필요한 연구를 하게 하여, 1443년(세종 25)에 한글을 창제하고 1446년에 이에 대한 해설서를 만들어 반포하였다.

또한 인쇄를 하기 위한 활자도 다양하게 제작하는데, 이천(李蕆)에게 명하여 경인자(庚寅字)·갑인자(甲寅字)·병진자(丙辰字) 등을 제작하게 하였고, 이 가운데 갑인자는 정교하기로 유명한 활자다.

02

우리 민족의 보물이자 인류의 보물
세종(世宗)의 『훈민정음(訓民正音)』

박창원 | 이화여자대학교 국어학전공 교수

훈민정음의 의의

인류의 문명은 문자를 만들면서부터 획기적으로 발달하게 된다. 개
인의 경험과 생각을 저장하여 다른 지역이나 다음 세대의 사람들에
게 전달하거나 확산될 수 있게 하는 것은 거의 전적으로 문자에 의
해 이루어지기 때문이다. 인류 문명의 발상지나 인류 문명의 중흥
지에는 예외없이 문자가 발달하거나 문자가 발달한 지역에서 이루
어지는 것은 이러한 문자의 기능 때문이다.

우리 민족은 세계 문자사에서 가장 발달한 문자 혹은 세계 문자
사의 발달 단계를 한 단계를 높인 문자를 가지고 있다. 이 문자를
우리는 한글이라고 하는데, 이것은 지금으로부터 약 560여 년 전에
세종(世宗)이 만든 것이다. 세종은 이 문자를 만든 후 그 배경과 제

자(制字) 원리 등을 설명한 책을 신하들에게 명하여 만들게 하는데 이것의 이름 역시 '훈민정음(訓民正音)'이다. 문헌『훈민정음』은 문자 '훈민정음'을 설명한 책이 되는데, 문자를 만든 과정이나 원리를 설명한 책은 지금까지 인류의 역사상 유일한 것이다.

현재 지구상의 전체 인류가 사용하는 문자의 기원은 대략 세 가지가 된다. 서유럽과 미주 대륙 등에서 사용되는 로마 문자와 옛 소련 지역에서 사용되는 키릴 문자 그리고 서남아시아에서 동남아시아까지 사용되는 아랍문자, 인도 문자, 동남아시아의 제 국가에서 사용하는 문자 등은 모두 이집트 문자에서 기원하는 문자다. 이집트 문명과 함께 발생한 이집트 문자가 인근 지역에 차용되어 변형을 일으키고, 이것을 다시 다른 민족이 차용하여 변형을 일으키고 하는 과정을 반복하여 오늘의 문자에 이른 것이다. 문자의 또 다른 기원 하나는 중국 문자이다. 중국 대륙 및 인근 지역에서 사용되는 문자는 한자 혹은 이에 기원하는 문자이다. 마지막 하나는 우리 민족이 사용하는 한글이 있다.

이러한 문자들 중 문자를 만든 원리와 과정에 대해 설명이 있는 문자는 한글뿐이다. 인류가 사용하거나 사용했던 수백의 문자 중에서 그 기원과 과정을 정확하게 알 수 있는 문자는 한글이고, 또 그 기원과 과정에 대해 정확하게 기술하고 있는 인류 역사상 유일한 책이『훈민정음』인 것이다.

훈민정음의 구성

훈민정음은 세 부분으로 구성되어 있다. 우선, 훈민정음 창제의 동기와 목적을 밝힌 '예의(豫議)' 그리고 창제의 과정과 원리 및 실제적인 운용에 대해 설명하고 있는 '해례(解例)', 끝으로 이 문자의 우수성과 창제자의 우수성을 서술하는 '정인지서(鄭麟趾序)' 등이 그것이다.[1]

'예의'에서는 창제의 동기와 목적을 밝힌 다음, 새로운 문자를 제시하고 그 음가를 한자의 예로써 설명하며, 초성과 중성과 종성을 합하여 음절을 구성하는 방법 그리고 당시 국어의 성조에 대한 설명을 하고 있다.

다음으로 '해례'는 제자해(制字解), 초성해(初聲解), 중성해(中聲解), 종성해(終聲解), 합자해(合字解), 용자례(用字例) 등 6개 부분으로 이루어져 있다. 제자해에서는 문자의 제자 원리, 제자 기준, 초성인 자음체계, 중성인 모음체계, 음상 등에 관하여 중국 음운학과 송학(宋學)[2] 이론으로 설명하고 있다. 다음으로는 초성해와 중

---

[1] 『훈민정음』 '예의'와 '정인지서'는 『훈민정음』에 나오는 표현이 아니다. 해례의 앞부분에 있기 때문에 '예의'라 하고, 정인지가 글을 썼기 때문에 '정인지서'라고 칭한다. 그래서 이들에 대한 다른 표현도 존재한다. 예를 들어 '정인지서'는 '정인지 후서'라 하기도 한다.

[2] 송학이란 송(宋)나라시대에 일어난 학술·사상을 총칭하는 개념이다. 신유학(新儒學)·도학(道學)이라고도 하는데, 당시에 일어난 형이상학을 주로 지칭한다. 대표적인 학자로는 11세기 북송(北宋)의 주돈이(周敦頤)·정호(程顥)·정이(程頤)·장재(張載), 12세기 남송(南宋)의 주희(朱熹) 등을 들 수 있는데, 이 중에서도 주희의 주자학(朱子學)이 대표적이다. 이 학문의 목적은 궁극적으로 모든 인간에게 보편적인 이(理)를 규명하고, 본래의 성(性)을 다하여 성인(聖人)이 될 수 있는 실천 윤리를 확립하는 데 있었다. 실천 윤리를 확립하는 것은 도(道)의 이념을 확립하는 것과 통하는데, '도'는 인간의 본성에 근거를 둔 것이며, 인간의 본성은 우주의 이법(理法)에 합치한다는 것이 이론 전개의 밑바탕이 된다.

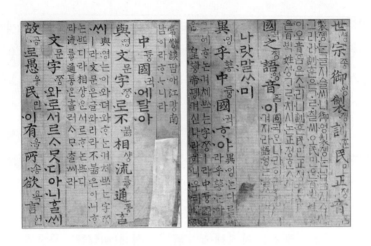

『훈민정음(訓民正音)』의 내용.

성해에 대한 설명 및 중성 표기에 쓰일 수 있는 모음 문자의 예를 제시하고 있다. 종성해에서는 종성인 음절말 자음의 본질과 종류를 '8종성'으로 그리고 성조(聲調) 즉, 4성에 대해 설명하고 있다. 합자해에서는 초성, 중성, 종성의 문자를 합하여 표기하는 예로 25개 단어를 제시하고, 당시의 성조에 대한 설명을 하고 있다. 끝으로 용자례에서는 초성, 중성, 종성별로 당시 국어의 예를 94개의 단어로 제시하고 있다.

　마지막 부분인 '정인지서'는 훈민정음 해례의 뒷부분에 특별한 제목 없이 이어서 실려 있는 것이다. 여기에는 훈민정음 창제의 취지와 이유, 훈민정음의 우수성, 그리고 훈민정음 해례를 쓰게 된 배경과 세종대왕의 우수성에 대해 기술하고, 마지막으로 '해례본'의 편찬자와 편찬일 등을 명기하고 있다.

훈민정음의 내용

예의

예의의 서문에서 세종대왕은 훈민정음을 창제하게 된 목적을 밝히고 있다. 즉 표기 수단을 갖지 못한 백성들에게 표기 수단을 갖도록 하는 것이 목적임을 밝히고 있다. 구체적인 내용은 다음과 같다.

> ① 우리나라의 어음이 중국과 달라서 한자로는 서로 소통이 어렵다.
> ② 일반 대중은 말하고자 하는 바가 있어도 마침내 [글자로] 그 뜻을 펴지 못하는 사람이 많다.
> ③ 내[세종]가 이를 딱하게 여겨서 새로 28자를 만들어 사람마다 쉽게 익히고 날마다 쓰는 데 편하도록 하고자 한다.

이렇게 세 가지 창제 이유에 이어서 창제한 글자를 소개하는데, 초성은 'ㄱ·ㅋ·ㅇ, ㄷ·ㅌ·ㄴ, ㅂ·ㅍ·ㅁ, ㅈ·ㅊ·ㅅ, ㆆ·ㅎ·ㅇ, ㄹ,' 등 17자이고 중성의 창제자는 'ㆍ, ㅡ, ㅣ, ㅗ, ㅏ, ㅜ, ㅓ, ㅛ, ㅑ, ㅠ, ㅕ' 등 11자이며, 종성은 초성 글자를 다시 쓰라고 규정하고 있다. 창제한 문자를 기반으로 연서하여 순경음(ㅸ)을 만들 수 있으며, 병서하여 사용할 수도(ㄲ, ㅆ 등) 있음을 밝히고 있다. 그리고 초성과 중성을 합하여 음절을 구성하는 방법 그리고 당시 국어에 존재했던 성조의 유형인 평성, 상성, 거성, 입성에 대한 설명을 하고 있다.

해례

'해례'는 '예의'에서 설명한 대강의 내용을 제자해·초성해·중성해·종성해·합자해로 나누어 다시 자세히 설명하고, 용자례에서 구체적인 고유어의 표기 예를 94개의 단어로 제시하고 있다.

(1) 제자해

제사해의 첫머리에는 새로운 문자에 대한 기본적인 인식과 제자의 원리가 설명되고 있다. 먼저 훈민정음 창제의 학문적 배경은 중국 음운학과 송학이었으므로 새로운 문자에 대한 설명도 이에 맞추어 하였다. 즉, 음양과 오행 그리고 태극은 우주 만물의 모든 것을 설명할 수 있는 원리이기 때문에, 인간의 소리나 문자 역시 음양과 오행 그리고 태극으로 설명할 수 있다는 것이다. 그래서 문자의 이치와 소리의 이치는 동일하고 소리의 이치를 살펴서 문자를 제자한다는 내용이 실려 있다.

다음으로는 훈민정음의 제자 원리와 실제가 상형(象形)에 있음을 말하고 있다. "정음이십팔자(正音二十八字) 각상기형이제지(各象其形而制之)", 즉 "정음 28자는 각각 그 모양을 본떠서 만들었다"는 설명이다.

먼저 자음은 조음 위치별로 '아(牙)', '설(舌)', '순(脣)', '치(齒)', '후(喉)'의 음[3]으로 구분하고 각각의 위치에서 기본이 되는

---

3) 이는 각각 연구개음, 설단음, 순음, 치음, 후음을 가리킨다.

글자를 조음기관을 본 따 상형한 다음 소리의 세기에 따라 획을 더하거나 이체자를 만들어 17글자의 창제 과정을 설명하고 있는 것이다. 이를 도표로 정리하면 다음과 같다.

조음 위치에 의한 자음 분류

음성 분류	기본자	상형(象形)의 내용	가획자 (加劃字)	이체자 (異體字)
아(牙)	ㄱ	상설근폐후지형(象舌根閉喉之形)	ㅋ	ㆁ
설(舌)	ㄴ	상설부상악지형(象舌附上齶之形)	ㄷ ㅌ	ㄹ
순(脣)	ㅁ	상구형(象口形)	ㅂ ㅍ	
치(齒)	ㅅ	상치형(象齒形)	ㅈ ㅊ	ㅿ
후(喉)	ㅇ	상후형(象喉形)	ㆆ ㅎ	
불려(不厲)				려(厲)

이어서, 오행설로 오성(五聲)을 만물의 구성요소인 오행, 존재의 시간축인 사시(四時), 음악의 오음(五音), 존재의 공간축인 오방(五方)과 결부하여 설명하였다. 표로 정리하면 다음과 같다.

초성 관련표

오성(五聲)	아	설	순	치	후
오행(五行)	목(木)	화(火)	토(土)	금(金)	수(水)
오시(五時)	춘(春)	하(夏)	계하(季夏)	추(秋)	동(冬)
오음(五音)	각(角)	치(徵)	궁(宮)	상(商)	우(羽)
오방(五方)	동(東)	남(南)	중앙(中央)	서(西)	북(北)

이어 자음의 음상과 성질에 대해 설명하고 있는데, 정리하면 다음과 같다.

① 아음(연구개음)은 어긋나고 길어서 오행으로는 목(木)이다. 소리는 후음과 유사하나 실질적이다. 이것은 나무가 물에서 나지만 형체를 가지는 것과 같다.

② 설음은 날카롭고 움직여서 오행으로는 불이다. 소리는 구르고 날리는데, 이것은 불이 번져서 잘 타오르는 것과 같다.

③ 순음은 모나고 합해져서, 오행으로는 흙이다. 소리는 머금고 넓은데, 이것은 땅이 만물을 함축해서 넓고 큰 것과 같다.

④ 이는 단단하고 다른 물질을 절단시킨다. 그래서 치음 소리는 부스러지고 걸리는데, 이것은 쇠가 부스러지고 단련되는 것과 같다.

⑤ 후음은 입의 안쪽에 있고 물기가 있어, 오행으로는 물이다. 소리는 공허하고 통한다. 이것은 물이 실체가 없고 맑아서 흘러 통하는 것과 같다.

이어 조음 방법에 의한 자음의 분류를 중국의 운서에 평행하게 다음과 같이 설명하고 있다.

소리는 청탁의 구분이 있다. ㄱㄷㅂㅅㆆ 등은 전청(全淸), 즉 맑은 소리이고 ㅋㅌㅍㅊㅎ 등은 차청(次淸), 즉 버금맑은소리이며 ㄲㄸㅃ ㅉㅆㆅ 등은 전탁(全濁), 즉 흐린소리이고 ㅇㄴㅁㅇㄹㅿ 등은 불청불탁(不淸不濁), 즉 맑지도 흐리지도 않은 소리이다.[4]

중성 글자 역시 상형 문자이다. 자음과 달리 우주 만물의 기본적인 세 요소인 하늘과 땅과 사람을 상형한 것이다. 이로써 'ㆍ, ㅡ,

'ㅣ'등의 기본 모음을 만들고 이들의 소리 관계를 다음과 같이 설명하고 있다.

① 'ㆍ'는 하늘이 둥근 것을 상형하였는데, 이것을 발음할 때 혀는 움츠러든다. 그래서 소리가 깊다. 제자의 순서가 가장 앞인 것인 하늘이 자시(子時)에 열리기 때문이다.

② 'ㅡ'는 땅이 평평한 것을 상형하였는데, 이것을 발음할 때 혀는 조금 움츠러든다. 그래서 소리가 깊지도 얕지도 않다. 제자의 순서가 두 번째인 것은 땅이 축시에 열리기 때문이다.

③ 'ㅣ'는 사람이 서 있는 모양을 상형하였는데, 이것을 발음할 때 혀는 움츠리지 않는다. 그래서 소리는 얕다. 제자의 순서가 세 번 째인 것은 사람이 인시에 생기기 때문이다.

다음, 세 기본 글자에서 소리들의 관계를 인식하여 모음 4자를 만들었는데 그 관계를 정리하면 다음과 같다.

① 'ㅗ'는 'ㆍ'와 조음되는 위치가 같은데, 입이 오무라든다. 글자의 모양은 'ㆍ'와 'ㅡ'를 합친 것이고, 음가는 원순성을 띄게 된다. 음양을 따지면 양이다.

---

4) 원문은 다음과 같다.

以聲音淸濁而言之 ㄱㄷㅂㅈㅅㆆ爲全淸 ㅋㅌㅍㅊㅎ爲次淸 ㄲㄸㅃㅉㅆㆅ爲全濁 ㅇㄴㅁㅇㄹ △爲不淸不濁

② 'ㅏ'는 'ㆍ'와 조음되는 위치가 같은데, 입이 펴진다. 글자의 모양은 'ㅣ'와 'ㆍ'를 합친 것이고, 음가는 원순성을 띠지 않는다. 음양을 따지면 양이다.

③ 'ㅜ'는 'ㅡ'와 조음되는 위치가 같은데, 입은 오무라든다. 글자의 모양은 'ㅡ'와 'ㆍ'를 합친 것이고, 음가는 원순성을 띠게 된다. 음양을 따지면 음이다.

④ 'ㅓ'는 'ㅡ'와 조음되는 위치가 같은데, 입은 펴진다. 글자의 모양은 'ㆍ'와 'ㅣ'를 합친 것이고, 음가는 원순성을 띠지 않는다. 음양을 따지면 음이다.

이러한 관계는 다음과 같이 이해할 수 있다.

입을 오므림[口蹙]	ㅜ	ㅗ
	↑	↑
기본모음	ㅡ	ㆍ
	↓	↓
입을 폄[口張]	ㅓ	ㅏ

그리고 'ㅣ'에서 시작하는 'ㅛ, ㅑ, ㅠ, ㅕ' 등을 제자하여 모음 창제자 11자를 완성하게 된다.

다음으로 제자해에서는 '합성(合聲)'과 '종성의 제자'가 남는다. 우선 합성에서는, 초성과 중성과 종성이 합해져서 소리가 이루어진다는 설명과 더불어 각각의 기능에 대해 설명하고 있다. 초성에서 발동하고, 종성에서 끝나며, 중성은 운의 중심이 된다는 내용을 설명하고 있는 것이다.

끝으로 종성의 제자를 설명하고 있다. 종성의 문자는 따로 만들지 않고, 초성을 다시 쓰는데 이것은 국어의 단어가 실제 운용될 때에 음절의 초성이 종성이 되기도 하고, 종성이 초성이 되기도 하는 현실을 그대로 제자에 반영한 것이다.

(2) 초성해

"훈민정음의 초성은 곧 운서(韻書)에서 말하는 자모(字母)에 해당된다"고 하여 음절에서의 위치를 설명하고 있다. 훈민정음의 23초성체계에 있는 자모의 음가를 구체적인 예를 들어 제시하고 있다.

(3) 중성해

중성해에서는 "중성이라는 것은 글자 운의 중심이다"고 하여 그 개념과, "초성, 종성과 합하여 소리를 이룬다"고 하여 그 기능에 대해 설명하고, 구체적인 음가를 한자를 예로 들어 설명하고 있다. 즉, 탄(呑)은 'ㅌ、ㄴ', 즉(卽)은 'ㅈㅡㄱ', 침(侵)은 'ㅊㅣㅁ'으로 실례로 들어가며 '、, ㅡ, ㅣ' 등의 중성 음가를 설명하고, 나머지 글자 역시 홍(洪)은 'ㅗ', 담(覃)은 'ㅏ', 군(君)은 'ㅜ', 업(業)은 'ㅓ', 욕(欲)은 'ㅛ', 양(穰)은 'ㅑ', 수(戌)는 'ㅠ', 별(彆)은 'ㅕ' 등으로 그 음가를 설명하고 있다.[5]

---

5) 이들의 한자음은 오늘날 사용하고 있는 한자음과 차이가 나는데, 훈민정음에 사용된 한자음은 동국정운식 한자음과 비슷하기 때문이다.

그리고 기본자 3개, 초출자(初出字) 4개, 재출자(再出字) 4개 등 창제자 11자 외에 다음과 같이 여러 모음자가 합용되어 쓰일 수 있음을 설명하였다.

기본자	ㆍ ㅡ ㅣ
초출자	ㅗ ㅏ ㅜ ㅓ
재출자	ㅛ ㅑ ㅠ ㅕ
합용자 2자합용자	ㅘ ㆉ ㆇ ㆈ
이(異) ㅣ상합자	ㅓ ㅢ ㅚ ㅐ ㅟ ㅔ
	ㆌ ㅒ ㆌ ㅖ
	ㅙ ㆋ ㅙ ㆋ

이자합용자(二字合用字)[6]의 원리는 "동출이위류(同出而爲類)"라 하여 같은 계열끼리 결합할 수 있다고 설명하였고, ㅣ모음과 결합된 중모음들은 ㅣ모음이 "혀를 펴서 발음하여 소리가 얕아서 입을 벌리기에 편하다"고 설명하였다. '결'에서는 8행으로 된 칠언시로 읊었다.

(4) 종성해

종성해에서는 종성의 위치와 기능을 설명하고 있다. 즉, "종성은 초

---

6) 두 글자를 합한다는 의미이다. 예를 들어 'ㅗ'와 'ㅏ'를 합하여 'ㅘ'를 만드는 것이다.

성과 중성 다음에 발생하여 글자의 운을 이룬다"고 한다. 즉(卽)은 'ㅈㅡㄱ', 홍(洪)은 'ㆅㅗㅇ'으로 이루어졌음을 예로 들어 'ㄱ'과 'ㅇ'과 같은 종성의 음가를 설명하고 있다. 여기서 중요한 것은 음절에 대한 삼분법적인 인식인데, "종성자승초중이성자운(終聲者承初中而成字韻)" ─ 종성은 초성과 중성에 이어져서 글자의 운을 이룬다 ─ 이라는 기술에서 추출해 보면, 중국 사람들이 하나의 소리를 성과 운으로 나누던 2분법 인식과는 달리 초성, 중성, 종성의 결합으로 인식하고 있었음을 알 수 있다. 그래서 여기의 '성자운(成字韻)'은 하나의 음절로 된 글자의 음이라는 뜻으로 이해할 수 있다.

다음에는 입성과 비입성을 종성의 종류, 즉 음절말 자음으로 설명하고 있다.

성(聲) ─ 완(緩) ─ 평상거(平上去) ─ 불청불탁지자(不淸不濁之字)
　　→ 불려(不厲)

성(聲) ─ 급(急) ─ 입(入) ─ 전청차청전탁지자(全淸次淸全濁之字)
　　→ 려(厲)

즉, 음절말 자음의 종류에 따라 소리에는 느리고 빠른 것이 있는데, 평성·상승·거성 등에는 소리가 세지 않은 불청불탁인 ㄴ, ㅁ, ㅇ 등의 소리가 종성에 사용되고, 입성에는 소리가 센 전청·차청·전탁의 소리가 종성에 사용된다는 것이다.

그러나 "ㄱ ㆁ ㄷ ㄴ ㅂ ㅁ ㅅ ㄹ 등 8자로 능히 사용할 수 있다"고 하여 음절말 자음으로 실제 실현되는 것은 8개뿐이라는 것을 설명하고 있다. 그리고 'ㅅ, ㅈ, ㅿ, ㅊ' 등이 'ㅅ'자 하나로 통용될 수 있음을 말하였는데, 이것이 흔히 말하는 '팔종성법(八終聲法)'이다.

이어서 국어에서는 'ㅇ' 종성을 첨가하지 않아도 중성이 음을 이룰 수 있다고 하였는데, 이것은 당시의 학자들은 중국 성운학의 영향을 받아 운미, 즉 종성이 있어야 된다는 것을 의식하고 있었음을 보여주며, 이러한 인식은 '동국정운식 한자음'에서는 음성운(陰聲韻)에서도 'ㅇ'글자를 종성유으로 첨가한 사실에서 확인할 수 있다.

종성해 첫머리에서 예로 든 'ㄱ', 'ㅇ'을 제외한 나머지들, 즉 'ㄷ, ㄴ, ㅂ, ㅁ, ㅅ, ㄹ'의 예를 든 다음, 5음의 종성을 역시 짝을 이루는 완급으로 설명하였다.

	아	설	순	치	후
완	ㅇ	ㄴ	ㅁ	ㅿ	ㅇ
급	ㄱ	ㄷ	ㅂ	ㅅ	ㆆ

종성해 끝에서는 반설음 'ㄹ'이 국어 한자음에서는 '별(鷩)'로 읽히고 있는데, 이러한 발음은 중국에 없다는 것을 지적하고, 한국 한자음이 'ㄹ'로 발음되는 것은 'ㄷ'이 가볍게 된 것이며, 'ㄹ'은 입성의 운미가 되지 못한다고 하였다. 한국 한자음 'ㄹ'은 일년 뒤에 완성된 『동국정운』에서는 소위 '이영보래(以影補來) ㅭ'로 규정이 바뀌어 종성이 모두 'ㅭ'으로 표기된다.

(5) 합자해

합자해는 글자를 합하여 사용하는 방법에 대해 설명하고 있는데, 먼저 음절의 구성에 대해서, 즉 초·중·종의 삼성이 합하여 음절을 구성하는 방법에 대해 설명하고 있다. 초성과 중성을 합하여 사용하는 방법에 대해 어떤 모음은 초성의 옆에 쓰고, 어떤 글자는 초성의 밑에 쓰는가를 설명하고 있다.

초성 옆에 쓰는 중성 글자 : ㆍ ㅡ ㅗ ㅛ ㅜ ㅠ
초성 아래 쓰는 중성 글자 : ㅣ ㅏ ㅑ ㅓ ㅕ

그리고 종성은 초성과 중성의 아래에 쓴다고 규정하고 그 예로는 '구' 아래에 'ㄴ'을 쓰면 '군(君)'이 된다는 식으로 설명하고 있다. 이어 초성을 두 자 혹은 석 자를 합용하는 예를 제시하고 있다.

합용병서 : ㅼ, ㅳ, ㅴ
각자병서 : ㆅ, ㆀ, ㅆ

합용병서는 그 종류 즉 'ㅅ'계, 'ㅂ'계 'ㅴ' 등이 있음을 제시한 것이고, 각자병서는 국어의 표기에서 실제 두루 사용된 세 예를 제시한 것이다. 다음에는 중성 합용에 관한 것인데, 중성을 두 자 혹은 석 자 합용한 예를 제시하고 있다.

두 자 합용 : ㅘ(과)

석 자 합용 : ᄢ(홰)

이어 종성을 두 자 혹은 석 자 합용한 '종성 합용'의 예를 제시하고 있다.

두 자 합용 : ᆰ, ᆪ
석 자 합용 : ᆰㅅ

이들은 당시에 실제 발음된 예들만 제시한 것으로 짐작된다. 즉 당시의 종성에는 'ᆰㅅ' 등과 같은 세 개의 자음이 실제 조음된 것으로 추정되는 것이다. 그리고 한자와 훈민정음을 섞어서 사용하는 것을 잡용(雜用)이라고 표현하고 있다. 이때는 한자의 음에 따라 중성으로 조음되기도 하고 종성으로 조음되기도 함을 표시하고 있다.

중성 조음 : 孔子 ㅣ
종성 조음 : 魯ㅅ사룸

'자(子)'의 음이 모음으로 끝났지만, 'ㅣ'가 결합하여 하향성 이중모음을 이룰 수 있기 때문에 'ㅣ'가 중성으로 조음되는 것이고, 모음으로 끝난 소리에 자음이 결합할 경우에는 그 자음이 종성으로 조음된다는 것을 예시한 것이다.

그 다음에는 점을 더하여 성조를 표시하는 방법에 대해 설명하고 있다.

1점 : 거성
2점 : 상성
무점 : 평성

점도 문자의 하나로 인식했기 때문에, 합용하는 예에 포함된 것으로 짐작된다. 성조를 설명한 후 입성을 포함한 사성의 음상을 설명한 뒤 사계절과 관련지어 말하고 있다.

그밖에 초성의 'ㆆ'은 초성의 'ㅇ'과 통용될 수 있음을 설명하고, 이어 반설음에는 가벼운 음과 무거운 음이 있으며 만약 사용한다면 순경음처럼 'ㅇ'을 아래에 이어 사용하면 된다고 설명하고 있다.

순경음 : ㅸ
반설경음 : ㅸ

끝으로 국어의 모음 합자 중 당시에 통용되지는 않지만, 아동의 언어나 지방의 언어에서 나타나는 소리에 다음의 두 종류가 있음을 증언하고 있다. 즉, 'ㅣ'와 'ㆍ'를 아래 위로 이어서 쓴 글자 및 'ㅣ'와 'ㅡ'를 아래 위로 이어서 쓴 글자 등이다.

(6) 용자례
용자례에서는 낱글자를 사용하는 예를 고유어로 제시한 것인데, 초성의 예로는 창제한 글자 17자 중 'ㆆ'을 제외하고, 연서자 'ㅸ'을 포함하여 17개의 문자에 대해 두 단어씩을 제시하고 있다. 중성의 예로는 창제한 글자 11개의 각각에 대해 4개의 예를 제시하고 있다. 종성해에서는 종성에서 실제 발음되는 8종성에 대해 두 예씩 제시하고 있다.

정인지서

이 글은 '훈민정음 해례'의 '용자례' 뒤에 특별한 제목 없이 이어서 실려 있는 글이다. 정인지가 작성한 것으로 되어 있기 때문에 '정인지 서' 혹은 '정인지 서문'이라고 하는데, 책의 뒷부분에 실려 있기 때문에 책의 앞부분에 있는 세종대왕의 서문과 구별한다는 의미에서 '정인지 후서'라고 하기도 한다.

이 글은 『세종실록』 권113의 세종 28년 9월 조에도 실려 있어서, 1940년 『훈민정음』이 발견되기 전에 이미 그 내용은 널리 알려져 있었다. 그 내용 중 "상형이자방고전(象形而字倣古篆)", 즉 "모양을 본떴는데, 글자는 고전과 유사하다"라는 문구는 훈민정음의 기원과 관련하여 많은 논란을 불러 일으켰다.

이 글은 크게 세 부분으로 나눌 수 있으며, 첫 부분에서는 훈민정음을 만든 이유 내지는 취지를 설명하고 있다. 그리고 두 번째 부분에서는 훈민정음의 우수성을 기술하고, 마지막 부분에서는 훈민정음해례를 쓰게 된 배경과 세종대왕의 위대성을 기술하고 있다. 그 내용을 간단하게 정리하면 다음과 같다.

첫째, 소리가 있으면 글자가 있어야 하는데, 우리나라에는 글자가 없다. 한자를 변용한 '이두'가 있기는 하지만 사용하기에 대단히 불편하다.

둘째, 세종 28년에 세종이 문자를 만들었는데, 그 문자는 이치가 묘하고 전환이 무궁해서 표기하지 못할 소리가 없는데, 배우기는 아주 쉽다.

셋째, 세종의 명에 의해 훈민정음 해례를 작성했는데, 문자의 깊은 이치는 신하들이 깨우치기 어려울 정도로 깊다. 그리고 이 문자에 의해 우리 민족은 '개물성무(開物成務)'의 큰 지혜를 가지게 되었다.

더 생각해볼 문제들

1. 문자 '훈민정음'은 세종이 창제하였는가?

새로운 문자의 창제는 인류 역사상 그 유례를 쉽게 찾을 수 없을 정도로 위대한 일이고, 또 어려운 일이기 때문에 과연 세종이 문자를 창제하였을까 하는 의문을 제기하는 사람이 많다. 이에 대한 답은 『세종실록』에 있다. 결론만 간단하게 제시하면, 세종이 집현전 학사의 도움을 받아 직접 창제하였다는 것이다.

2. 문자 '훈민정음'은 세계의 문자사에서 어떤 의미를 가지는가?

세계의 문자는 지금으로부터 대략 6,000년 전에 상형문자로 출발한다. 이 상형문자는 하나의 문자가 하나의 의미를 가지고 있는 뜻글자였다. 이것이 음절문자로 발전하고, 이어 음소문자로 발전하게 된다. 문자 훈민정음은 음소 문자의 단계를 넘어서서 조음의 위치와 조음의 방식이 문자 모양에 반영되어 있다. 훈민정음의 창제는 인류 문자사의 단계를 한 단계 도약시키는 의미를 지닌다.

3. 문헌 『훈민정음』은 어떤 의미를 지니는가?

문헌 훈민정음은 인류의 문자 발달사에서 특별한 의미를 가진다. 지구상의 인류가 사용하고 있는 문자 중 만들어진 연대나 경과가 분명하게 기술되어 있는 문자는 훈민정음뿐이다. 이것은 문헌 『훈민정음』에 의해 알 수 있는 일이다. 문헌 훈민정음은 인류의 문자사에서 유일하다는 의미를 가진다.

추천할 만한 텍스트

『훈민정음연구』(증보판), 강신항 지음, 성균관대학교 출판부, 1990.
『훈민정음』, 박창원 지음, 신구문화사, 2005.

박창원(朴昌遠)

이화여자대학교 국어학 전공 교수.

서울대학교 국어국문학과를 졸업하고 동 대학원에서 석사 및 박사 학위를 받았다. 경남대학교, 인하대
학교 교수를 역임했다. 국립국어연구원(현 국립국어원)의 어문규범연구부장을 겸임한 바 있으며, 현재
한국어세계화재단 운영이사, 이화여자대학교 한국어문학연구소장(한국어상담소장 포함), 방송위원회
방송언어특별위원회 위원을 맡고 있다. 국어학회, 진단학회, 국어국문학회 등에서 총무이사, 연구이사,
기획이사 등을 역임했고 남한과 북한 그리고 중국이 참여하는 학술대회를 열어 이를 협의회로 발전시켰
으며, 여기에서 간행하는 학술지『Korean 연구와 교육』을 창간한 바 있다.

논저로는『중세 국어자음연구』(1996),『고대 국어음운(1)』(2002),『한영일 음운대비』(공저, 2004),
『훈민정음』(2005) 등의 저서를 비롯하여 약 100편 내외가 있다.

음악적 재주는 사람마다 다 달라 음악을 어렵게 익히기도 하고,

쉽게 익히기도 한다. 그래서 연주솜씨가 좋은 사람도 음악성에는

어두울 수 있고, 뛰어난 음악성을 가진 사람도

음악의 원리에는 어두울 수가 있다. 음악의 일부를 아는 사람은 많으나,

그 전체를 훤하게 아는 사람은 적다. 이렇게 음악은 어렵다.

아무리 좋은 음악이라도 듣고 나면 곧 흔적도 없이 사라져버리고 만다.

이는 마치 사물의 형태에 따라 그림자가 생겼다, 없어졌다 하는 것과 같다.

진실로 악보가 있으면 음악의 흐름을 알 수 있고,

그림이 있으면 악기나 음악에 필요한 여러 물건들의 모양을 알 수가 있으며,

책이 있으면 이들의 적절한 사용법을 알 수 있다.

비록 부족하지만, 우리는 바로 이러한 점들 때문에 『악학궤범』을 지었다.

— 『악학궤범(樂學軌範)』「서문」 중에서

성현 (1439∼1504) 외

성현은 『악학궤범』의 대표 저자이다. 본관은 창녕(昌寧)이고 자는 경숙(磬叔)이며 호는 용재(慵齋)·부휴자(浮休子)·허백당(虛白堂)·국오(菊塢) 등으로 불렸다. 시호는 문재(文載)이다. 지중추부사(知中樞府事)를 지낸 염조(念祖)의 아들로 1462년(세조 8)의 식년문과(式年文科)를 시작으로 하여 여러 차례 과거에 급제하였다. 홍문관 정자(弘文館正字)로부터 출발한 벼슬은 후에 대사간, 대사성, 강원도·평안도·경상도관찰사, 예조판서 겸 장악원 제조(掌樂院提調), 한성판윤, 공조판서, 대제학 등의 내외 요직을 두루 거쳐 1504년(연산군 10)의 갑자사화(甲子士禍)로 인해 부관참시를 당했으나 복권 후 청백리로 선정되었다.

『악학궤범』, 『허백당집』, 『용재총화』, 『부휴자담론』을 비롯한 많은 저서를 남겼다. 뛰어난 음악적 재능 때문에 경상도 관찰사로 발령내린 지 5일도 안된 그를 음악을 관장할 중앙의 예조판서로 성종이 다시 불러들인 유명한 일화를 낳기도 하였다.

조선왕조 예악정신(禮樂精神)의 최고 집대성

성현(成俔) 외,
『악학궤범(樂學軌範)』

신대철 | 한국학중앙연구원 교수

예악정신(禮樂精神)과 음악

이 땅의 마지막 왕조국가인 조선은 모든 국가제도와 문물을 유가(儒家)사상에 바탕한 억불숭유(抑佛崇儒)의 정책에 기초하여 출발한 나라였다. 인(仁)을 바탕으로 한 유가의 사상에서 예(禮)와 악(樂)은 아주 중요한 위치를 차지하였다. 조선왕조의 국시(國是)는 바로 이 예악으로 집약되었다. 예악에서 예는 말 그대로 예의범절을, 악은 음악을 의미한다. 그런데 이 예와 악에는 인간의 가치를 최고로 하는 귀중한 형이상(形而上)의 상징성과 의미의 세계가 담겨있다. 바로 이 상징성과 의미는 결국 예악정신의 요체가 된다.

예는 인간사회의 바른 질서를 의미한다. 하지만 질서는 인간과 자연, 자연과 자연은 물론 모든 삼라만상 사이에도 존재한다. 질서의 존중은 언제 어디서나 인간과 자연이 지켜야 할 근본 도리의 하나이다. 인간세계의 질서가 깨지면 인간은 생명력을 상실하게 되고, 또한 그 삶은 고달파질 것이다. 그리고 자연의 질서가 파괴된다면, 삼라만상은 제 위치를 잃으면서 황폐화하고 말 것이다. 따라서 질서를 상징하는 예는 예악정신에서 절대적으로 요구되는 형이상의 세계였다.

악은 인간사회의 조화, 곧 화목을 의미한다. 물론 이 조화 역시 인간과 자연의 모든 삼라만상 사이에 존재한다. 그래서 인간은 서로 조화롭고 화목하게 살아야 한다. 인간과 자연, 자연과 자연, 그리고 모든 삼라만상도 서로 조화와 화목의 세계를 구축하여야 한다. 이러한 조화와 화목의 세계가 무너지면 위에서 언급한 바의 여러 어려움이 우리를 찾아오게 된다. 따라서 화목과 조화를 상징하는 악도 예악정신에서 절대적으로 요구되는 형이상의 세계가 될 수밖에 없었다.

중국의 고대 유학의 세계는 이 세상의 모든 삼라만상은 음(陰)과 양(陽)으로 구성된다고 본다. 모든 생물은 음과 양의 법칙을 따른다. 음양의 법칙은 절대 분리될 수 없는 불가분의 관계를 맺고 있으며 서로 밀고 당기면서 질서와 조화를 창조한다. 어느 한편이 강하여 다른 한편을 누르면 당연히 질서와 조화는 깨지고 만다. 음과 양은 서로를 존중한다. 이 둘은 누가 앞이고, 누가 뒤인지를 다투려 하지 않는다. 그러면서 바람직한 상생(相生)의 삼라만상 세계를 끝없이 이어가려고 한다. 그런데 바로 예는 음이고, 악은 양이다.

위 음과 양이 지닌 위와 같은 형이상의 상징과 의미의 세계를 인간 사회로 좁혀보자. 인간사회에서 바른 예의범절은 절대적으로 필요하다. 그러나 질서만이 강조되고 질서 속에 조화가 없으면, 딱딱하고 서먹서먹한 세상이 된다. 즉, 조화가 질서 속에 담겨 있어야 부드러움이 녹아난 더욱 살맛나는 세상이 된다. 반면에 조화만 있고, 질서가 없는 인간사회는 부드러우나 규율이 서지 않아 일의 앞뒤와 옳고 그름이 제대로 가려지지 않는 어지러운 세상이 되고 만다. 그래서 살맛나는 바른 인간세상의 형성과 지속을 위해 질서와 조화는 종이의 양면처럼 하나가 되기도 하고 둘이 되기도 한다.

바로 위와 같은 바람직한 형이상의 상징과 의미의 세계가 예악정신이 추구하는 세계이다. 그래서 조선왕조는 예악정신이 가득 찬 이상국가의 구현을 위해 그렇게도 애를 썼다. 그리고 이러한 맥락 속에서 갖가지 국가적인 의례(儀禮)와 음악이 지극히 존중되었다. 특히 음악은 소리로써 사람의 마음을 사로잡는 예술이기 때문에 조선의 역대 왕들은 음악에 큰 관심을 기울였다. 그래서 조선왕조 건국 이래로 음악은 국가의 정책적 관심이 집중된 영역 가운데 하나가 되었던 것이다. 이와 같은 관심은 많은 음악의 창제(創製)로 결실을 맺었으며 이 점에 있어서 가장 큰 기여를 한 왕은 세종이었다. 그는 많은 곡을 지으면서 대동정신(大同精神), 즉 "백성과 같이 즐기자"는 뜻이 담긴 「여민락(與民樂)」을 직접 작곡하여 이를 널리 전파했고, 박연(朴堧, 1378~1458)의 도움을 받아 여러 뛰어난 음악정책을 수행하였다.

그러나 조선조에서 중시되었던 '예악'에서의 '악'은 모든 음악을 의미하는 것이 아니었다. 예악에 담길 수 있는 음악은 특별히 선별

된 음악이었다. 즉, 감정을 억제하고 꾸밈이 없는 차분한 흐름으로 이성에 호소하는 음악이어야 했던 것이다. 그래서 감정을 담아 자유분방한 꾸밈과 흐름으로 혈맥을 뛰게 하는, 감성에 호소하는 음악은 여기에서 제외되었다. 그러한 이유로 예악정신을 담은 음악을 좋은 음악, 혹은 바르고 아정(雅正)한 음악으로 보아 이를 아악, 정악(正樂), 대악(大樂) 등으로 불렀다. 그리고 이러한 음악만이 인간을 바른 길로 인도하는 음악이자 젊은이들의 교육과 국가의 이상 구현에 합당한 음악으로 간주되었다. 이와 같은 음악에 관한 생각은 "바른 음악은 인간을 바르게 한다"는 고대 희랍(希臘)의 에토스(Ethos)에 기초한 음악관과 흡사한 면을 지니고 있다.

『악학궤범』 발간의 배경

『악학궤범(樂學軌範)』은 예악정신을 구현하기 위하여 왕명에 따라 발간된 악서(樂書)이다. 조선왕조가 예악정신에 기초한 이상국가의 틀을 설계하지 않았다면, 아마도 『악학궤범』의 출현은 꿈도 꾸어볼 수 없었을 것이다. 따라서 『악학궤범』 출간의 사상적 배경은 위에서 소개한 예악정신에 기초한 음악관이 된다. 그리고 이와 같은 사실은 대표저자 성현(成俔)의 『악학궤범』 서문에서도 엿볼 수 있다. 즉, 성현은 예악정신에 기초해서 음악의 생성(生成), 중요성, 효용성, 국가적 필요성 등을 한국과 중국의 역사적 사실을 예로 들면서 서문에서 잘 설파하고 있다. 아울러 그는 이와 함께 예악정신의 입장에서 『악학궤범』 발간의 명분, 곧 철학적 당위성을 함께 제시하고 있다. 그러면 음악 실제를 위한 실용적인 입장에서 『악학궤범』은 왜 발간되어야 했을까?

조선의 건국 후 태조 때부터 이미 음악은 국가적 사업으로 중시
되었다. 태조는 음악을 관장할 전악서(典樂署)와 아악서(雅樂署)[1]
를 두었고, 이후 태종에 이르기까지 수많은 음악이 만들어졌으며
음악과 직접·간접으로 관련된 의례와 절차가 새로 만들어지거나 정
비되었다. 그러나 조선왕조의 거의 모든 의례와 음악은 세종시대에
이르러 보다 완전하게 체계를 갖추게 된다. 무엇보다도 세종은 새
로운 음악을 많이 만들었고, 그 무렵에는 악기제작도 아주 왕성하
게 이루어졌다. 세종의 음악 창작은 예악정신에 기초하여 이룩된
더할 나위 없이 뛰어난 업적이었다. 음악의 창작은 아무나 할 수 있
는 일이 아니었다. 예악정신의 중요한 배경이 된 고대 중국의『예기
(禮記)』에 의하면 음악을 짓는 일은 오로지 성인(聖人)만이 할 수
있는 일이었다. 그래서 당연히 세종은 성군(聖君)이었기 때문에 음
악을 지을 수 있었다. 이와 같이 세종시대에 이루어진 여러 가지 국
가적인 음악사업은 이전과는 비교할 수 없을 만큼 대단한 성과를
이루었고, 이러한 과업은 세종의 아들 세조에 의해서 단절 없이 지
속되었다. 조선왕조 519년간의 오랜 세월을 다스렸던 27인 왕의
행적을 다룬 '실록'에 악보가 수록된 것이 오직『세종실록』과『세조
실록』인 사실에서 이 두 왕의 음악적 업적이 어느 정도였는지는 자
연스럽게 증명이 된다. 그리고 이 두 왕이 추진했던 음악사업을 후

---

1) 조선조 초기에 궁중에 설립되었던 음악기관의 명칭이다.

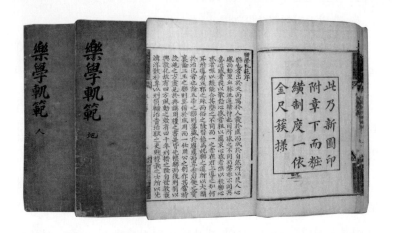

성현 등이 편찬한 『악학궤범(樂學軌範)』의 표지와 내용.

대에 이어받은 임금은 성종이었다.

　성현(成俔)은 『악학궤범』 서문에서 세종과 세조의 음악적 업적을 크게 찬양하면서 성종을 앞 두 왕과 견주었다. 그에 의하면 성종은 세종과 세조의 음악사업을 이을 만한 능력을 지닌 성군이었다. 그런데 이와 같은 예악적 과업을 이어가야 하는 마당에 안타깝게도 당시 장악원(掌樂院)[2]의 음악 관련 문헌과 악보 중에는 없어진 것이 많았고, 남아있는 것 중에도 낡은 것과 잘못된 것이 있어서 이를 다시 보완하고 손질해야 할 필요성이 제기되었다. 이는 단순히 음악 및 음악과 관련된 크고 작은 일들을 기록하여 남기는 출판사업

---

2) 조선왕조 500년 동안에는 여러 음악 기관이 궁중에 설치되었다. 그러나 그 대부분은 곧 사라졌고, 1469년 설립된 장악원은 조선말까지 지속된 가장 중요한 국가적 음악기관이었다.

의 하나가 아니었다. 이는 그보다 훨씬 크고 원대한 국가경영에 필요한 예악정신의 구현을 위한 실제적 방법의 하나였다. 그 까닭은 선대로부터 물려받은 예악정신의 계승과 이의 구현은 당연히 조선왕조 대대로 이어가야 할 거스를 수 없는 큰 흐름이요, 과업이었기 때문이었다.

오늘날과 같은 훌륭한 보존 기술을 갖추지 못했던 조선시대의 음악은 연주 후에 곧 사라지고 마는 무형의 존재였다. 그러나 기록을 통하여 후대로 잘 전승 및 보존한다면 언제든지 원상 복원이 가능해진다. 바로 이러한 점에서『악학궤범』은 음악의 유실(遺失)에 대비하여 발간된 문헌이었다.

1392년에 조선왕조가 건국되었고,『악학궤범』이 발간된 해는 1493년이므로『악학궤범』은 건국 후 100년이 조금 지나 발간된 책이다. 여기에는 우연이라고 볼 수 없는 시의적절함이 묻어나 있다. 바로 예악정신의 음악적 실천이 한 세기를 이어왔고, 이의 지속적 계승을 위한 성종의 노력이 결실을 본 것으로 생각할 수 있기 때문이다. 이러한 사실을『악학궤범』발간의 필연적인 역사적 배경의 하나라고 한다면 지나친 생각일까?

『악학궤범』은 사실 성현 한사람이 지은 악서는 아니다. 당시 발간에 함께 참여한 이는 유자광(柳子光), 신말평(申末平), 박곤(朴棍), 김복근(金福根) 등이었다. 성현 외 이 4인이『악학궤범』발간에 큰 공헌을 한 사실은 분명하다. 그러나 오늘날에는 성현이 지닌 음악적 재능과 경험 그리고 그의 박학함과 한문 실력에 근거해『악학궤범』은 주로 성현에 의해서 씌어졌을 것으로 간주된다. 세종이

박연을 만나 음악에 대한 뜻을 펼칠 수 있었던 것처럼 성종도 성현을 만나 『악학궤범』이라는 책을 낼 수 있었던 것이다. 이 역시도 필연적인 역사적 배경이 아닐까?

『악학궤범』의 체제와 내용

『악학궤범』은 발간 이후 400년 이상의 오랜 세월 동안 조선왕조 최고의 국가적 음악지침서로 애용되고 활용되있다. 이렇게 오랫동안 크게 쓰일 수 있었던 까닭은 광범위한 음악적 내용을 체계적으로 꼼꼼하게 잘 담았기 때문이다. 그러면 어떠한 체제로 어떠한 내용이 『악학궤범』에 담겨 있을까?

『악학궤범』은 목판본으로서 모두 9권 3책의 체제로 되어있다. 모두 9장으로 된 내용이 3권의 책에 담겨있는 것이다. 『악학궤범』은 음악의 역사를 다룬 문헌이 아니어서 서술적인 문체가 아니라, 음악적 내용을 담기 위한 기술적(記述的)인 문체로 되어있다. 예를 들면, 성현은 여러 노래의 가사를 그대로 한글로 적었다. 당시의 사정에서 왕명에 의한 관찬(官撰)의 문헌이 한글로 그 내용의 일부를 담았다는 사실은 상당히 이례적인 일이 된다. 이외에 성현은 악기의 크기와 색깔 및 재료 등에 이르기까지 정확하게 기록하면서 필요에 따라 그림까지 넣어서 악기의 모양을 잘 알 수 있게 기술하였고 악기의 줄 고르는 법, 기본 연주법 등도 그림과 글로 자세히 설명하였다. 무용 항목에서는 무용수의 정확한 수와 반주음악의 절차, 기본적 동작 등도 연주되는 형세대로 사실적으로 적었다. 뿐만 아니라 음악과 무용에 필요한 악기와 복식 그리고 소도구 등의 제작법까지도 기술체로 담았다. 이렇게 성현은 당시의 음악적 상황을 사실 그대로 기술적인 체제로 『악학궤범』에 담았다.

책의 편집 및 기술체제가 아무리 뛰어나도 좋은 내용이 그 책에 담기지 않았다면, 그 책의 가치와 의미는 감소되고 만다. 그러면 위와 같은 편집체제와 기술적인 문체로 된 『악학궤범』에는 과연 어떠한 내용이 담겨 있을까?

성현은 먼저 서문에서 위에 소개한 『악학궤범』 출간의 명분과 그 배경을 먼저 밝힌 후 당시의 음악을 위한 이론으로 그 처음을 열었다. 여기서 그는 당시 음악에 쓰이는 음의 산출법, 중국 음악의 음계와 조 이론, 한국의 음계와 조 이론, 그리고 팔음(八音)[3]을 자세히 다루었다. 그러면서 그 속에 담긴 상징성과 의미도 함께 소개하였다. 즉, 그는 단순히 음악이론만을 담지 않고 음악사상적이고 음악미학적인 면도 함께 담아냈던 것이다.

다음으로 그는 궁중의 여러 제사와 잔치에 쓰이는 아악과 속악(俗樂)[4]의 악기 배치법과 무용수의 배치법 그리고 제사와 잔치의 절차에 따른 음악과 무용의 용법, 실제 음악의 악보 등도 상세히 다루었다. 이렇게 주로 음악적인 문제를 다룬 후 그는 『고려사(高麗史)』의 악지(樂志)에 담긴 궁중무용과, 성종 당대의 궁중무용 연주

---

3) 국악기를 만드는 쇠, 돌, 명주실, 대나무, 나무, 흙, 가죽, 바가지의 여덟 가지 기본 재료를 말한다.

4) 당시 궁중에서 연주되었던 음악 중 당악(唐樂)과 향악(鄕樂)을 이른 말이다. 그 중에서도 특히 순수한 우리음악인 향악을 주로 지칭한다.

법 및 절차 그리고 그 반주음악을 자세히 소개하였다. 61종의 악기, 각종 소도구와 소품 그리고 음악가와 무용수들의 의상과 모자와 관련된 제반사항 — 즉, 모양·색깔·재료·제조법 등 — 도 빠뜨리지 않았다. 그래서 이들과 관련된 모든 사항들이 후반부 내용의 거의 대부분이 되었다. 한마디로 『악학궤범』은 당시의 음악과 직접, 간접으로 관련된 모든 사항을 내용으로 담았다. 당시로서는 성현의 말처럼 과연 수록하지 않은 것이 없는 무불비재(無不備載)의 악서였던 것이다. 그래서 말 그대로의 음악을 위한 본보기가 되는 책인 궤범(軌範)에 필요한 모든 내용이 총망라된 『악학궤범』이 되었다.

이와 같이 『악학궤범』에는 음악 또는 음악과 관련된 사항만이 아니라 오늘날의 입장에서 보면 음악과는 관련이 아주 적거나 전혀 관련이 없는 악기, 무용, 음악이나 무용에 사용되는 소도구와 소품, 의상이나 모자 그리고 그 제작법 등도 빠짐없이 다루고 있다. 게다가 책의 제목도 음악적 용어를 사용하지 않고 '악학궤범'이라 하였다. 왜 그랬을까?

당시의 음악에 대한 개념은 오늘날과 달랐다. 그 개념의 범위가 오늘날보다 훨씬 넓어서 악(樂)·가(歌)·무(舞), 즉 노래와 기악 그리고 무용 전체를 음악으로 간주했던 것이다. 그래서 당시의 음악을 현대적 입장에서 보면 종합무대예술과 같은 형태로 간주할 수 있다. 그밖에도 악기 등 여러 음악·무용과 관련된 주변사항까지도 음악의 범주로 인식되었다. 그리고 당시에는 '음악'이라는 말 대신에 '악(樂)'이라는 용어가 쓰였다. 그래서 위와 같은 여러 사항들이 악의 개념으로 한 곳에 담겼고, 책명도 『악학궤범』이라 했던 것이다.

「기석설연지도(耆碩設宴之圖)」. 광해군 시절의 기로회(耆老會) 그림.
여러 악기를 연주하는 악공들의 모습이 보인다.

『악학궤범』의 역사적 효용성과 가치

『악학궤범』은 조선왕조의 예악정신을 담아 집대성한 악서이지만, 악전(樂典)이나 음악사전은 아니다. 말 그대로 『악학궤범』은 음악의 유실을 대비한 모범적 궤범이요, 지도서요, 안내서이다. 그리고 이와 같은 유실을 대비한 『악학궤범』의 발간 의도는 아래와 같이 복간을 통해 몇 차례 증명이 되었다.

임진왜란 후 전화의 여파로 인해 모든 것이 어려웠던 시절의 음악적 상황도 예외는 아니었다. 그러나 많은 악기와 악보·악서가 불타 없어지고, 또 많은 음악가들이 뿔뿔이 흩어져 버린 그 시절에도 예악적 음악은 계속 요구되었다. 그럼에도 불구하고 음악의 회복은 어려움 그 자체였다. 그런데 이와 같은 어려운 사정 속에서 천행이라고나 할까? 불탄 자리에서 『악학궤범』이 건져졌다. 그래서 1608년,

광해군(光海君)이 즉위한 해에 궁중의 제사음악과 이에 수반된 무용이 어느 정도 복원되었고, 2년 뒤에는 『악학궤범』이 복각되었다. 그 후 인조시대부터 음악이 쇠퇴해지자 1655년(효종 6)에 『악학궤범』이 다시 간행·반포되었고, 이후 1743년(영조 19)에도 낡은 악기를 보수할 목적에서 왕명으로 『악학궤범』은 또 복각되었다. 음악의 유실을 대비한 성종의 『악학궤범』 발간 의도가 옳았음과 그 역사적 효용성이 이러한 사실에 의해 여실히 증명이 된 것이다.

이후 『악학궤범』은 20세기 들어서 1933년에 다시 영인본으로 복각된 뒤 1989년, 국립국악원에 의한 영인된 복각본을 포함해서 모두 6회 영인되었고, 이외 1종의 등사본이 나오기도 하였다. 현재 국내에는 광해군·효종·영조 때 복간된 3종의 『악학궤범』이 전하고 있으며, 안타깝게도 일본의 봉좌문고(蓬左文庫)에 제일 오래된 임진왜란 이전 판이 전하고 있다.

『악학궤범』은 성종을 전후로 한 음악과 오늘날의 음악 일부와의 비교를 가능하게 하며, 오늘날에도 옛 음악의 일부를 복원할 수 있는 길을 열어놓고 있다. 그만큼 『악학궤범』은 우리 음악 연구에 아주 귀중한 자료다. 천년 하고도 수백 년을 넘는 유구한 역사를 자랑하는 백제의 가요 「정읍(井邑)」과, 그 뒤의 고려가요 「동동(動動)」의 완전한 한글 가사를 전하고 있는 문헌은 오직 『악학궤범』뿐이다. 이외에도 많은 국문학 및 국어학과 관련된 귀중한 자료를 담고 있다. 뿐만 아니라 『악학궤범』은 무용, 복식, 음악과 무용 공연에 쓰이는 소품과 소도구의 연구 등에도 필수적인 자료가 아닐 수 없다. 따라서 『악학궤범』은 우리 음악, 국어국문학 연구자들은 물론

기타 위 분야와 관련된 여러 연구자들에게 필독서의 하나가 된다.

『악학궤범』은 문화사적으로도 뛰어난 기록 문화유산의 하나다. 이 책에 인용된 여러 문헌적 정보의 정확성과 신빙성은 아주 높다. 이와 같은 이유로 조선왕조 예악정신의 최고 집대성의 하나인 『악학궤범』이 지닌 가치는 아무리 강조해도 절대 지나치지 않을 것이다.

더 생각해볼 문제들

1. 500년이 넘는 조선왕조의 역사에서 예악이 차지한 위치는 정말 대단하였고, 예악에서 악이 차지한 비중 또한 작지 않았다. 그래서 악이 없는 궁중의 행사는 없었다고 해도 과언이 아니었다. 그러면 정말로 『악학궤범』은 발간 이후 조선왕조가 문을 닫을 때까지 대대로 충실하게 음악의 제반사(諸般事)를 위한 궤범의 임무를 충실히 수행하였을까?

2. 『악학궤범』 당시 많은 궁중의 음악은 한자의 노랫말로 불려졌다. 한글 가사로 된 노랫말은 그 수가 많지 않았다. 그런데 성현은 한글 가사를 있는 그대로 『악학궤범』에 담았다. 이 점에 근거해서 당시의 식자들이 한글을 상당한 정도로 사용했을 것으로 추정한다면 지나친 일일까?

3. 『악학궤범』은 당시 궁중에서 필요로 했던 음악 중심으로 내용이 구성되어 있다. 그래서 『악학궤범』에는 당시의 궁중음악의 실제와 이론, 특히 아악에 관한 여러 이론이 잘 소개되어있다. 성현은 궁중 밖의 음악들을 『악학궤범』에 거의 담지 않았다. 그러나 그는 우리의 향악이론을 『악학궤범』에 적지 않게 담았다. 이러한 사실에 의해서 그를 향악실제에 많은 관심을 두었던 지식인으로 간주할 수 있을까?

추천할 만한 텍스트

『신역 악학궤범』, 성현 지음, 이혜구 역주, 국립국악원, 한국음악학 학술총서 5, 2000.

신대철(申大澈)

한국학중앙연구원 한국학대학원 교수.

서울대학교 음악대학 국악과를 졸업하고, 동 대학원 국악과에서 음악학석사, 한국정신문화연구원(한국학중앙연구원 전신) 한국학대학원에서 문학박사 학위를 취득했다. 중·고등학교에서 음악교사로 재직하기도 했고, 서울대학교와 한양대학교 음악대학의 국악과 및 건국대학교 사범대학 음악교육과를 비롯한 국내 여러 대학의 시간강사, 한국문화예술진흥원(한국문화예술위원회 전신)의 문화발전연구소 연구원, 강릉대학교 예술·체육대학 음악과의 교수를 역임했다. 또한 아시아·태평양 민족음악학회 사무총장을 역임했으며, 현재는 아시아·태평양 민족음악학회, 세계전통음악학회, 미국 민족음악학회 회원이면서 (사)한국국악학회 국제담당 이사를 맡고 있다.

저서로『우리음악, 그 맛과 소리깔』, 『북한의 전통음악』(공저), 『북한의 현실과 우리의 미래』(공저), 『북한사회의 이해』(공저)가 있고 주요 논문으로는 「조선조의 고취와 고취악」, 「Some Westernized Aspects in the Korean Folk Songs」 등 다수가 있다.

우리 임금 — 정조 — 께서 병신년(1776)에 내원에 규장각을 설치하고
관리를 두어 서적을 관리하도록 하였는데, 이는 대부분 세조 때의
양성지가 건의하였던 내용을 따른 것이다. 2년 뒤인 무술년(1778)에 각 도에
유지를 내려 공사(公私)간에 소장하고 있는 책판을 모두 기록하여 올리도록 하여
규장각에서 그 보존상태를 관리하도록 하니, 이때에 이르러 성조께서 뜻하신
일과 어진 재상의 계책이 비로소 질서정연하게 모두 환하게 구비되었다.
병진년(1796)에 다시 각신(閣臣)등에게 명하여 중외의 장판부(藏板簿)를 가져다가
유별로 분류하고 목록을 작성하되 매 책마다 반드시 편찬자의 성명과 의례의
대략적인 내용을 표시하고 권질의 수효와 판본의 소재를 빠짐없이
자세히 기재하도록 하였다. 이 책은 오로지 목판에 새긴 것만을
대상으로 하였기에 누판고(鏤板考)라고 하였다.
— 『누판고』, 「범례(凡例)」 중에서

서유구 (1764~1845)

자는 준평(準平), 호는 풍석(楓石), 시호는 문간(文簡)이다. 아버지 서호수(徐浩修)와 어머니 한산이씨(韓山李
氏) 사이에서 둘째 아들로 태어났다. 그의 집안은 고조부에서부터 그의 부친에 이르기까지 고관대작을 지낸 명문
가였다. 서유구 역시 정조 14년(1790) 증광문과에 병과로 급제하여 관직을 두루 거쳐 대제학에 이르렀으며 아
버지 서호수, 할아버지 서명응의 뒤를 이어 농학에 큰 업적을 남겼다.
그의 『임원경제지(林園經濟志)』는 실용 위주의 사상이 집대성된 대표적 저작이다. 그 이전에 기초적 연구로서 농
업기술과 농지경영을 주로 다룬 『행포지(杏浦志)』, 농업경영과 유통경제 사이의 관련성에 초점을 둔 『금화경독기
(金華耕讀記)』, 농업정책에 관한 경계책(經界策) 등을 저술하였다. 『누판고(鏤板考)』는 그가 규장각에 있던 정조
20년(1796)에 정조의 명에 의하여 편찬된 책으로 전국 책판해제목록이다.

04

조선시대 후기 책판(冊板)에 대한 공식기록

서유구(徐有榘) 외,
『누판고(鏤板考)』

옥영정 | 한국학중앙연구원 교수

『누판고』는 어떤 책인가?

『누판고(鏤板考)』는 서유구(徐有榘) 등이 정조의 명으로 정조 20년 (1796)에 편찬한 전국 책판해제목록이다.[1] 이 책은 정조 2년 (1778)에 전국에 유서(諭書)를 내려 각 기관과 개인이 소장한 책판 의 목록을 올리게 하여 규장각에서 그 실존 여부를 살펴보고, 이를 중외장판부(中外藏板簿)에 기록하게 한 데서 기원한다.

---

1) 그가 이 책을 편찬한 것에 대하여 명확하게 기술하고 있지 않지만『군서표기(群書標記)』, 『임원경제지』의 '인용서목(引用書目)',『증보문헌비고(增補文獻備考)』의 '예문고(藝文考)', 홍명희 교정(校正)의『누판고』등에서 한결같이 서유구로 적고 있다. 그리고 그에 관한 근간 의 저술에 있어서도 일반적으로 서유구를 편찬자로 보고 있다.

영조와 정조의 시기를 조선시대의 문예부흥기라고 말한다. 특히 정조는 규장각을 세우고 서얼(庶孼)을 검서관(檢書官)으로 임명하였으며, 많은 책을 편찬하였다. 직접 편찬을 주관한 어정서(御定書)만도 2,400여 권에 이르렀으며, 규장각 학자들이 작업을 분담하여 편찬한 명찬서(命撰書)도 1,500여 권으로 합하여 총 153종 4천여 권에 이르는 방대한 책이 편찬되었다. 또한 정조는 책의 인쇄를 위하여 100만여 자의 활자를 제작하였다. 갑인자에 바탕을 둔 임진자와 정유자는 사서삼경을 인쇄하는 데 많이 사용하였고, 한구(韓構)의 서체에 바탕을 둔 한구자(韓構字)는 글꼴이 아름다워 시문집을 인쇄하는 데 주로 이용하였다.

이 시기에 궁궐에 있는 여러 도서관의 장서목록(藏書目錄)을 편찬케 하였는데 대표적인 것이 정조 5년(1781)에 편찬한 『규장총목(奎章總目)』이고, 이와 더불어 전국에 있는 책판의 목록도 정리하게 한 것이 『누판고』다.

『규장총목』은 규장각 내에 소장된 서책을 해제한 목록인데 반해 『누판고』는 전국에서 판각된 책판(冊板)을 조사하여 해제한 목록인 점에서 차이가 있다. 이러한 유형의 책들은 책에 관하여 다루는 학문인 서지학(書誌學), 그 중에서도 특히 체계서지학(體系書誌學)적인 측면에서 중요한 의의와 가치를 지닌다.

정조의 문집인 『홍재전서(弘齋全書)』에 있는 글을 보면, 정조 2년(1778)에 규장각을 세운 다음에 장서가 많이 필요하였기에, 각 도의 관아나 민간에 소장하고 있는 판목의 수를 헤아려서 기록하여 규장각에 올리게 하였고, 정조 20년(1796)에는 다시 규장각의 각신(閣臣)인 서유구에게 명하여 분류별로 편찬케 하였음을 알 수 있다. 같은 말은『누판고』의 처음에 있는「범례」에도 기록되어 있다.

한국의 책판과 서적 간행

이『누판고』가 지니는 큰 의미 중의 하나는 조선시대 후기 책판(冊板)의 공식적 기록이라는 점이다. 즉, 책판이 지니는 문화적 의미와 함께 한국의 출판문화사적 측면에서도 중요한 기록이다. 이는 그 당시 지식의 보급 수준이나 양을 파악할 수 있는 몇 안 되는 자료 중의 하나인 것이다. 그렇다면 책판은 무엇이고 이는 한국의 출판문화사에서 어떤 의미를 지니는 것일까?

책판은 서적을 간행할 목적으로 나무판에 글씨나 그림을 새겨서 제작한 것으로, 먹을 칠하고 종이에 인출하는 전통적 방식의 목판인쇄(木板印刷)에 있어서 공력을 가장 많이 기울이는 재료였다. 즉, 전통사회의 조직 내에서 지식유통의 거의 유일한 매체인 서적을 인쇄하기 위한 기본 도구였던 것이다.

조선시대 후기의 대표적 실학자로 누구보다도 많은 책을 읽었던 이덕무는 그의『청장관전서』에서 책판에 관한 글을 남기고 있는데, 책판의 유용성과 더불어 보존을 위한 방법, 제작과정 중에 소금물에 삶는 것 등을 언급하고 있다.

> 서적 한 판의 인각은 백대의 이익이며 만인의 이익이 되니, 이는 천하의 지극한 보배이다. 교서관(校書館) 서판은 원래 보관하는 집이 없어 파괴된 가옥 양쪽 끝에 쌓아 두었으므로, 시렁이 무너져 판각

이 달아나고 땅에 붙은 부분은 습기에 차 썩는다. 또 인쇄를 뜨는 먹도 송연(松煙)이 조악(粗惡)하고 재나 모래가 반이나 섞이고 흙탕물이 스며든다. 벼루도 질이 좋지 않은데다 건성으로 대략 갈므로 힘을 들여 억지로 인쇄하니, 동활자라도 부서져 버릴 텐데 연약한 나무야 말할 나위도 없다. 또 한 번 인쇄한 뒤에는 습기에 찬 것을 그대로 햇볕에 흩어 놓아 뒤틀려 벌어지고 주름이 지니, 전공(前功)이 아깝게 된다.

경상감영(慶尙監營)에 서판이 많았는데 심지어는 흙탕 뜰에 벌려 놓아 진흙 발에 밟히게까지 되니, 물과 불에 의한 해 외에 일대 액(厄)이라 하겠다.

해인사(海印寺)의 불경판은 시렁에 질서 정연하게 꽂아 본받을 만하니, 교서관(校書館)도 이 방법을 쓰는 것이 좋겠다. … 소금물로 삶아 말린 뒤에 비로소 글자를 새기는데, 만약 습기가 있으면 글자를 새긴 뒤에 마르게 되어 사란(絲欄)과 글자가 줄어들어서 장마다 들쭉날쭉하여 고르지 못하게 된다.

한국에서 목판인쇄로 처음 서적을 간행한 시기는 명확하지 않다. 그러나 불교의 전래 이후 통일신라시대에 불경의 보급이 확산되는 과정에서 이루어졌을 것으로 추정되고 있다. 목판에 책의 내용을 새기는 기술은 부처의 모습을 새긴 불인(佛印) 등에서 시작되어 그림이나 글의 반복 생산단계로 발전하였다. 이후 서책 내용이 인출된 여러 장을 연결하여 두루마리 책자, 즉 권자본(卷子本)을 만드는 목판인쇄 기술로 발전된 이후에는 다량으로 찍어내어 출판할 수 있

조선시대에 서책을 인쇄하는 데 사용했던 목활자와 목판.

게 되었다.

이러한 목판 인쇄술은 금속활자 인쇄술과 더불어 조선시대에도 출판의 기본적인 방법으로 발전을 거듭하였고 성리학의 보급과 더불어 학습교재, 경서 등 각종 서적의 간행을 통한 학문의 기반조성에 결정적인 역할을 하였다. 특히 조선시대 중기 이후 지방에서는 학파나 문중(門中)을 중심으로 활발한 인쇄 활동을 벌이고 있었다. 또한 지방관으로 임명된 사대부와 양반관리들도 그들의 학파나 가문을 위한 인쇄 출판 활동에 힘을 기울였고, 아울러 중앙에서 보내오는 경세치민(經世治民)에 필요한 서적도 많이 출간하였다.

목판인쇄를 위해서는 그 기본 도구인 판목이 꼭 필요하다. 판목의 종류를 구분하는 방법은 여러 가지가 있을 수 있지만 대부분 그

용도에 따라 구분할 수 있으며, 가장 흔한 것이 책을 찍기 위한 책판(冊板)이다. 책판은 다시 그 주제에 따라 불경(佛經)을 찍기 위한 불경판(佛經板), 사서삼경 등의 경서를 찍기 위한 경서판(經書板), 문집을 찍기 위한 문집판(文集板) 등으로 구분할 수 있다. 그 외에도 판목 중에는 글씨를 베껴 새기고 찍기 위한 글씨 판목인 서판(書板)도 있고, 다라니(陀羅尼)를 찍기 위한 다라니판(陀羅尼板), 그림을 찍기 위한 그림 판목, 즉 도판(圖板)도 있다. 도판 중에는 초상화를 그린 초상판(肖像板), 산소를 그린 묘산도판(墓山圖板), 지도를 그린 지도판(地圖板), 부적을 그린 부적판(符籍板) 등도 있다. 문자는 없이 괘지를 찍는 괘지판(罫紙板) 또는 편지나 시가(詩歌)를 적는 데 쓰기 위한 시전지판(詩箋紙板)도 있다. 또 책을 장책(粧冊)하기 위하여 책의 겉장을 아름답게 하고 튼튼하게 하기 위한 능화문(菱華紋)을 찍는 능화판(菱華板)도 있다. 이러한 판목 중에서『누판고』에 기록된 것은 모두 책판과 관련 있는 판목이다.

책판관리의 기록

목판본을 찍는 판목, 즉 책판을 관리하기 위해서 역대의 판목을 조사하거나 책판에 관한 기록인 책판목록을 작성하였다.『누판고』는 이러한 책판목록 중에서 국가적으로 조사사업을 벌여 작성한 기록이다.

책판에 관한 기록은 편찬하는 사람이 직접 책판을 소장하고 있는 고을을 방문해서 기록하는 경우도 있겠으나, 그 보다도 조정에서 각 도의 감영(監營)으로, 그리고 각 감영에서 각 고을로 연락하여 보고하게 한 경우가 더 많았다. 『누판고』도 각 도의 관아나 민간에 소장하고 있는 판목의 수를 헤아리고 기록하여 중앙으로 올리게 하고 이를 다시 편찬하는 방식으로 작성된 것이다.

책판에 관한 기록이 남아있는 자료 중에는 지지(地誌)나 읍지(邑誌)도 있다. 이는 각 고을에서 과거로부터 이어온 전통에 따라 작성한 그 고을의 지지 또는 읍지의 일부 항목으로 책판의 소장기록을 남긴 것이다. 또한 이 시기의 기록문서 중에서 관원끼리의 업무 인수인계를 위한 '중기(重記)'가 오늘날까지 전하고 있는 경우가 있다. 주로 책자 형태의 문서 기록 속에는, 그 관아에서 소장한 책판이나 그 밖의 판목을 기록한 것이 많이 있다. 이러한 기록들이 전사되어서 여러 가지 책판목록을 편찬하는 데 바탕이 되었을 것으로 여겨진다. 이들을 종합하여 체계적으로 분류·목록화하고 각 책판의 해제까지 작성하는 것이 『누판고』에 의해서 제대로 이루어진 것이다.

『누판고』이전의 기록으로 책판의 현황을 살필 수 있는 대표적인 것은 16세기 중반 이후로 여러 차례 작성되어 간행된 『고사촬요(攷事撮要)』를 들 수 있다. 『누판고』가 『고사촬요(攷事撮要)』및 다른 역대 책판목록과 크게 다른 특징은 책판에 관한 목록과 해제만을 담고 있는 독립된 편찬서라는 것이다. 그리고 각 지방단위의 순서가 아니라 경사자집(經史子集)의 사부분류법에 의해 배열되고 각 저작에 해제를 수록하고 있다는 점에서 많은 차이가 있다.

조정에서의 요구뿐만이 아니라 관리나 사대부 사이의 서책교류를 위해서도 책판목록의 편찬은 필요하였을 것으로 보인다. 『누판고』가 작성되는 시기를 전후하여 민간에 의하여 작성된 책판목록도

서서히 등장하게 되는데, 교서관(校書館)이나 지방의 관찰영(觀察營) 혹은 관아(官衙)에서 찍은 책은 반포를 제한하고 있었으므로, 그 만큼 책에 대한 수요의 증가와 함께 민간에서의 서책의 간행활동이 증가하였음을 확인할 수 있다.

『누판고』의 편찬체제

일반적으로 책판목록의 편찬 체제는 소장처별로 책판서명을 나열한 경우도 있고, 책판서명 아래에 소장처를 밝힌 것도 있다. 『누판고』의 경우 그 체제는 어찬서(御撰書), 어정서(御定書), 경부(經部), 사부(史部), 자부(子部), 집부(集部) 등 6개 분야로 나누고 경사자집의 각 부에서 다시 유(類)와 그 하위개념인 속(屬)으로 세분하여 분류하였다. 각 책판에는 책판서명, 권수(卷數), 저자와 내용의 간단한 해제, 책판의 소장처, 완결(刓缺)의 여부, 인지장수(印紙張數) 등을 기술하고 있으며, 책판의 소재를 정확하게 기록하고 있다. 내용 중에 합천 해인사 소장의 대장경 목록을 제외하고 대부분 해제를 작성하였다.

현재 필사본 형태로 전해지고 있는 규장각본에 의거하여 그 편성 체제를 살펴보면, 총 7권 3책으로 되어 있으며, 권1에는 어찬·어정(御定), 권2에는 경부, 권3에는 사부, 권4에는 자부 상, 권5에는 자부 하, 권6에는 집부 상, 권7에는 집부 하가 수록되어 있다. 어찬서 20종, 어정서 46종이 실려 있고, 사부안에 경부 47종, 사부 74종, 자부 199종, 집부 304종 등 모두 610종의 책판이 28류 11속으로 분류되고 있으며, 같은 유속(類屬) 내의 저작배열은 대개 편찬연대의 순서를 따르고 있다.

경·사·자·집의 각 유속을 살펴보면 다음과 같다.

권차	종수	분류	내용
권1	66종	어찬, 어정	어찬 20종, 어정 46종
권2	47종	경부 8류2속	총경류(總經類) 4종, 역류(易類) 6종, 서류(書類) 3종, 시류(詩類) 2종, 예류(禮類) 20종 — 이중 예류에는 삼례지속(三禮之屬) 3종, 잡례지속(雜禮之屬) 17종, 춘추류(春秋類) 2종, 사서류(四書類) 5종, 소학류(小學類) 5종이 들어 있다.
권3	74종	사부 5류5속	통사류(通史類) 11종, 잡사류(雜史類) 2종, 전기류(傳記類) 44종 — 이중 전기류에는 총록지속(總錄之屬) 9종, 별록지속(別錄之屬) 35종이 있다 —, 장고류(掌故類) 14종 — 이중 장고류에는 지리지속(地理之屬) 10종, 직관지속(職官之屬) 1종, 정서지속(政書之屬) 3종이 들어 있다 —, 사평류(史評類) 3종.
권4·5	119종	자부 11류4속	유가류(儒家類) 40종, 병가류(兵家類) 15종, 의가류(醫家類) 7종, 천문주법류(天文籌法類) 4종, 술수류(術數類) 10종 — 이중 술수류에는 감여지속(堪輿之屬) 3종, 고서지속(古筮之屬) 1종, 명서지속(命書之屬) 4종, 음양오행지속(陰陽五行之屬) 2종이 들어 있다 —, 잡찬류(雜纂類) 3종, 설가류(說家類) 5종, 유서류(類書類) 3종, 역어류(譯語類) 17종, 도가류(道家類) 3종, 석가류(釋家類) 12종.
권6·7	304종	집부3류	초사류(楚辭類) 2종, 총집류(總集類) 17종, 별집류(別集類) 285종.

경사자집의 사부 앞에 어찬과 어정서를 내세웠는데, 이에 대해서는 「범례」에서 임금과 관련된 저작을 높이는 뜻으로 앞에 배열하였다고 하였다. 이에는 『초학기(初學記)』, 『국사경적지(國史經籍志)』, 『경의고(經義考)』 등의 중국 문헌을 참고하였음을 밝혔는데 그 외에 분류체계와 각 유속의 설정에도 중국의 여러 서목(書目)을 참고하였음을 「범례」에서 언급하고 있다.

비록 중국 역대 서목의 영향을 받아 사부분류의 체제에 따라 배열되었지만, 『누판고』의 분류체계가 역대 중국의 서목의 그것과 몇 가지 뚜렷하게 다른 점이 있음을 확인할 수 있다. 특히 경부의 총경류와 사부의 통사류를 앞머리에 둔점, 자부에서 역어류(譯語類)를 신설한 점 등은 현대 분류법의 제정원칙과도 일치하는 상황을 보여주고 있으며, 우리 실정에 맞도록 개수하여 분류체계를 정한 것임을 알 수 있다.

그리고 계속 증가될 책판을 정리하기 위해서 작성된 분류법이 아니고, 현존하는 책판만을 대상으로 작성한 분류법이기 때문에 전체적으로 볼 때 그 유속의 유형이 적다. 이는 그 당시 같은 유속으로 우리나라에서 새겨낸 책판이 남아 있지 않거나 망실된 것이 많은 것에서 1차적인 원인을 찾을 수 있다.

상세한 기록과 주요 저작물에 대한 평가

『누판고』의 주요내용은 편찬 시기인 정조 때에 서울의 관아와 팔도 감영, 각 부, 목, 군, 현, 서원, 사찰, 사가(私家)에 소장되어 있는 책판을 조사한 것이다. 수록된 저작의 편찬시대별 상황을 보면 어찬서에서는 영조의 저작이, 어정서에는 정조의 저작이 가장 많았고, 전체 610부의 저작 중 고려시대 8종, 조선시대 490종으로 국내 저작물이 70%이상을 차지하고 있다.[2]

---

2) 저작의 편찬시대별 상황을 살펴보면 총 610종 중 한국저록 498종(고려 8종, 조선 490종), 중국 저록 85종, 작자 미상 27종 등이다. 『누판고』의 기록 내용 분석과 관련하여서는 『누판고』에 대한 서지적 분석을 처음으로 시도한 김윤식 교수(동덕여대)의 연구에 의해서 이미 많은 부분이 알려져 있다. 필자도 내용분석의 통계수치를 그대로 참고하여 썼음을 밝혀둔다.

그 당시까지 경향각지에서 이루어진 책판 작성 시기는 대부분 임진왜란 이후부터 정조 이전이고 장판처는 관서, 서원, 사찰, 사가로 구분된다. 관서판은 영남관찰영이, 서원판은 도산서원이, 사찰판은 남한개원사(南漢開元寺)가 가장 많은 수를 차지하고 있으며, 사가판(私家板)은 거의가 문집이었다.

장판(藏板)의 주체[3]에 따라 그 종수를 살펴보면 다음과 같다.

장판처	장판처수	어찬	어정	경	사	자	집	계
관서	90	28	99	41	45	127	96	436
서원	84		2	18	30	19	116	185
사찰	39	2	2	11	13	19	83	132
사가	17				2		17	19
계	230	30	103	70	90	165	314	772

책판의 숫자가 610종 보다 많은 것은 1종의 책판이 여러 장소에 소장된 경우가 있기 때문이다. 간략하게 살펴보면 관서장판은 대다수가 어찬 어정인 중앙관서의 것이 11개처 80종이고, 지방관서의 것이 79개처 356종인데 지방관서 중에서도 경상도 29개처 124종, 전라도 21개처 76종으로 지방에서는 영호남 지역이 가장 활발한 출판문화의 중심지가 되었음을 알 수 있다.

---

3) 중앙관서에 속한 것으로 교서관, 주자소, 봉모당, 관상감, 사역원, 혜민서, 훈련도감, 군기시, 장용영, 종부시, 내부, 장악원 등의 장판을 들었으며, 지방관서에 속하는 것으로는 경기관찰영을 비롯하여 호서, 호남, 영남, 해서, 관동, 관북, 관서 등 관찰영장판과 그 외에 각 관찰영 소속의 부·목·군·현의 장판들을 밝혔다. 사판에 속한 것도 그 장판의 소장처인 사찰, 서원, 사궁 및 사가장판의 씨명들을 자세히 기록하였다.

서원판은 문집류가 가장 많은데 특히 도산서원이 17부로 출판 사정이 다른 서원에 비해 월등히 높고 강원 지방에는 단 1건의 장판 사실도 없어서 당시 지방의 경제적, 지리적 여건에 따른 출판활동의 취약성을 드러내고 있다.

사찰판으로는 남한 개원사 14종, 합천 해인사 13종, 전주 위봉사 13종, 북한산 태고사 12종의 순으로 많은 종류의 책판을 보유하고 있었다. 관서판과 마찬가지로 경상도 지역이 최다 보유지역이었다. 사가판은 거의가 문집류로서 선조의 문집이나 전기를 출판하여 조상의 업적을 후세에 전하고 가문을 빛내려는 간행목적을 잘 반영하고 있다.

목록과 해제의 기록 방식은 서명과 권수를 적고 그 옆에 찬자, 관직, 간단한 해제, 책판의 소장처 및 수량, 책판의 완흠유무(刓欠有無), 인쇄하는 데 필요한 용지의 수량 등의 순서이다. 「범례」에 따르면 서문이나 발문, 혹은 평(評) 등을 인용하여 그 대략의 득실을 확인하거나 판각의 연혁을 살펴서 보는 이가 다시 그 사적을 찾을 필요가 없게 하였다고 밝히고 있다. 또한 정조조 이후에는 주자소(鑄字所)를 설치하여 활자로 간행한 책들은 기록되어 있지 않으니 이것은 『규장총목』을 참고하라고 하였다.

특히 책 내용의 간략한 개요를 적은 상당수의 해제에서 그 서적의 내용이나 저자에 대해 평을 한 것을 살펴볼 수 있다. 이들 평의 내용은 유형별로 구분이 가능하며, 조선시대 후기에 출판된 서책의 성격을 파악하거나 당대 지식인들의 학문적 방향을 살펴보는 데도 도움이 된다. 『누판고』에 수록된 서적의 질적 수준을 연구한 리상용 교수(이화여대)에 의하면 저자의 학식과 학문 뿐 아니라 저자가 지닌 인품과 문장력 등까지도 면밀히 평가하였다고 하였다. 여기에는 우리나라의 대학자들, 각 분야의 주요한 인물, 문장이나 시가 빼어난 인물에 대한 평가도 있지만, 이밖에 그의 인물됨과 위업 또는 위상에 대해서도 비교적 객관적이고 공정하게 평가하고 있다.

당시 선비들의 종주(宗主)의 역할을 한 선비, 지조와 충절을 지킨 인물, 임진왜란 때 의병을 일으키거나 국가를 위해 헌신한 선열 등으로 구분하여 높이 평가했다는 것이다. 예를 들어 명나라 선비로 설선(薛瑄), 우리나라의 선비 중에서 김안국(金安國), 김집(金集), 이황(李滉), 조식(曺植) 등에 대해 높이 평가하고, 조선시대에 선비들이 중시한 충절로서 사육신(死六臣), 생육신(生六臣) 등의 위업에 대해 높이 평가하고 있다.

또한 문장으로서 이름을 날린 인물에 대한 평에서 고려시대의 대문장가로서 이제현(李齊賢)과 이색(李穡)의 문장을 극찬하였고, 조선시대의 박은(朴誾), 이안눌(李安訥), 노수신(盧守愼), 권필(權韠) 등 여러 시인에 대해서도 찬사를 보내고 있다. 이밖에 문장은 뛰어나지만 글로 인해서 화를 입은 예로 김종직(金宗直)에 대해 논평하여 후대의 귀감을 삼게 하고 있다.

각 주제 분야에서 내용의 수준에 따라 엄정한 평가를 내리기도 하였는데 주로 책이 지닌 내용 자체가 뛰어난 서적, 기존의 여러 설을 모아서 집대성한 서적, 일상생활을 영위하는 데 지침서적인 내용이 담긴 서적, 학문의 기원이 되는 서적, 조선시대 선비들이 중시한 의리와 충절 사상이 담긴 서적, 특정 서적을 보강하는 내용이 담긴 서

서유구 등이 편찬한 『누판고(鏤板考)』 표지와 내용.

적 등으로 구분된다는 분석이 있다. 그 내용의 수준이 높은 책에 대해서는 아낌없이 호평을 하였지만 그렇지 않은 책에 대해서는 볼만한 가치가 없는 책이라고 혹평을 가하기도 하였다.

현전본과 가치

『누판고』는 정조시대 전후 전국에서 판각된 책판에 대한 서지자료로서 조선조 후기의 목판본을 조사 연구하는 데 그 어느 책판 목록보다도 권위가 있고 신빙성이 있으며 편성체제가 잘 갖추어져 있는 자료이다.

국내에는 초기 원본에서 전사된 것으로 추정되는 필사본이 규장각에 2종, 국립중앙도서관에 1종, 고려대학교 도서관에 1종이 있으며 규장각본 중에는 광곽(匡郭), 계선(界線), 어미(魚尾) 등이 있고 판심제에 '누판고(鏤板考)'라고 연활자로 인쇄되어 있는 것도 있다. 고려대학교 도서관본은 광곽, 계선만 있는 용지에 필사한 것이다. 근래에 출판된 것으로는 필사본을 토대로 1941년에 홍명희가 교정 후 활자로 인쇄한 것과 이를 1968년 보련각에서 영인한 것이 있다. 국외에는 일본 금서룡구장(今西龍旧藏), 성기당문고(成箕堂文庫), 미국 버클리 캘리포니아 대학의 아사미문고(淺見文庫)에 남아 있다.

문예를 숭상한 정조가 우문정치(右文政治)를 구현하기 위하여 무엇보다도 먼저 실천한 것은 규장각을 설치하고 서적을 널리 수집·정리한 것이었다. 아울러 전국 각지에서 판각한 책판까지 두루 조사하여 저록하였으니 책판의 실존여부와 권질(卷帙)의 많고 적음, 결손여부 까지 적어서 살피게 하였다. 그리고 그것을 경사자집의 사부(四部)로 분류하고 목록의 체재를 완비토록 서유구에게 다시 명하여 완성을 보게 한 것이 바로『누판고』이며 그 해가 곧 정조 20년(1796)에 해당한다.

『누판고』는 정조 초까지의 우리나라에서 간행해 온 현존의 중앙 및 지방의 공사(公私) 책판에 대한 서지자료로서 조선시대 후기의 인쇄술을 연구하는 데 빠뜨릴 수 없는 중요한 자료이다. 아울러 조선조 후기의 목판본을 조사 연구하는 데 크게 기여하고 있으며 당대의 출판문화 사정과 우리나라 분류학사 등을 연구하는 데 있어서도 그 가치가 매우 높다. 즉, 정조와 그 시대의 사상, 문화에 대한 이해를 높이는 데 필요한 필수 저록 중에서도 중심에 놓여 있는 저록 중에 하나가 바로『누판고』임을 알 수 있다.

더 생각해볼 문제들

1. 『누판고』의 편찬자인 서유구의 할아버지 서명응은 아들로 서호수(徐浩修)와 서형수(徐瀅修), 서철수(徐澈修) 셋을 두었는데 서호수는 장형인 서명익(徐命翼)의 후사로 들어가고 서형수는 막내 서명성(徐命誠)의 후사로 들어갔다. 또 서호수는 장자 서유본(徐有本)으로 대를 잇고, 둘째 아들 서유구(徐有榘)를 서형수의 후사로 넣어 대를 잇게 하였다. 복잡하게 바꾸어 대를 이은 이들 역시 18세기를 대표하는 학자들이다. 서호수는 벼슬이 판서에 이르렀고『동국문헌비고(東國文獻備考)』,『규장총목(奎章總目)』등의 편찬을 주도하였다. 그의『연행기(燕行紀)』에는 정조의 명을 받아『십삼경주소(十三經註疏)』,『성경통지(盛京通志)』등 방대한 서적을 구매해온 기록이 있다. 특히 서유구는 형인 서유본과 함께 가학을 전수받아 18세기 학문의 가장 높은 봉우리를 형성하였다. 『누판고』의 각 책판마다 작성된 해제와 저술에 대한 평가는 당시 형성된 학문의 깊이를 적절히 반영한 것으로 보인다. 이들 18세기 달성서씨가 인물의 학문활동과 관련하여 간행되거나 중국으로부터 구해진 서책은 과연 얼마나 되며 그 내용은 무엇일까?

2. 『누판고』는 1796년(정조20)에 완성되었지만 기록된 책판의 실제 판각 시기는 대부분 그 이전의 언제쯤이라고 추정할 수밖에 없다. 판각 시기를 추정하는 방법을 살펴보면 우선 간행기록과 일치하는 책판이 있을 때 그것을 우선하여야 할 것이다. 그리고 임진왜란 전에 작성된 책판의 서목과 대조하여 같은 지역 내에 같은 책판이 거의 나타나지 않으면 대부분 임란이후부터 정조 20년(1796) 사이에 새겨진 것으로 추정할 수 있다. 판각시기가 확실한 것은 정조년간의 인물이 편찬한 저서들과 정조의 어찬, 어정서일 것이다. 한편 책판에 '완(刓)', '흠(欠)'의 표시가 없는 것은 영조, 정조 무렵에 판각된 것으로 추정할 수 있고 반대로 '완', '흠' 표시가 있는 것은 대체로 세월의 흐름이나 사용연한에 따라 닳아 없어진 경우이므로 임진왜란 이후 영조 이전의 시기에 판각되었음을 짐작할 수 있다. 그 외에 보다 정확하게 추정하는

방법에는 어떤 것이 있을까?

3. 책판목록이나 서책목록의 분류체계는 그 시대 지식의 체계라는 측면에서 보다 깊이 연구되어야 할 과제이다. 서책목록 자료 중에 한국본 목록인 '서서서목(西序書目)'과 대조해 보면 1) 어찬, 어정서를 사부(四部)앞에 배치시킨 점, 2) 경부에 총경류를 앞으로 배치한 점, 3) 자부에 역어류(譯語類)를 설정한 점 등이 일치해서 『누판고』의 분류체계와 유사성이 매우 높음을 알 수 있다. 이러한 유사성을 지니는 다른 책판목록이나 서책목록에는 어떠한 것이 있을까? 또『누판고』에 영향을 끼쳤거나『누판고』에 의해서 영향을 받은 목록에는 어떠한 것이 있을까?

추천할 만한 텍스트

『누판고(鏤板考)』(신식인쇄본), 서유구 지음, 홍명희 교정, 대동출판사, 1941.

옥영정(玉泳晸)

한국학중앙연구원 고문헌관리학전공 교수.

경북대학교를 졸업하고 동 대학원에서 석사, 성균관대학교 대학원에서 박사 학위를 받았다. 학위 논문은 「호남지방 목활자본 연구」다. 한국고인쇄문화의 올바른 이해와 복원을 통하여 새로운 의미를 찾아내는 데에 많은 관심을 두고 있다.

주요 논문으로 「한국 고대인쇄술의 기원과 발달」, 「시강원의 서적편찬과 간행기록 고찰」, 「17세기 간행 사서언해의 종합적 연구」 등이 있다.

IV 자유로운 사고와 새 문물

어찌하여 비슷함을 구하는가? 비슷함을 추구한다는 것은 진짜는 아닌 것이다.

사람들은 서로 같은 것을 두고 '꼭 닮았다'고 하고 구분하기 어려운 것을

'진짜 같다'고 한다. 진짜 같다고 하고 꼭 닮았다고 할 때

그 말 속에는 가짜라는 것과 다르다는 뜻이 담겨 있다.

때문에 천하에는 이해하기 어려워도 배울 수 있는 것이 있고,

완전히 다른데도 서로 비슷한 것이 있다. 통역과 번역으로도 뜻을 통할 수가 있고,

전서(篆書)와 주문(籒文), 예서(隷書)와 해서(楷書)로도

모두 문장을 이룰 수가 있다. 왜 그럴까? 다른 것은 겉모습이고,

같은 것은 알맹이이기 때문일 뿐이다. 이로 말미암아 보건데,

마음이 비슷한 것[心似]은 뜻이고,

겉모습이 비슷한 것[形似]은 피모(皮毛)일 뿐이다.

— 「녹천관집서(綠天館集序)」에서

박지원 (1737~1805)

박지원의 본관은 반남, 자는 중미(仲美), 호가 연암(燕巖)이다. 누대에 걸쳐 큰 학자와 인물을 배출한 노론 명문가 출신이다. 하지만 그는 진작에 과거를 포기하고 고단한 재야 지식인의 길을 선택했다. 어지러운 현실에서 진로에 대한 고민으로 젊은 시절에는 심각한 불면증에 시달리기도 했다. 뒤늦게 낮은 지위로 벼슬길에 올랐지만 면천군 수와 양양부사를 지낸 것이 가장 높은 직책이었다. 1780년 진하사(進賀使) 박명원(朴明源)을 수행하여 중국을 다녀와 기행문인 열하일기(熱河日記)를 집필했다. 이용후생(利用厚生)에 뜻을 두어, 박제가·이덕무·유득공 등과 더불어 북학파(北學派)의 중심 인물이 되었다. 날카로운 풍자와 유머, 호한한 사고로 조선 후기 글쓰기의 새로운 지평을 열었다.

01

도 로 눈 을 감 아 라

박지원(朴趾源)의 『연암집(燕巖集)』

정민 | 한양대학교 국어국문학과 교수

본질을 꿰뚫는 불온한 문체

우리나라 고전 작가 중에 단 한 사람의 문호를 꼽는다면 나는 조금의 망설임 없이 연암 박지원(朴趾源)을 들겠다. 그를 제외하고 달리 문호의 호칭을 얹을만한 인물을 나는 알지 못한다. 그는 중국 역대 대가의 반열에 놓아도 당당한 경쟁력을 지닌다. 현대에 내놓아도 조금도 기죽지 않는다. 그의 사유가 보여주는 힘은 읽는 이를 항상 압도한다. 한다하는 학자들도 그의 글 앞에서는 고개를 절래절래 내젓는다. 하지만 일반 독자들이 읽어도 너무 쉽고 재미있다. 따져 읽자면 한정 없이 어렵고, 가볍게 읽자면 너무나 경쾌하다.

그는 「양반전」·「호질」·「허생전」과 같은 풍자소설의 작가로 더 잘 알려져 있다. 고작 수행 군관의 자격으로 중국 사신을 따라갔다가 지은 『열하일기』는 조선 문단을 발칵 뒤집어 놓았다. 그의 문집인 『연암집』은 최근에야 겨우 완역이 되어 일반 독자와 만날 수 있게 되었다. 중요한 줄 몰라서가 아니라, 번역이 어려웠기 때문이다.

연암의 문체는 불온하다. 그는 누구나 당연한 것으로 믿고 있던 가치를 거부했다. 그는 거꾸로 보고 뒤집어 보고, 바꾸어 보았다. 듣고 나면 당연하고 생각해 보면 지당한데, 그 이전에는 아무도 그런 말을 안 했다. 그래서 늘 시대의 금기를 건드렸다. 누구나 알면서도 입 다물고 싶어 하던 생각을 그는 서슴없이 말했다.

연암이 글을 한편 발표할 때마다 당시의 젊은 문사들은 술렁거렸다. 그 생각의 진취성에 움찔했고, 발상의 참신함에 열광했다. 그들은 환호하며 연암을 뒤따랐다. 그 말투를 흉내 내고, 그 생각에 동조했다. 정조는 그의 문체가 지닌 불온성을 진작에 간파했다. 그래서 빼든 카드가 '문체반정(文體反正)'이다. 문체를 바르게 되돌려 놓음으로써 지식인의 기강을 바로잡겠다는 것이다. 과연 동서고금 어떤 임금이 문체를 카드로 내세워 사회 기강을 확립하겠다고 나선 경우가 있었던가? 이 듣도 보도 못한 사태의 중심에 연암이 있었다. 한 사람의 문체가 지닌 파괴력이 이토록 의미심장했던 예를 달리 찾기가 어렵다.

박지원은 홍대용을 비롯하여 이덕무·박제가·유득공·이서구 등과 함께 북학파로 일컬어지는 지식인으로서, 한 시대의 영향력 있는 담론을 생산해 냈다. 이른바 연암 그룹으로 불리워지는 이들을 통해 조선의 학문과 문장은 이전에 경험해보지 못한 새로운 사고에 눈을 떴다. 그들이 일으킨 변화의 힘은 매우 강력했다. 그것은 다름 아닌 근대에 눈을 떠가는 과정이었다.

그는 철학자가 아니다. 하지만 그의 담론은 매우 철학적이다. 그의 문제 제기는 언제나 본질적이고 핵심을 놓치지 않는다. 그의 질문은 재미있지만 예리하며, 농담 속에 날카로운 비수가 감추어져 있다.

꼬리를 무는 생각들

돌아가 본분을 지킴이 어찌 문장뿐이겠소? 온갖 일들이 다 그렇지요. 화담 선생이 외출했다가, 집을 잃고 길에서 울고 있는 자를 만났더랍니다. "너는 왜 우느냐?" 그가 대답했지요. "제가 다섯 살에 눈이 멀어 지금껏 스무 해입니다. 아침에 집을 나와 길을 가는데, 갑자기 천지 만물이 맑고 분명하게 보이는 것입니다. 기뻐서 돌아가려고 했더니, 골목은 갈림길이 많고, 대문은 다 똑같아 제 집을 찾지 못하겠습니다. 그래서 웁니다." 선생이 말했지요. "내가 네게 돌아가는 법을 가르쳐 주마. 도로 네 눈을 감아라. 그러면 네 집을 찾을 수 있을 게다." 이에 눈을 감고 지팡이를 두드려 제 걸음을 믿고서 바로 집을 찾아가더랍니다. 이것은 다른 것이 아닙니다. 빛깔과 형상이 뒤죽박죽이 되고, 기쁨과 슬픔이 작용이 되어 망상을 일으킨 것입니다. 지팡이를 두드려 걸음을 믿는 것, 이것이 바로 우리가 분수를 지키는 관건이 되고 집으로 돌아가는 보증이 됩니다.
  ― 「창애에게 보낸 답장·2」

세상은 늘 혼란스럽다. 사람들은 언제나 내 편, 네 편을 갈라 싸운다. 하지만 내 편은 늘 옳고 네 편은 늘 그른 것인가? 진리는 어디에 있는가? 진실은 어떻게 찾을 수 있는가? 연암이 그의 글 속에서 지속적으로 제기하고 있는 문제다.

먼저 위에 제시한 인용문에서부터 글의 실마리를 열어보기로 하자. 장님이 길을 가다가 갑자기 눈을 떴다. 눈을 뜬 것은 좋은데, 막상 눈을 뜬 순간 그는 제 집을 찾을 수 없는 진짜 장님이 되었다. 이제 그는 어쩔 줄 모르고 길에서 울고 섰다. 제 집을 찾아 갈 수 없다면 그런 눈은 뜰 필요가 없다. 오히려 더 큰 장애가 될 뿐이다. 울고 있는 그에게 화담 선생은 "도로 눈을 감아라"는 처방을 내린다. 눈을 뜬 사람더러 도로 눈을 감으라니 이런 말이 어디 있을까? 하지만 어쨌거나 그는 눈을 감고 지팡이를 더듬거리고서야 겨우 제 집을 다시 찾아갈 수가 있었다.

집을 찾아간 장님은 그 후 어떻게 되었을까? 길에서 울고 있을 때는 집을 찾는 것이 절박한 문제였지만, 일단 집에 들어가고 나면 아무 걱정이 없다. 그러니까 화담 선생이 도로 눈을 감으라고 한 것은 집을 찾아갈 때까지만 유효한 처방이다. 이후 그는 제 집의 대문을 확인하고, 골목을 기억해 둔다면 아무 문제없이 세상을 활보하며 다닐 수 있을 것이었다.

연암은 편지의 앞뒤로 본분을 지키는 문제를 거듭 말했다. 이 글의 주제가 여기에 있음을 강조한 것이다. 이야기만으로는 재미가 있는데, 막상 이해하자면 그리 단순하지가 않다. 본분을 지킨다는 것은 무엇을 말하는 것일까? 너는 장님이니까 장님 주제로 사는 것이 마땅하다는 이야기는 결코 아닐 것이다. 문제는 그가 집에서 눈을 뜨지 않고, 길 가다 눈을 뜬 데 있다. 그래서 주체적 판단을 할 수 없었다. 눈을 뜨는 것은 분명 기쁘고 좋은 일이지만, 주체를 잃고 나면 그 좋은 것도 새로운 비극의 시작일 뿐이라는 것이다. 차라리 눈을 뜨지 않은 것만 못하게 된다는 말이다.

연암의 글은 늘 이런 식이다. 재미있는 이야기를 들려주고 느닷없이 뒤통수를 치고 빠진다. 가볍게 시작했다가 의문은 꼬리를 물고, 생각은 걷잡을 수가 없게 된다.

중간은 어디인가?

「낭환집서(蜋丸集序)」에는 임제(林悌)의 이야기가 나온다. 그는 선조 때 시인으로 이름 높았던 쾌남아다. 그가 남의 잔치 집에 갔다가 술이 취했다. 집에 돌아가려고 말을 탔는데, 신발을 짝짝이로 신고 나왔다. 하인이 말했다.

"나으리! 신발을 짝짝이로 신으셨습니다요."

임제가 대답했다.

"야 이놈아. 길 왼편에서 나를 본 자는 내가 나막신을 신었구나 할 테구, 오른편에서 본 자는 가죽신을 신었구나 할 테니 무슨 상관이냐? 어서 가자."

짝짝이 신발을 신고 걸어간다면 남의 웃음거리가 되겠지만, 말안장 위에 올라앉으면 아무 문제가 안 된다. 왜 그런가? 보는 사람이 말에 가려 한 쪽 발밖에 못 보기 때문이다. 사람들은 자기가 본 한 쪽을 가지고 다른 쪽도 으레 그러려니 한다. 신발처럼 알아보기 쉬운 것이 없는데, 말 위에 올라앉으면 그 쉬운 것조차 알아차릴 수가 없다.

　지금 세상에도 이런 일은 얼마나 많은가? 틀림없이 그럴 것으로 여겼는데, 알고 보니 전혀 그렇지 않은 일들은 너무도 많다. 한 때 옳다고 여겼던 것이 지나고 보면 형편없이 잘못된 것인 경우도 수없이 보아 왔다. 겉 다르고 속 다른 것은 우리가 매일 겪는 일이다. 예상과 정반대로 되어 당황하기도 한다. 우리는 어떻게 해야 제대로 볼 수 있을까? 어떻게 해야 현상에 현혹되지 않을 수 있을까?

　연암은 '중간'과 '사이'를 보아야 한다고 말한다. 이것과 저것의 사이, 여기와 저기의 중간에 해답이 있다. 말 탄 사람의 짝짝이 신발은 양 옆에서는 분간해낼 길이 없다. 정면에서, 즉 왼쪽과 오른쪽의 중간에서 보면 훤히 보인다. 그렇다면 그 중간은 어디인가?

　「공작관문고(孔雀館文藁)에 스스로 붙인 서문」에도 이런 이야기가 나온다. 어떤 아이가 귀에 물이 들어가 이명(耳鳴)이 생겼다. 귀속에서 이상한 피리 소리가 들리는 것이다. 신기해서 옆의 동무에게 들어보라고 한다. 하지만 제 동무의 귀에는 그 소리가 들릴 리 없다. 아이는 답답해서 이 또렷한 소리를 왜 못 듣느냐고 안타까워했다. 또 어떤 사람이 웬 사람과 여관방에서 잠을 자게 되었는데, 코를 어찌나 고는지 잠을 잘 수가 없었다. 흔들어 깨웠더니 그는 일어나 내가 언제 코를 골았느냐며 발칵 성을 냈다.

　귀울음과 코골기의 이야기를 나란히 보인 뒤 연암은 곧장 찔러 말한다. 귀울음은 나는 듣는데 남은 못 듣는다. 코골기는 남은 듣는데 나는 못 듣는다. 둘 다 문제다. 제일 좋은 것은 제 귀울음에 현혹되지 않고, 제 코골기를 인정하는 것이다. 그런 위치, 그런 지점은 어디인가? 귀울음과 코골기의 중간은 어디에 있는가? 문제는 그 중간의 지점과 사이의 위치를 알기가 쉽지 않다는 데 있다.

연암은 유명한 황희 정승의 일화를 패러디해서, 이가 살에서 생기는지 아니면 옷에서 생기는지의 질문을 던진 뒤 역시 '중간'의 문제를 제기했다. 또 밤길에 비단옷 입고 가는 것과 장님이 비단옷 입고 가는 것의 비교로도 같은 질문을 반복해서 제기했다.

요컨대 그는 시대가 요구했던 편 가르기에 결코 동의할 수가 없었다. 세상은 나막신과 가죽신으로 갈라 싸운다. 귀울음과 코골기로 서로 우긴다. 하지만 그 어느 쪽도 진실은 아니다. 세상의 문제는 언제나 이렇게 단순치가 않다. 그럴 바에야 계속 우김질만 할 것이 아니라 양쪽의 문제가 한 눈에 들여다보이는 지점을 찾는 것이 더 빠르지 않겠는가? 장님이 눈만 뜬다고 문제가 다 해결되는 것이 아니다. 제 집을 놓치면, 주체를 잃으면 눈을 아무리 떠 봤자 소용이 없다. 연암이 보기에 지팡이를 짚은 장님은 오히려 제 집을 찾아가고, 눈을 뜬 사람은 길 잃고 서서 우는 것이 당시 조선의 현실이었다.

나는 미치고 싶다

연암은 「염재기(念齋記)」라는 글에서 송욱이란 사람의 실제 이야기를 적고 있다. 아침에 잠자리에서 일어난 그는 방안의 물건은 다 그대로 있는데 막상 자기 자신이 사라졌다는 것을 깨닫는다. 그래서 그는 옷도 안 입고 벌거벗은 채 사라진 자신을 찾아 온 거리를 헤맨다. 현실의 중압감에 시달린 나머지 마침내 자아를 잃어버린 사람의 이야기다. 이후 그는 과거 시험장에 들어가 답안지를 작성한 후 아예 제가 채점까지 척척 해버리는 기행을 저지른다. 한마디로 그는 미쳐버렸던 것이다.

이런 미친 사람의 실화를 연암은 왜 굳이 적었을까? 제도로 인간의 실존을 억압하고, 편을 갈라 싸우기 바쁜 세상에 대해 그는 할말이 아주 많았다. 정신의 자유로움을 담아내야 할 글에서조차 법도를 따지고 규칙으로 가둔다. 과거 시험은 이미 쓸모없는 형식으로 전락한 지가 오래되었다. 사람들은 진실을 외면하고, 가슴 속에 하고 싶은 말을 묻어두고 산다. 그저 남들 따라 하고 흉내를 낼 뿐, 어디에도 나는 없다. 예전 중국 사람들이 하던 것만 흉내 내고, 지금 여기에서 살아 숨쉬는 나는 억압하고 가두기에 바쁘다. 송욱은 이런 현실을 견디다 못해 마침내 미쳐버렸다. 연암은 그의 이야기를 통해 "나도 이 숨막히는 현실 앞에 미쳐 버리고 싶다"고 외치고 있는 셈이다.

『열하일기』에서 요동벌을 처음 나서서 지평선으로 사라지는 광막한 들판과 만나, 연암은 한바탕 시원스럽게 통곡할 만한 곳을 만났다고 기뻐했다. 뱃속에 열 달을 답답하게 갇혀 있던 태아가 어머니 뱃속을 빠져나와 팔 다리를 거침없이 쭉 뻗어도 아무 걸림이 없는 것을 느낄 때의 통쾌함이 첫 울음소리로 터져나오는 것이라고 말했다. 어머니의 탯속에서처럼 갑갑한 조선의 굴레를 벗어나 문명의 중국을 향하는 설렘을 이렇게 표현했던 것이다.

『연암집』 속의 수많은 글을 통해 그는 자신을 옭죄고 있던 시대

열하(熱河)의 표석.

의 질곡에 과감하게 도전했다. 우리는 왜 '지금 여기'를 살면서 '그
때 저기'의 망령에서 벗어나지 못하는가? 시대를 뛰어넘는 고전이
될 수 있으려면, 옛 것을 그대로 흉내만 내서는 절대로 안 된다. 오
히려 지금 눈앞의 현실, 가슴 속의 진실을 글에 담을 때 훗날에는
그것이 고전이 된다. 어찌 보면 단순하고 분명한 진리지만, 당시로
서는 꺼내기가 쉽지 않은 말이었다.

색깔 속에는 빛깔이 있다. 까마귀의 색깔은 검지만 찬찬히 보면
그 검은 색 속에는 붉은 빛도 있고 초록빛도 있다. 색깔은 누구나
보지만 빛깔은 보는 사람만 본다. 형(形) 속에는 태(態)가 있다. 외
형은 다 알지만 그 속에 깃든 태깔은 아무나 볼 수가 없다. 겉껍데
기만 비슷한 것은 진짜가 아니다. 외형에 속지 말고 내태(內態)를
보아야 한다. 색깔에 현혹되지 말고 빛깔을 읽어야 한다. 진정한 의

미는 겉 모습 속에 있지 않고 그 속에 감춰진 빛깔과 태깔 속에 있다. 겉만 보아서는 알 수가 없다. 연암이 「능양시집서(菱陽詩集序)」에서 한 말이다.

기호의 의미를 제대로 읽어내려면 동심, 즉 어린이의 순수한 마음으로 돌아가야 한다고 연암은 말한다. 인습에 찌든 몽롱한 시선으로는 사물의 의미를 간파할 수가 없다. 글을 쓰는 까닭은 진실을 찾기 위해서다. 연암은 진실이 있을 뿐 변치 않을 진리는 어디에도 없다고 말한다. 세상이 변하면 의미도 변하고 가치도 바뀐다. 만고 불변의 진리란 없다. 그런데 사람들은 도(道)를 추구한다는 명분 아래 진(眞), 즉 참됨을 억압한다. 고(古)를 따른다면서 금(今), 곧 지금을 외면한다. 저쪽만 쳐다보며 이쪽은 거들떠보지 않는다. 그의 문학정신은 한 마디로 말하면 '지금 여기'의 진실을 추구하자는 것이다.

지금 여기를 위하여

연암의 글은 오늘날 읽어도 여전히 펄펄 살아있다. 200년도 더 된 옛글이란 생각이 전혀 안 든다. 지금 코앞의 현실에다 대고 날리는 직격탄처럼 읽힌다. 당시의 젊은이들이 그랬듯이 읽는 사람을 격동케 하고, 눈과 귀가 번쩍 뜨이게 한다.

그의 글은 좀처럼 함락시키기 어려운 성채 같다. 그는 치고 빠지는데 명수다. 묵직하니 걸렸다 싶은데 건져 올리고 나면 바람처럼 그물을 빠져 나간다. 무엇보다 그의 글은 재미있고 경쾌하다. 재미있기는 한데 무슨 말인지 잘 알 수가 없다. 다 읽고 나면 다시 오리

무중이다. 연암 문장의 묘미는 바로 이 지점에 있다. 그가 똑 부러지게 말하지 않고 빙빙 돌려 말한 것은 시대와 맞서기 위한 일종의 전략이었다.

그는 빗대어 말하기의 명수다. 길 가다 눈 뜬 장님의 이야기는 서구 이론에 붙들려 정작 자신의 주체를 돌아볼 겨를이 없던 우리의 정신을 번쩍 들게 한다. 귀울음과 코골기에 현혹되고, 짝짝이 신발을 신어도 알아보지 못하는 사람들의 이야기, 코끼리를 통해본 기호의 의미, 밤중에 강물을 건너며 귀와 눈이 지어내는 헛소문의 세계에 대해 들이대는 날카로운 해부. 그의 이야기는 얼마나 참신하고, 예리하고 또 통렬한가! 그는 돌려서 말하고 비유로 말하지만, 비겁하게 수사의 그늘에 숨어 문제의 본질을 호도하거나, 회피하지 않는다.

글자는 병사요, 제목은 적국이며, 주제는 장수와 같다. 병법과의 유사성을 통해 글쓰기의 핵심을 찌르는 그 놀라운 통찰력하며, 나뭇단을 지고서 '소금 사려!' 하는 식의 글을 쓰지 말라는 매서운 질책은 한문 문장에만 국한되는 이야기가 아니다. 표정을 꾸미고 옷깃을 펴고 화가 앞에 앉아 실물과 다른 우스꽝스런 초상화를 그리기 보다는 있는 그대로의 모습을 그려야 하는 것처럼 진실이 담긴 글을 써야 한다고 역설했다. 단언컨대 그의 몇 편 글만 제대로 읽으면 오늘날 논술 교육이 다 쓸데없게 된다.

남편을 따라 죽은 열녀의 이야기인 「열녀함양박씨전(烈女咸陽朴氏傳)」에서는 열녀를 만들기 위해 남편을 따라 죽기를 강요하는 세상을 비판했다. 죽을 이유도 없이 무작정 따라죽는 조선 후기 열녀

신드롬의 허구성을 비판하며, 열녀의 진정한 의미를 되새기도록 하는 작품이다. 그밖에 「마장전」, 「예덕선생전(穢德先生傳)」, 「민옹전(閔翁傳)」, 「광문자전(廣文者傳)」, 「양반전(兩班傳)」 등이 실려 있는 『방경각외전(放璚閣外傳)』— 연암의 초기 작품인 인물전 9편을 한데 묶은 연암집의 편명이다 — 에 실린 인물들의 전기에서는 시대의 위선을 폭로하는 신랄한 풍자가 담겨있다. 똥거름을 져서 나르는 예덕선생, 오늘날로 치면 도서 영업사원 조신선, 시장의 거지인 광문 등이 모두 그의 글 속에서 생생하게 되살아난다.

그는 무겁지도 않고, 더더구나 가볍지도 않다. 그는 '지금 여기'를 살면서 '그때 거기'나 '지금 저기'만 기웃대는 현실을 무척이나 답답해했다. 우리가 우리 것을 할 때 비로소 우리가 될 수 있다고 외쳤다. 고전이 되려면 옛것을 흉내 내지 말고 자기 목소리를 가져야 한다고 했다. 우리는 조선 사람이므로 조선풍을 추구해야 한다고 했다. 때로 그의 외침은 절규로 들린다. 그가 느꼈던 답답함은 지금이라고 다를 것이 없다. 그의 글 속에는 움베르토 에코도 있고 루쉰도 있다. 그의 글이 시대를 뛰어넘어 오늘날까지 유효한 까닭이다.

더 생각해볼 문제들

1. 「초정집서(楚亭集序)」에서 연암은 옛것을 본받는 것과 새것을 만드는 것 사이의 균형과 조화에 대해서 말하고 있다. 옛것을 배우는 것은 흉내 내는 것과는 다르다. 새것을 추구하라는 말은 자칫 듣도 보도 못한 괴상한 것을 추

구하라는 말로 착각하기 쉽다. 어떻게 해야 옛것을 배우면서 그 속에 새로움을 담을 수 있을까?

2. 「소단적치인(騷壇赤幟引)」에서 글쓰기와 병법을 비교한 글을 꼼꼼히 읽어보자. 글쓰기의 핵심이 이 한편의 글 속에 다 녹아들어 있다. 생각의 힘이 없이 글재주만으로는 결코 좋은 글을 쓸 수가 없다. 연암이 여러 글 속에서 말하고 있는 좋은 글이란 어떤 글을 말하는가?

3. 「열녀함양박씨전」은 당시 사회문제가 된 열녀들의 자살 문제를 정면에서 다룬 작품이다. 남편의 죽음을 슬퍼하여 함께 따라죽는 일은 과연 칭찬받을 일인가? 왜 아내가 죽었을 때 따라죽는 남편은 단 한 사람도 없는가? 연암은 이 문제를 어떤 방식으로 제기하고 있는가?

추천할 만한 텍스트

『국역 연암집』 2책, 박지원 지음, 신호열·김명호 옮김, 민족문화추진회, 2005.
『나는 껄껄선생이라오』 1책, 박지원 지음, 박하명 옮김, 보리출판사, 2005.
『비슷한 것은 가짜다』, 정민 지음, 태학사, 2000.

정민(鄭珉)

한양대학교 국어국문학과 교수.
한양대학교 국어국문학과를 졸업하고 동 대학원에서 박사 학위를 받았다.
저서로 『조선 후기 고문론 연구』, 『목릉문단과 석주 권필』, 『초월의 상상』 등이 있고 연암 박지원의 산문을 풀이한 『비슷한 것은 가짜다』를 펴냈으며 연암의 편지 수십 통을 발굴해서 풀이하고, 연암 산문에 관한 여러 편의 논문을 썼다. 그밖에 『미쳐야 미친다』, 『한시미학 산책』, 『살아있는 한자 교과서』, 『한시 속의 새, 그림 속의 새』 등 여러 책을 펴냈다. 연암을 정점에 둔 18세기 문화사에 대해 관심을 갖고 연구를 진행 중이다.

사람의 몸에서 배양하는 기가 기력(氣力)일 경우는

이것이 오로지 정혈(精血)을 보충하지만, 기화(氣化)일 경우는

천(天)과 인간을 친밀하게 해준다. 기력과 기화는 상호보완적이다. …

그러나 기력만 일방적으로 치우쳐 배양하게 되면

오히려 기화를 기르는 데 방해가 되고, 기화가 두루 통하지 않으면

기력을 기르는 방법에도 부족함이 있게 된다.

참으로 이 두 가지를 배양함에 있어, 마땅한 바를 얻어서 천과 인간을

합성하여 하나로 만드는 기를 배양하게 하면,

이것을 일컬어 잘 배양함이라고 한다.

이 기를 배양하여 얻는다면, 천과 인간이 일체가 되고

운화(運化)가 두루 통하게 될 것이다.

—『기학(氣學)』 중에서

최한기 (1803~1877)

조선조 말엽인 19세기라는 격동기를 살았던 철학자(哲學者)이자 실학자이며 호는 혜강(惠岡)이다. 그는 15대조 최항(崔恒)이 세조·성종 대에 영의정을 지낸 이후 대대로 벼슬과는 별 인연이 없는 궁반한족(窮班寒族)이었지만, 다행히 가산이 넉넉하여 벼슬에 관심을 두지 않고 학문에 전념할 수 있었다. 그의 사승(師承)관계는 아직 불분명하지만, 『대동여지도』의 저자 김정호(金正浩), 『오주연문장전산고』라는 백과전서적인 저술을 남긴 이규경(李圭景)등과 교유하였음이 확인된다. 최한기는 조선조 500년 동안 최대의 저술가로 평가될 정도로 방대한 저술을 남겼는데, 그 내용도 오늘날의 인문, 사회, 자연과학의 전 분야를 포괄할 정도로 광범위한 것이었다. 이들 저술 가운데 그의 나이 55세 때인 1857년에 씌어진 『기학』은 그의 학문 체계가 가장 잘 제시되어 있는 철학적 저술로 평가된다.

02

'하늘사람[天人]'으로 사는 길은 과연 무엇인가?

최한기(崔漢綺)의 『기학(氣學)』

손병욱 | 경상대학교 윤리교육과 교수

이(理)가 아니라 기(氣)

최한기(崔漢綺)는 『기학(氣學)』을 통하여 우주의 본질은 '이(理)'가 아니라 '기(氣)'임을 제시하고자 하였다. 기는 일종의 생명 에너지로서 끊임없이 운동한다. 이처럼 정태적인 이가 아닌 역동적인 기를 궁극적인 본체로 보게 된 것은 서양과학에 힘입은 바 크다. 서구의 천문학 서적을 통해서 알게 된, 지구가 자전(自轉)하면서 동시에 공전(公轉)한다는 사실은 최한기의 우주관을 형성하는 데 결정적인 영향을 미쳤다.

최한기에게 있어서 이는 기를 주재하는 초월적인 존재가 아니라, 기의 운동을 가능하게 하는 조리 내지 법칙으로서 기 속에 내재되어 있을 뿐이다. 따라서 객관적이고 과학적인 탐구의 대상이 된다.

활동운화하는 지구

최한기는『기학』에서 "기는 활동운화(活動運化)하는 본성을 지닌다"고 보았다. 여기서의 기는 곧 '신기(神氣)'를 가리킨다. '신기'란 어떤 의미인가? 기(氣)를 떠나서 따로 존재할 수 있는 신(神)은 없다는 것이다. 이는 '신'이 현상세계와 동떨어진 신비롭고 형이상적인 존재라는 기존의 신 개념을 부정하고 새로운 신 개념을 제시한 것이다. 즉, 초월적이고 주재적(主宰的)인 신은 있을 수 없다는 것이다.

신기에서의 신이란 기를 본바탕으로 하여 나오는 무한한 인식작용을 가리킨다. 따라서 신은 '밝게 안다'는 뜻의 명지(明知)의 능력을 지닌다고 하겠다. 이에 비해 기는 천지가 운행하고 실행하는 근거이자 본바탕이다. 기는 무한한 실행, 실천 능력을 지니는 것이다. 천지는 이 기에 의거하여 '역행(力行)', 즉 힘차게 운행하게 된다. 결국, 신기는 '밝음과 힘'을 근거로 하여 인식하고 실행하는 존재라고 할 수 있다.

신기가 활동운화한다는 말은, "생명의 기운이 항상 움직여서 두루 운행하여 크게 변화한다"는 의미를 가지고 있다. 여기서 활(活)이 신기의 생명성을 가리킨다면, 동(動)은 신기의 운동성을, 운(運)은 순환성을, 화(化)는 변화성을 가리킨다. 이러한 신기의 활동운화를 가장 잘 대변하는 존재가 있다면 그것은 곧 지구다. 우리 인류가 살고 있는 지구야말로 신기의 활동운화하는 본성을 가장 잘 구현하고 있는 존재라고 보는 것이다.[1]

운화의 철학서, 『기학』의 3대운화

『기학』의 일차적인 목표는 우주의 본질이자 보편자인 신기가 그 본성을 발휘하여 제대로 활동운화하도록 하는 데 있다. 인간의 경우, 이 신기가 제대로 활동운화하면 천(天)과 인간이 일치하여 운동변화해 나가는 '천인운화(天人運化)' 내지 '천인활동운화'가 가능해진다. 이처럼 천인운화에 도달하는 것이 『기학』의 이차적인 목표이다. 『기학』의 최종 목표는 통민운화(統民運化)로서, 이는 대동사회(大同社會)를 구현하는 것을 가리킨다. 대동사회야 말로 유학에서 겨냥하는 이상사회다. 이것을 『기학』에서는 '대동일통(大同一統)의 이상사회'라고 한다.

이상사회를 구현하는 통민운화를 위해서는 천인운화에 도달해야 한다. 그러자면 신기가 제대로 활동운화하지 않으면 안 된다. 결국, 『기학』은 인간의 신기가 제대로 활동운화해서 천인운화에 도달하여 궁극적으로는 이상적인 통민운화를 실현하려는 학문체계이다. 이 셋이야말로 『기학』의 3대운화로서 어느 것 하나 중요하지 않음이 없다. 그래서 『기학』에서는 활동운화를 『기학』의 종지(宗旨)로 보고, 천인운화를 『기학』의 근본 바탕과 표준으로 보며, 통민운화를 『기학』의 중심축으로 보는 것이다.

그러나 운화의 철학서인 『기학』의 3대운화 가운데서도 그 꽃은 천인운화, 즉 천인활동운화다. 인간이 제대로 활동운화하고자 하는

---

1) 기학과 『기학』은 구분된다. 즉, 기학은 최한기가 정립한 학문의 명칭이고 『기학』은 최한기의 저술명이다.

이유는 천인운화에 도달하는 데 있으며, 천인운화에 도달하면 대동 이상을 구현하는 통민운화가 가능해지기 때문이다. 이러한 연유로 최한기는 그가 정립하여 제시한 기의 학문인 기학(氣學)을 특별히 '천인운화의 기학'으로 부른다.

어떻게 하면 제대로 활동운화할 것인가?

우주의 생명 에너지인 신기는 모든 존재에 똑같이 품부되어 있다. 그러므로 모든 존재는 활동운화하는 본성을 지닌다. 그런데 현실적으로 인간을 포함한 동식물은 이 본성을 제대로 발현하지 못한다. 그것은 기질(氣質)이 신기를 가리고 있기 때문이다. 이 신기를 가린 기질을 제거하는 방법은 경험을 통한 추측(推測)밖에 없다. 이때 경험이란 "두루 많이 보고 많이 듣는 것"을 가리킨다.

여기서 인간에게만 완벽한 활동운화가 가능한 이유도 인간에게는 그 신기에 인식의 능력, 즉 추측의 능력이 품부되어 있기 때문이다. 다른 동식물에게는 이러한 능력이 없다. 사람은 이 능력에 의거하여 이치를 터득하게 되는데, 이것은 "추측을 통해서 얻어진 이치"라고 하여 '추측지리(推測之理)'라고 부른다. 이때 추측의 대상은 사물의 객관적인 원리인 물리(物理)와 인간의 심리적인 특성이라고 할 수 있는 인정(人情)이다. 이것을 기학에서는 유행하는 이치, 즉 유행지리(流行之理)라고 부른다. 『기학』에서 유행이란 말은 곧 활동운화를 가리킨다.

추측지리는 사람마다 다를 수 있지만 유행지리는 일정하다. 추측지리는 바꿀[變通] 수 있지만 유행지리는 불변적이다. 추측지리가 이 유행지리와 일치할 때 기질의 가리어짐이 제거된다. 그리고 활동운화하는 본성이 제대로 발현된다. 따라서 끊임없이 정확한 추측을 위해 노력하고, 잘못된 추측지리는 검증과 변통(變通)에 의거해서 바로잡아 나가야 한다. 그러나 이것만으로 완벽한 활동운화가 가능한 것은 아니다.

활동운화의 목표는 '하늘사람'의 삶

인간의 신기가 제대로 활동운화하게 되면 '천인운화' 즉, '천인활동운화'에 도달할 수 있다. 이것은 천과 인간이 일치된 상태로 활동운화하는 것을 말한다. 이처럼 천인(天人), 즉 '하늘사람'의 경지에서 행하는 운화라고 하여 천인운화라고 한다. 여기서 하늘사람이란, 천(天)의 운화와 일치된 삶을 살 수 있게 된 사람이다. 따라서 천인운화란 "하늘사람의 삶을 사는 것"을 의미한다. 이는 『기학』에서 제시된, 인간이 도달할 수 있는 최고의 경지다.

기존 유학에서는 지향해야 할 최고의 목표가 성인(聖人)이 되는 것이었다. 성인은 수기(修己)가 완성되어 천인합일(天人合一)의 경지에 이른 사람이다. 또한 성인은 치인(治人)의 측면에서 "덕으로써 인을 행하는" 왕도정치(王道政治)를 행할 수 있는 사람이다. 이것을 내성외왕(內聖外王)이라고 표현한다. 그런데 기학에서는 그 목표가 기존의 성인에서 천인운화, 즉 '하늘사람의 삶'으로 바뀌게 된다. "삶의 목표를 세움이 천인운화에 있다"고 함이 그것이다. 천인운화에 도달하면 세상을 다스리는 치인(治人)에 해당하는 통민운화 역시 완벽하게 이루어진다. 이 천인운화는 인식과 실현에 모두 관여한다. 『기학』에는 『대학』 팔조목(八條目)에 대해 설명을 한 부분이 있는데, 여기에서 이러한 점이 잘 드러난다.

> 천인운화를 밖에서 얻으면 격물(格物)·치지(致知)가 되고 그것을 안에 간직하면 성의(誠意)·정심(正心)이 되며, 그것을 기회에 따라서 밖으로 향하여 쓰면 수신(修身)·제가(齊家)·치국(治國)·평천하(平天下)가 된다.

기학에서의 하늘

여기서 천인운화에 도달하는 방법을 모색하기 이전에 기학에서 하늘, 즉 천(天)이란 과연 무엇을 의미하는가에 대해서 먼저 살펴보자.

천(天)이란 곧 대기(大氣)이다. 대기란 인간이 호흡하고 있는 바로 그 대기(atmosphere)를 말한다. 구체적으로는 비·햇빛·바람·구름·추위·더위·건조함·습기와 같은 자연현상을 포함한다. 이 대기야말로 신기의 원본(原本)이다. 대기는 활동운화하는 신기의 본성이 완벽하게 발현되는 존재이기에 인간 삶의 전범(典範)이 된다. 이러한 대기를 최고의 존재인 천으로 보는 기학의 천 개념은 '생명적인 자연천 개념'이라고 할 수 있다.

지구는 천은 아니지만 이러한 천의 모습을 가장 잘 발현하는 존재이며, 바로 지구의 자전과 공전에서 이 점이 잘 드러난다. 따라서 지구 역시 생명체다. 이 지구상에서 최고의 존재가 바로 인간이므로, 인간은 지구를 표본으로 삼아서 활동운화할 수 있으며, 활동운

화하는 삶을 살아야 한다. 이것은 '기학적 인간'의 당연한 의무이
자, 권리라고 할 수 있다.

'하늘사람'으로 살기 위한 두 가지 조건

인간이 이상적인 삶의 전범인 천과 같은 삶을 영위하기 위해서는
천인운화에 도달해야 하는데, 그 방법은 인간의 신기가 제대로 활
동운화하는 데 있다고 하였다. 그런데 이를 위해서는 두 가지 조건
이 구비되어야 한다. 그것은 기력(氣力)과 기화(氣化)를 배양하는
것이다. 이 가운데 우선, 기화를 배양하기 위해서는 앞에서 언급된
대로, 추측지리가 유행지리와 일치하도록 해야 한다. 즉, 인간 신기
의 타고난 추측능력과 추측활동에 의거하여 형성된 추측지리가 유
행지리와 일치할 때 기화가 배양된다. 기화의 배양은 추측활동에
의거하여 추측능력을 신장시킬 때 순조로워진다. 다음으로 육체를
구성하는 정혈(精血) ― 즉, 정액과 혈액 ― 을 보충하는 기력의 배
양이 요청된다.

　이처럼 기력과 기화를 제대로 배양할 때, 사람의 신기가 제대로
활동운화할 수 있고 그랬을 때, 천인활동운화에 도달하여 '하늘사
람의 삶'을 살 수 있다. 이것을 『기학』에서는 "기력과 기화 둘 다 배
양해야만 천과 인간을 합성하여 하나로 만드는 기가 배양된다"고
한다. 여기서 주목해야 할 것은 기력이다. 정신과 육체로 구성된 인
간에 있어서 기화가 다분히 정신적이고 소프트웨어적인 영역에 속
하는 것이라면 기력은 육체적이고 하드웨어적인 영역에 속한다.
즉, 기화가 배양되면 정신적인 생명력이 신장되는 데 비해, 기력이

배양되면 육체적인 생명력이 신장된다는 것이다. 이것을 『기학』에서는 달리 의식(衣食)과 교학(敎學)·견문(見聞)으로 표현한다. "품부받은 기, 곧 신기는 의복과 음식으로써 보호하고, 교학과 견문으로써 인도하여 이르게 한다"는 말이 그것이다.

여기서 의복과 음식은 기력의 배양을 위해서 필요하고 교학과 견문은 기화의 배양을 위해서 필요하다. 아울러 활동운화에서, "운화는 본성의 활동에서 유래한다"는 말은 '운화'가 없는 '활동'은 있을 수 있어도 활동이 없는 운화는 있을 수 없음을 의미한다. 굳이 따진다면 활동은 본체[體]이고 운화는 작용[用]이다. 본체란 촛불에서의 초에 해당한다면, 작용이란 촛불에서의 불빛에 해당한다. 따라서 활동은 생기(生氣)·진작(振作)으로 설명되고, 운화는 주선(周旋)·변통(變通)으로 설명된다. 생명의 기운이 약동하는 '활동'이 없으면, 어떤 일을 추구하고 시행해 나가는 '운화'가 불가능하다는 것이다.

활동운화하는 주체는 신기(神氣)이므로 '명지(明知)'의 역할을 담당하는 신은 힘차게 운행하는 기가 없으면 존재할 수 없다. 기가 없이 존재하는 신이 있다고 한다면 이것은 곧 무형의 귀신이거나 주재적이고 초월적인 신이 되고 만다. 따라서 기가 본체이고 신은 작용이다. 이상을 정리해 보면 다음과 같다.

신[명지]-운화[주선·변통]-교학-기화

천과 인간을 합성하여
하나로 만드는 기를 배양함

기[역행]-활동[생기·진작]-의식-기력

두 가지 조건의 상호관계

위에 정리된 내용은 신(神)의 계열과 기(氣)의 계열로 이루어져 있다. 우선 어떤 것이 더 근본적인 것이냐를 따지는 본말관(本末觀)에서 본다면 신의 계열이 본에 해당하고 기의 계열은 말에 해당한다. 그러나 어떤 것이 우선하느냐를 따지는 선후관(先後觀)에서 본다면 기의 계열이 먼저고 신의 계열이 나중이다. 이것이 무엇을 의미하는가? 기의 계열은 신의 계열이 존재하기 위한 선행조건이긴 하지만, 기의 계열만 있고 신의 계열이 없으면 인간다움의 꽃은 피어나지 않는다. 그 꽃이란, 곧 천인활동운화를 가리킨다. 즉, 인간이 하늘사람으로 사는 것이다. 이런 측면에서 이 두 계열은 상호 보완적이다. 이러한 상보성(相補性)을 기학에서는 다음과 같이 표현하고 있다.

> 그 실상에 있어서 기(氣)와 신(神)은 서로 떨어질 수 없어서 항상 따라 다닌다.
> ─『명남루수록』 중에서

> 밝게 아는 곳[明知處]에는 힘이 생기고, 힘이 오롯한 곳[力專處]에는 앎이 통달한다.
> ─『신기통』 중에서

> 기력과 기화는 서로 도움이 되는 것이다. 기력을 보충하고 배양하는 것은 항상 기화를 충실하게 익히는데 도움이 된다. 기화를 충실하게

253

익히면 역시 기력을 보충하고 배양하는데 유익하다.
　－『기학』 중에서

　위에서 기학은 인간이 제대로 활동운화하는 본성을 발휘하여 천인활동운화에 도달함으로써 이상적인 삶을 영위하기 위해서는 물질적인 요소와 정신적인 요소가 상보적으로 작용해야 한다고 보고 있다. 여기서 주목해야 할 것은 천인운화라는 목표에 도달하기 위해서 물질적인 토대를 중시한다는 사실이다. 물질적인 토대는 생존에 있어서 필수불가결하다. 더욱이 생존의 문제가 제대로 해결되지 않는다면 이상적인 삶의 영위는 절대 불가능하다.
　위에 나온 마지막 인용문의 "기화를 충실하게 익히면 역시 기력을 보충하고 배양하는 데 유익하다"는 말에 주목해 보자. 이는 한마디로 제대로 된 추측지리로부터 인간의 물질적인 삶을 풍요롭게 해줄 의식주가 나온다는 것이다. 그리고 이러한 물질적인 삶이 보장되면 인간의 육체적인 힘인 기력 역시 저절로 기를 수 있다는 것이다. 왜 그런가? 제대로 된 추측지리란 이미 사실임이 검증된 객관적인 원리이다. 이 원리를 활용하면 여기서 각종 문명의 이기(利器)가 발명된다. 따라서 이때의 추측지리는 물질문명의 토대와 바탕이 된다.

성리학적 문제의식에서 기학적 문제의식으로 전환
이상에서 우리는 기학이 본격적으로 물질적이고 육체적인 욕구의 문제, 먹고 입는 생존의 문제에 지대한 관심을 갖는 학문임을 알 수 있다. 나아가 이는 기학이 성리학(性理學)과는 전혀 다른 문제의식에서 배태된 학문임을 말해준다. 성리학의 주된 문제의식은 '존심양성(存心養性)', 즉 "천으로부터 부여된 선한 본심과 본성을 어떻게 하면 제대로 지키고 배양할 수 있을 것인가"하는 수양론(修養論)적인 것이었다. 이때의 천은 이태극(理太極)[2]을 가리킨다. 그런데 이것이 기학에 와서는, 어떻게 하면 무기력(無氣力)을 떨치고 활기 넘치는 인간, 활기 넘치는 사회, 역동적이고 생기발랄한 인간과 사회로 만들 것이냐 하는 문제의식으로 전환된다. 이러한 문제의식은 인간이 품부받은 본성을 이태극이 아니라 '신기의 활동운화'로 보는 데서 발아되었다.

기학의 선악관(善惡觀)도 성리학의 그것과는 다르다. 앞에서 언급되었듯이 인간의 신기가 제대로 활동운화하기 위해서는 추측지리가 유행지리와 부합되어야 한다. 그러면 인간의 삶에 해당하는 인기운화(人氣運化)가 천의 삶인 대기운화(大氣運化)에 어긋나지 않고 순순히 따르게 되는데 이것을 승순(承順)이라고 한다. 그런데 기학에서는 성에는 순역(順逆)이 있을 뿐이고 선악은 어디까지나 정(情)에 속하는 문제라고 본다.

다시 말해서, 인간의 삶인 인기운화는 인기활동운화를 가리키는

---

2) 이태극이란 성리학에서 말하는 우주의 궁극적인 본질이다. 이것을 이법천(理法天)이라고 하는데, 존재와 당위의 합일체인 이태극은 가치론적으로는 인의예지를 가리키므로, 성선설의 근거가 되기도 한다. 이것은 통체로서는 하나이지만 모든 존재에 똑 같이 품부되어 있다는 측면에서 "통체일태극(統體一太極), 각구일태극(各具一太極)"이 된다.

데, 이것이 곧 인성(人性)이다. 대기운화는 천성(天性)이다. 인성의 조리는 추측지리이고 천성의 조리는 유행지리이다. 따라서 추측지리가 유행지리와 부합할 때, 인기운화가 대기운화에 승순하고 인성은 천성에 승순하므로, 이 인성이 발현된 정은 선하다. 반대로 추측지리가 유행지리에 어긋나면, 인기운화가 대기운화에 어긋나고 인성이 천성을 거슬러 어긋나게 되므로, 이러한 인성이 발현된 정은 악하다. 그러나 인간에 품부된 천성인 신기의 활동운화와 그 조리인 유행지리 자체는 가치중립적이다. 선악 여부는 어디까지나 후득적인 경험으로 얻어진 추측지리에 달려있을 뿐이고, 선한 본성이 선험적으로 주어진 것은 아니다. 그만큼 경험과 추측의 중요성을 강조한 것이라고 할 수 있다. 이런 측면에서 기학은 성선설(性善說)을 인정하지 않는다.[3]

성리학적 문제의식에서 기학적 문제의식에로의 이러한 전환은 최한기 당시의 조선조 사회가 백성들의 생존이 심각한 위협을 받을 정도로 살기 어려운 사회였다는 현실문제와도 깊은 연관성을 갖는다. 『기학』이 씌어질 당시의 조선사회는 세도정치와 삼정의 문란으로 인한 폐해, 천주교의 전래에 따른 내부의 분열, 계속되는 흉년과 역병(疫病) 등으로 사회 전체에 붕괴직전의 말기적인 분위기가 조

---

3) 여기서 성선설은 두 가지 의미를 갖는다. 첫째로 '정'이 아니라, '성'이 선하다는 것이고, 둘째로 선한 성은 선험적으로 본구(本具)되어 있다는 것이다. 기학의 이러한 성선설 부정의 근거는 두 가지이다. 우선, 선악의 문제는 성과 연결되어 논할 수 없고, 어디까지나 정에 해당된다는 것이다. 다음으로, 기학에서는 성리학과 같은 본구선천지(本具先天知)를 인정하지 않으므로, 인성의 순역을 어디까지나 후득적인 경험의 산물이라고 본다는 것이다.

성되었고, 특히 먹고사는 생존의 문제 해결이 대부분 백성들의 가장 시급한 과제로 대두되고 있었다. 따라서『기학』은 이러한 시대적 과제 해결에 일차적인 관심을 가질 수밖에 없었다.

최한기는 이러한 분열과 가난, 무질서의 원인이, "없는 것을 있다고 보는 허위의식"에 기인한다고 보았다. 그리고 이러한 허위의식을 낳는 주된 요인을 성리학 즉, 이학(理學)과 오랫동안 유지되어온 미신적인 관습으로부터 유래된 신비주의에서 찾았다. 따라서 이러한 허위의식을 깨부수기 위해서는 새로운 사유체계가 제시되지 않으면 안 되는데, 이러한 사유체계를 종합적으로 제시하고 있는 책이 곧『기학』인 것이다.

이처럼 최한기가『기학』을 집필한 일차적인 동기는 자기가 살고 있는 시대의 문제를 해결하기 위한 이론적인 방향을 제시하는 데 있었다. 그런데 여기에 그쳤다면 그의 사상은 '그저 그렇고 그런' 많은 사상의 하나에 불과하였을 것이다. 그러나 그가 제시한 방안이 조선조 말기라는 특수한 상황에 대한 문제해결에 머무르지 않고, 시공을 초월하여 모든 인류에게 의미 있는 삶의 방향을 제시하는 보편학(普遍學)으로서의 위상을 지니고 있다는 점에서 그의 학문적 성취의 비범성을 찾아볼 수 있다. 이것이 곧『기학』이 갖는 철학적인 가치이기도 하다.

보편학으로서의 기학의 지향점: 천인운화에 입각한 통민운화

기학의 보편학으로서의 특성은 바로『기학』의 중심축이라고 할 수 있는 통민운화에서 잘 드러난다. 통민운화의 궁극적인 목적은 유학

의 이상인 대동일통의 사회, 곧 대동사회를 실현하는 데 있다. 그러자면 어떻게 해야 할 것인가? 대동사회냐, 아니냐의 핵심은 보편적인 기준 내지 잣대가 있느냐의 여부에 달려있다. 시공을 초월하여 선악과 시비를 판별할 수 있는 하나의 기준이 있고, 여기에 대해서 모든 이들이 동의할 때 비로소 대동사회는 실현될 수 있다. 그렇다면 그 기준은 무엇이어야 하는가?

『기학』에서는 인간이 도달할 수 있는 최고의 삶을 '천인운화', 즉 '하늘사람의 삶'으로 표현하였다. 이 책은 모든 인류가 하늘사람이 되어서 살수 있도록 그 방도를 제시하고 있는 저술이다. 하늘 곧 대기란 약동하는 생명의 기운이 두루 운행하면서 크게 '창조적 진화'를 행하는 존재이다. 생명의 기운이 발랄하게 맥동(脈動)하기에 어떠한 어려움도 주선하고 변통하여 이루어낼 수 있는 존재가 곧 하늘이다. 그것은 활동운화하는 본성이 완벽하게 발현되기에 가능하다. 인간 역시 이러한 하늘의 삶을 한시도 어기지 말고 본받아서 하늘처럼 살아야 한다. 이것이야말로 『기학』이 제시하는 최고의 가치요, 최고의 삶이다. 이처럼 모든 인류가 '하늘사람'이 되는 사회를 지향하기 위해서는 어떻게 해야 하는가?

이미 하늘사람으로서의 삶을 영위하고 있는, 달리 말하면 천인활동운화에 도달한 기학적 성인(聖人)이 그 삶 자체를 기준으로 삼아서 선악과 시비를 판별하고, 나아가 정치와 교육을 시행하면 된다. 이때의 기준이 바로 '천인운화라고 하는 기준'이다. 다시 말하거니와 『기학』에서 꿈꾸는 통민운화가 완벽하게 실현되는 대동일통의 사회는 이미 천인운화에 도달하여 '하늘사람으로서의 삶'을 영위하는 성인이 천인운화라고 하는 기준에 입각하여 '정치와 교육'을 시행할 때 비로소 가능해지는 것이다. 따라서 통민운화에 있어서 정치와 교육이 매우 중요해진다. 이 정치와 교육을 위한 방도를 담아서 제시한 책이 바로 최한기의 만년 저술인『인정(人政)』(1860)이라는 방대한 책이다.

『기학』이라는 처방전이 주는 의미

최한기의 눈으로 봤을 때, 당시의 조선사회는 병이 골수에까지 스며든 중환자와 같았다. 사회 전체에 활기가 떨어지고 기진맥진해진데다가 서세동점(西勢東漸)의 어수선한 시대상황 속에서 지도층과 백성들 모두 우왕좌왕할 뿐, 사방 어디에서도 활로를 발견할 수 없었다. 병의 원인은 성리학 때문이었다. 성리학은 원래 안정되고 고요한 것을 선호하는 학문이다. 따라서 변혁의 시대에 무질서와 혼란을 수습하고 활로를 열어가기에는 한계가 있었다.

　이때 최한기는 병을 진단하고 치유하는 명의(名醫)임을 자처하였다. 명의는 환자의 고통을 자기의 고통으로 여길 수 있는 심성의 소유자라야 한다. 그래야만 제대로 된 치료법이 나온다. 최한기는 진맥(診脈)을 통하여 조선이라는 환자의 역사적 고동과 맥박을 짚어보고 나서 환자를 되살릴 방도를 강구하기 위한 고민 끝에, 기학이라고 하는 처방전을 내 놓았다. 최한기는 이 처방전대로만 하면 환자 조선은 다시금 기사회생하여 그야말로 왕성한 육체적, 정신적인 생명력을 아울러 지녀서 생기발랄하고 역동적으로 활동운화하는 삶을 살 수 있을 것이라고 확신하였다. 바로 이 기학 가운데서도

『기학』은 이러한 처방전의 핵심적인 내용을 담고 있다는 측면에서 매우 중요하다.

기학의 처방전은 오늘날에도 여전히 유효하다. 아직 우리 사회가 충분히 활동운화하고 있지 못하다는 측면에서 그러하다. 뿐만 아니라 자연을 이용의 대상으로만 생각하여 거침없이 파괴하는 이 시대에 있어서 『기학』의 천인운화, 즉 '하늘사람의 삶'은 우리 인류가 가야할 길을 제대로 제시한 탁견이 아닐 수 없다.

더 생각해볼 문제들

1. 『기학』이 지향하는 천인운화 즉, '하늘사람의 삶'에서 천인(天人)은 도가적인 인간상과 어떻게 다른가?

   닮고자하는 대상인 '하늘'이라는 개념이 같은가, 다른가? 기학과 도가의 자연관은 어떤 차이가 있는가? 활동운화하는 본성을 남김없이 발현하는 생명을 지닌 자연천으로서의 대기에 비해 무위자연(無爲自然)하고 법자연(法自然)하는 도가사상의 도는 어떤 차이가 있는가? 『기학』에서 말하는 천인은 인위의 극치라는 측면에서 도가적인 천인과는 대조적이다. 이러한 인간관의 차이는 각각 기학의 대동사회적인 국가사회관과 도가의 소국과민(小國寡民)적인 국가사회관이라는 상이한 관점을 배태시켰다고 할 수 있다.

2. 성리학의 성인(聖人)은 천인합일(天人合一)의 경지에 이른 인간상이다. 이에 비해 『기학』에서는 천인이 일치된 삶을 '천인운화'라고 하여 이상적인 삶으로 규정한다. 성리학의 천인합일과 기학의 천인일치(天人一致)는 별로 다른 것 같지 않은데, 그 차이점이 있다면 무엇인가?

   성리학의 천은 '이태극'이다. 이태극은 지극히 고요하고 정태적이다. 나아가 인의예지를 가리킨다. 천인합일의 경지에 이른 성인은 이 이태극을 체득한 인간상이다. 그런데 이 모습에서 활기 넘치는 역동성을 찾아보기는 어렵다. 노숙하고 안정된 도덕군자의 모습이 연상된다. 나아가 그의 관심은 물질적인 풍요로움의 추구와는 거리가 있어 보인다. 『기학』에서 말하는 천인일치의 삶은 한마디로 생기발랄하게 약동하는 삶이다. 넘치는 에너지로 주선(周旋)과 변통(變通)에 의거하여 어두운 곳을 밝히고 막힌 곳은 뚫으면서 불가능을 가능으로 바꾸어 나가는 삶이다. 생기 넘치는 삶을 위해서는 무엇보다도 먼저 먹고사는 생존의 문제에 비중을 두지 않을 수 없다. 이러한 차이는 두 학문의 천 개념의 차이에서 유래하였다. 나아가 이처럼 천 개념이 다르기 때문에 그것에 이르는 방법도 다를 것이다.

3. 『기학』에서는 활동운화하는 신기가 모든 존재에게 똑같이 품부되어 있음을 전제한다. 이것이 인간에 품부되면 인간이 지닌 천성(天性)이 된다. 따라서 이 신기의 활동운화하는 본성이 남김없이 발현되면 천인운화에 도달하게 되는 것이다. 그렇다면 천인운화에 도달하는 시점, 그리하여 활동운화하는 본성이 남김없이 발현되는 시점이 어떻게 도래하는가?

이것은 기학에 있어서 선험성(先驗性)과 경험성의 문제이다. 기학의 인식론은 선험적인가, 경험적인가? 신기라고 하는 보편적인 천성이 본래부터 구비되어 있다고 한다면 이는 선험성을 긍정하는 것이 된다. 나아가 인간의 신기가 제대로 활동운화하는 시점, 혹은 천인운화에 도달하는 시점이 있어서 이후 지속적으로 이러한 삶이 가능하다고 보는 것 역시 선험성을 전제하지 않으면 안 된다. 특히 천인운화라고 하는 기준을 설정하여야 대동사회가 가능하다고 보는데, 이 기준은 천인운화에 도달하는 시점이 있음을 가리키는 것이 아니겠는가? 그러나 인간에 선험적으로 품부된 신기란 어디까지나 '추측할 수 있는 능력'에 불과하다고 보는 관점도 있다. 그렇기 때문에 이것은 가치중립적인 것이다. '선한 본성이 선험적으로 주어진 것이 아니라'는 것은 기학의 선험성이 부정되는 중요한 근거가 아닐 수 없다. 그만큼 경험적이라는 것이다. 과연 기학은 선험적인가, 경험적인가?

4. 『기학』의 꽃인 하늘사람의 삶, 즉 천인운화는 동학(東學)의 시천주(侍天主)의 삶과 어떻게 비교될 수 있는가?

기학의 천은 대기(大氣)이고 동학의 천은 지기(至氣)이다. 대기는 활동운화 내지 운화하고 동학의 지기는 조화(造化)한다. 기학과 동학은 다 같이 '기의 철학'이라고 할 수 있다. 최한기와 최제우(1824~1864)는 거의 같은 시대를 살면서 거의 같은 문제의식을 공유하였고 그 해결방안도 유사성이 있어 보인다. 그렇다면 이 두 학문의 유사성과 차이점에 대하여 좀 더 구체적으로 살펴보자.

5. 기학에서 천은 대기이고, 대기는 생명체로서 활동운화하는 본성을 완벽하게 발현한다. 이를 일컬어서 '생명적인 자연천 개념'이라고 한다. 그리고 지구 야말로 천인운화 즉, 하늘사람의 삶을 사는 데 있어서 본받아야 할 모델이고 전범(典範)이다. 이런 측면에서 오늘날의 이른바 공해 및 대기오염, 지구온 난화 등의 문제를 바라보는 기학의 시각은 무엇일까? 기학적 관점에서 이들 환경문제를 해결할 수 있는 방안이 어떻게 제시될 수 있을 것인가?

대기와 지구가 생명체라는 사실에 주목할 필요가 있다. 기학에서는 천이라 는 생명체의 생명현상에 지장을 초래하는 일은 절대 허용될 수 없다. 그 생 명현상이란 구체적으로 무엇을 가리키는가가 이 문제에 대한 핵심이라고 하 겠다.

추천할 만한 텍스트
『기학』, 최한기 지음, 손병욱 옮김 , 통나무, 2004.

손병욱(孫炳旭)
경상대학교 사범대학 윤리교육과 교수.
경상대학교 사범대학 영어교육과를 졸업하고 한국학중앙연구원 한국학대학원 철학과에서 석사, 고려대 학교 대학원 철학과에서 박사 학위를 취득했다. 한국의 고유한 선교(仙敎)를 이론적으로 정립하는 문 제, 한국의 기철학사(氣哲學史)를 정리하는 문제 등에 대해서 관심을 갖고 있다.
최한기의 『기학』을 번역하였고, 최근에 서산대사가 바위에 새겨서 남긴 것으로 추정되는 암호문자에 대 한 연구서인 『서산, 조선을 뒤엎으려하다』(2006)를 내었다.

아무런 분별도 없이 외국 것이라면 모두 다 좋다고 생각하고
자기 나라 것이라면 무엇이든지 좋지 않다고 업신여기는 자는 '개화의 죄인'이요,
외국 것이면 가까이조차 하지 않으며 자기 자신만이 천하제일인 듯이
여기는 자는 '개화의 원수'며, 입에는 외국 담배를 물고 가슴에는 외국 시계를 차며
외국 풍습을 이야기하거나 외국말을 얼마쯤 지껄이는 자는
'개화의 병신'이라고 할 수밖에 없다. 그러므로 반드시 중용을 지키는
자가 있어서 지나친 자를 조절하고 모자라는 자를 권면하며
남의 장기를 취하고 자기의 훌륭한 것을 지켜서 시세와 처지를
감안한 연후에 나라를 보전하는 '개화의 주인'이 되어야 할 것이다.
— 『서유견문(西遊見聞)』 제14편 '개화의 등급'에서

유길준 (1856~1914)

보통 양반자제들처럼 과거 공부를 하다 박규수를 통해 해외사정을 접하게 되면서 자진해서 과거를 포기하고 신
학문을 공부하기 시작했다. 1881~1882년에 일본에, 1883~1885년에 미국에 각각 근대 한국 최초의 유학생
이 되었다. 일본 유학에서 귀국한 후 최초의 근대신문 「한성순보」 창간을 준비하였고, 미국 유학 중에는 한국인
최초로 상투를 자르고 양복을 입는다. 갑신정변 이후 정세의 변화로 미국 유학을 중단하고 귀국하게 되지만, 개화
파의 일원이라는 이유로 7년간 연금생활을 하게 되는데, 이 때 정부의 대외관계에 관한 비공식 자문역활을 하는
한편 『서유견문』을 저술한다. 근대 한국의 최대 개혁인 갑오경장을 주도하였지만 아관파천으로 정권이 붕괴되자
일본으로 망명하였다. 11년간의 망명기간 중 정부 개조를 위한 쿠데타를 준비하다 발각되어 오지의 섬으로 유배
되기도 하였다. 국권 상실 후인 1907년 귀국한 후에는 학교를 설립하고 교과서를 편찬하는 등 교육 및 계몽사업
에 전념하였는데, 이 때 한국 최초의 문법책인 『대한문전(大韓文典)』을 간행하였다.

서양문명의 도전에 어떻게 대응할 것인가?

유길준(兪吉濬)의
『서유견문(西遊見聞)』

정용화│ 연세대학교 국학연구원 연구교수

어떻게 읽을 것인가

유길준(兪吉濬)의 『서유견문(西遊見聞)』에 관한 가장 큰 오해는 이 책을 여행기의 하나로 보는 것이다. 제목 그대로 서양에 관한 견문록이며 그것도 한국 최초라는 데 더욱 호기심을 갖게 된다. 여행기란 대체로 여행지를 먼저 가본 사람이 그곳에서 보고 느낀 바를 기록하여 뒷사람에게 참고가 되도록 한 것을 말한다. 때문에 여행기는 '여행한 곳'의 이야기가 주가 되며 독자가 모르는 정보를 제공하는 것을 목적으로 한다. 이러한 기준에 따르면 『서유견문』은 일단 여행기의 하나로 볼 수 있다. 조선인 최초로 미국에 유학하고 귀국길에 세계일주를 한 경험을 바탕으로 서양에 관한 이야기를 주로 하고 있기 때문이다. 하지만 『서유견문』은 그 이야기를 하는 형식과 내용 그리고 시점에서 특별한 면이 있으므로 보통의 여행기와는 다르다.

먼저 형식면에서 『서유견문』은 여행기 일반형식을 따르고 있지 않다. 대체로 여행기는 지은이가 가본 곳을 시간의 순서 또는 장소 별로 서술하고 있는데 비해 이 책은 지은이가 가보지 않은 곳을 포함하여 실제 여정과는 아무 상관없이 기록하고 있다.[1] 서문, 비고 다음에 총 20편으로 구성되어 있는데, 그 목차를 대략 살펴보면 이를 금방 알 수 있다.[2]

이 중 우리가 보통 이해하는 여행기라 할 만한 대목은 제15편에서부터 20편까지라고 할 수 있는데 이는 전체 1/4정도에 불과하다. 오히려 대부분이라 할 수 있는 3/4의 내용은 서양의 각종 제도와 사상을 깊이 있게 서술한 전문서적에 가깝다. 최근 연구에 따르면 『서유견문』은 영국 경제학자 포셋(Henry Fawcett)의 『부국책』[3],

---

1) 유길준은 미국유학에서 귀국 길에 유럽의 몇 개국과 싱가폴, 홍콩 등지를 거치게 되었는데, 서유견문에는 자신이 직접 가보지 않은 곳의 제도와 문물도 참고자료를 이용해 기술하고 있다.

2) 이 책의 구성은 다음과 같다.

제1편 지구세계의 개론, 제2편 세계의 인종과 물산, 제3편 국가의 권리와 국민의 교육, 제4편 인민의 권리와 인간세상의 경쟁, 제5편 정치제도, 제6편 정부의 직분, 제7편 조세제도, 제8편 세금의 용도, 제9편 교육과 군사제도, 제10편 화폐의 원리와 법률 및 경찰제도, 제11편 정당제도, 제12편 애국심과 어린이 교육방법, 제13편 서양학문과 군제 및 종교의 내력, 제14편 상업론과 개화론, 제15편 결혼식과 장례식 등 서양예절, 제16편 의식주제도와 놀이, 제17편 병원·교도소·도서관·신문 등, 제18편 증기기관·기차·전신·전화 등, 제19~20편 각국 대도시의 모습.

유길준이 저술한 『서유견문』의 내용.

미국 법학자 휘튼(Henry Wheaton)의 『만국공법』[4], 미국 법학자
이자 조선 외교고문 데니(O. N. Denny)의 『청한론』[5], 일본 후쿠
자와 유키치(福澤諭吉)의 『서양사정(西洋事情)』[6] 그리고 중국 양

---

3) 영국 자유주의 사상가인 존 스튜어트 밀의 후계자인 헨리 포셋의 책으로 자유주의 정치경제
   를 논하고 있다. 원제목은 *Manual of Political Economy*(1863)이다.

4) 서양의 근대국제법에 관한 책으로 1864년 중국에서 번역된 이후 19세기 중국, 일본, 조선
   에 큰 영향을 미쳤다. 원제목은 *Elements of International Law*(1836)다.

5) 조선이 중국(청)에 조공을 바치지만 속국은 아니라는 것을 근대 국제법이론을 이용하여 논
   하고 있다. 원제목은 *China and Corea*(1888)다.

6) 서양문명을 광범위하게 소개한 책으로 일본국민을 근대화에 동참하게 하는 큰 역할을 하였
   다. 1866부터 1871년까지 3부작으로 발간되었다.

무사상가들의 책 등을 인용하고 있다. 유길준 스스로도 여러 전문 서적을 참고 하여 "집술(輯述)한 것"이라고 밝히고 있다. 그 내용은 세계 지리, 국제법, 인권, 정치, 경제, 교육, 군사, 학문 등 문물제도 전반에 걸쳐 있다.

『서유견문』이 특별히 주목받는 이유는 사실 그 저술 및 출판 시점에 있다. 유길준이 일본 유학 중인 1882년부터 구상되었으며 1889년에 대체적인 내용이 완성되었고 1895년 일본에서 마침내 출판되었다. 일본에 유학 중 유길준은 일본이 근래 갑자기 조선보다 부강하게 된 이유가 다름 아니라 "그 제도나 법규가 서양을 모방한 것이 십중팔구이며 그 장점을 취한 것"이라는 결론에 도달한다. 마침 1882년에 조선은 미국, 영국 등 서양과 조약을 맺기 시작했는데 "그 나라들과 수교하면서 그들을 알지 못해서는 안된다"고 생각하여 집필을 구상했음을 밝히고 있다. 특히 당시 일본에서는 후쿠자와 유키치의 『서양사정』이 베스트셀러가 되어 국민들이 근대적 개혁에 동참하는 데 큰 자극을 주고 있다는 사실도 그와 같은 책을 써야겠다고 결심한 한 요인이 되었을 것이다. 말하자면, 조선을 부강하게 하기 위한 목적에서 서양의 부강요인을 탐구한 책이 바로 『서유견문』이라고 할 수 있다. '그 곳' 서양의 문물제도를 연구하여 정작 '이 곳' 조선의 개혁방향을 제시하고자 한 것이다.

본격적인 저술은 미국유학을 마치고 귀국하여 연금되어 있는 기간 중에 이루어졌지만 출판은 1895년 갑오개혁 기간 중에 이루어졌다. 1894년부터 1896년까지 추진된 갑오개혁에서 유길준은 군국기무처 의원, 내각총서, 내부대신 등의 요직에 있으면서 한국 최대의 근대적 개혁을 주도하였다. 오랫동안 구상해 온 개혁을 실천할 기회를 얻은 것이다. 갑오개혁은 주지하듯이 일본의 무력에 의지한 것이었기 때문에 그 불가피성을 이론적, 논리적으로 주장할 필요가 있었다. 또한 조선이 총체적으로 근대적 개혁을 추진해야 하는 이유를 밝히고 국민들을 설득해야 할 필요가 있었다. 그래서 오래 전에 이미 탈고한 원고에 「개화의 등급」이라는 한 편의 글을 추가하여 출판하였다. 제14편 '개화의 등급'은 『서유견문』의 사실상 결론이라고 할 수 있으며, 그 뒤의 편은 보론으로 볼 수 있다. 그러므로 『서유견문』은 단순한 여행기가 아니라 조선의 개화와 부강을 이루기 위한 근대적 국정개혁서로서 읽혀져야 한다.

개화란 무엇이고 어떤 방식으로 할 것인가

유길준은 서양의 부강이 단지 군사력이나 경제력과 같은 물질적인 것의 발전 — 이른바 하드 파워(hard power) — 에만 있는 것이 아니라 보다 근본적으로 제도적 · 문화적인 것의 발전 — 소프트 파워(soft power) — 에 있다는 것을 깨달았다. 물질적, 제도적, 문화적 발전의 총체를 유길준은 '개화'라는 개념으로 정의하였다. 즉, 그는 『서유견문』을 통해 개화의 개념과 내용 그리고 그 방법론을 제시하고자 했던 것이다. 따라서 이 책의 핵심어는 바로 '개화'라고 할 수 있다.

개화의 내용은 이 책 전반에 걸쳐 서술하고 있지만 개화의 개념과 방법론은 제14편 「개화의 등급」에서 집중적으로 논하고 있다.

개화란 인간세상의 모든 사물이 지극히 선하고도 아름다운 경지에 이르는 것으로 어떤 것이 개화된 경지라고 한정할 수는 없지만, 중요한 것은 사람이 이를 목표로 하느냐 하지 않느냐에 달려 있다.

보다 구체적으로 말하면 사람의 도리를 안다면 행실이 개화된 것이고 학문을 연구하여 사물의 이치를 밝힌다면 학문이 개화된 것이며, 정치를 공명정대하게 하면 정치가 개화된 것이고 물품을 정밀하게 만들어 국민들의 후생에 이바지하면 물품이 개화된 것이다. 개화란 바로 이 여러 가지를 합한 뒤에야 다 갖추었다고 말할 수 있는데, 고금을 통틀어 개화가 지극한 경지에 이른 나라는 아직 없다고 지적한다.

하지만 현실에서 비교적 가장 개화된 나라는 있기 마련이다. 그래서 그들의 행실과 문물제도를 연구하여 그들의 장기를 취하는 것이 필요하다. 그런데 당시 비교적 개화된 나라라고 하는 서양을 그대로 모방한다고 개화가 되는 것은 아니라고 생각했다.

아! 개화하는 일은 남의 장기를 취하는 것에만 있는 것이 아니라 자신의 훌륭하고 아름다운 것을 보전하는 데에도 있다. 남의 장기를 취하려는 생각도 결국은 자신의 훌륭하고 아름다운 것을 돕기 위한 것이기 때문에, 남의 재주를 취하더라고 실용적으로 이용하기만 하면 자기의 재주가 되는 것이다. 시세와 처지를 잘 헤아려서 이해와 경중을 판단한 뒤에 앞뒤를 가려서 차례로 시행해야 한다.

그런데 조선의 현실은 어떠한가?

> 지나친 자는 아무런 분별도 없이 외국 것이라면 모두 다 좋다고 생
> 각하고 자기나라 것이라면 무엇이든지 좋지 않다고 생각한다. 모자
> 라는 자는 완고한 성품으로 외국사람이면 모두 오랑캐라 하고 외국
> 물건이면 모두 쓸데없는 물건이라 하며 자기 자신만이 천하제일이
> 라 여긴다.

유길준은 "전자는 개화당이라 하지만 사실은 개화의 죄인이며, 후자는 수구당이라 하지만 사실은 개화의 원수다"라고 하여 기존의 태도를 비판하고 있다. 개화하는 태도는 "반드시 중용을 지켜 지나친 자를 조절하고 모자라는 자를 권면하여, 남의 장기를 취하고 자기의 훌륭한 것을 지키는 것"이다. 현실적으로 서양이 개화에 가깝지만 그들을 무조건 모방하는 것이 아니라 시세와 처지에 순응하여 주체적인 개혁을 추진해야 함을 역설하고 있다. 그에게 개화, 즉 근대화는 서구화와 동일한 것이 아니었다. 여기에 바로 『서유견문』의 개화론의 특징이 있다.

그렇다면 어떤 방식으로 개화를 추진할 것인가? 그의 말을 더 들어 보자.

> 개화하는 일을 주장하고 힘써서 실천하는 자는 개화의 주인이요, 개
> 화하는 자를 부러워하며 배우기를 기뻐하고 갖기를 좋아하는 자는
> 개화의 빈객이며, 개화하는 자를 두려워하고 미워하며 마지못해 따

구한말의 개화사상가들.
유길준을 비롯하여 서광범, 홍영식, 민영익, 김옥균 등이 함께 찍은 사진이다.

르는 자는 개화의 노예라고 할 수밖에 없다. 주인의 지위에 있지 못
할 바에야 차라리 빈객의 자리를 차지할망정 노예의 대열에 선다는
것은 옳지 못하다.

개화하는 방식에는 세 가지가 있다. 지혜로써 하는 방식과 용단(勇
斷)으로써 하는 방식, 그리고 위력(威力)으로써 하는 방법이 그것이
다. 이 중 지혜로서 하는 방법이 가장 좋고, 용단으로 하는 방법이
그 다음이며, 마지막으로 위력으로 하는 방법이 있다.

그럼, 조선은 어떤 방법을 따를 것인가? 유길준은 지혜로써 하는

방법이 이상적이지만 개화에 저항하는 세력이 완강한 당시 조선의 현실로는 용단과 위력의 방법으로라도 해야 한다고 주장한다. 만일 "정부가 이와 같이 하지 않는다면 국민들은 개화의 노예가 되어서 다른 사람의 지휘를 받을 수밖에 없다"고 생각하기 때문이다. 그런 까닭에 "정부가 부득이 하여 나라를 보호하고자 하는 계교를 쓴 것"이라고 갑오정권의 현실을 옹호한다. 개혁을 하지 않을 수 없다는 현실적 절박함과 함께 이를 주체적으로 하지 못하고 외세에 의존하여 추진할 수밖에 없는 딜레마를 표현한 것이다.

무엇을 개화할 것인가

『서유견문』은 개화·부강을 위한 근대적 국정개혁서의 성격을 가지고 있다. 개화를 위해서는 우선 서양의 장점을 학습해야 하는데, 무엇보다 열린 자세가 필요하다. 열린 자세는 기존의 자폐적인 유교적 세계관을 극복하는 것에서부터 시작되어야 했다. 유교적 천하질서의 관념은 중국을 중심으로 한 정치적 질서관념으로 유교적 가치기준에 의한 '예의'를 국내 정치나 대외관계에서 실현하려 하였다. 그래서 위정척사파에서 보이는 것처럼 도래하는 서양세력을 그 자체로 보지 않고 '예의'의 관점에서 격퇴하였던 것이다.

유교적 천하질서의 관념을 해체하기 위해서는 중국이 세계의 중심이 아니라는 각성에서부터 출발하지 않을 수 없었다. 그래서 『서유견문』은 그 도입부인 제1장과 제2장에서 세계의 자연 지리를 지나치다 싶을 정도로 상세히 논하고 있다. 책의 앞부분에 세계 지리를 자세히 소개하고 있는 것은 19세기 후반 일본이나 중국에서도 보편적으로 사용한 방식인데, 이는 기존의 중국중심의 세계관, 즉 전통적인 시공관념을 깨야한다는 의도적인 편제라고 할 수 있다. 말하자면 "세계는 넓다, 중국이 세계의 중심이 아니다"는 웅변인 셈이다.

그는 또한 유교의 천하질서관념의 해체를 위해 '예의'에 관한 기존 관점의 변화를 촉구한다.

> 세상에 나라가 한 둘이 아니니 그 풍속이 같지 않은 것도 또한 자연스러운 이치이다. 우리나라의 풍속이 다른 나라에 비하여 뛰어나다고 말하는 것도 공평한 주장이 아니고, 다른 나라의 기풍이 우리나라에 비하여 낮다고 말하는 것도 망녕된 이야기다. 예절은 풍속의 습관에 따르는 것이므로 피차의 차이가 있게 마련이다.

각국의 풍습과 예절을 그 자체로 인정하는 것이야말로 당시에는 세계를 이해하는 출발이었음을 우리는 지금 알고 있다. 1870년대 초 박규수가 "세상에 예의 없는 나라가 어디 있겠는가?"라고 하면서 서양을 인정하려 했지만 크게 호응을 얻지 못한 적이 있다. 이제 『서유견문』이 그 뜻을 대중적으로 호소하고 있는 것이다.

관점의 변화는 학문에도 필요하다. 유길준은 과학적 지식과 실용적 학문이 우선되어야 한다고 주장한다. 그는 "이치를 캐지 않고 문자만 숭상하여 청춘부터 백발이 다 되도록 시와 문장공부만 혼자 즐기되 그 학업을 이용하고 후생하는 방법을 강구하지 못하는 학문은 허명(虛名)"이라고 비판하였다. 세계 지리편에서 태양과 각 유성의 크기, 거리뿐만 아니라 지구설, 지동설, 천둥 번개 지진의 원리를 구체적인 숫자와 과학적 원리를 동원하여 설명하는 것이나 내용의 서술방식에 있어서 분석과 분류, 수량화와 도표화를 시도한 것도 그러한 관점의 표현이라고 볼 수 있다.

제1, 2편이 서론이라면 본론은 제3편부터라고 할 수 있다. 제3편의 전반부 '국가의 권리'에서는 국제 정치 질서의 변화와 그에 따른 국권보전 방안을 논하고 있는데 이 역시 주목할 필요가 있다. 유길준의 문제의식과 접근방식이 변화하는 국제환경에서 국가의 생존과 독립보전방안에서 출발하고 있음을 보여주기 때문이다. 당시 조선은 중국과 전통적인 상하관계에 있으면서 일본 및 서양과는 평등한 관계를 유지하는 이중적인 상황에 처해 있었다. 당시 조선은 중화적 국제질서에서 근대 만국공법, 즉 국제법의 질서로 이행하는 시기였다. 그러나 중국은 조선에 원세개를 파견하여 조선의 국내외 정치를 직접 간섭하면서 속국처럼 대했다. 유길준은 당시 조선이 처한 이중적 국제질서를 '양절체제'로 개념화하는 한편, 최신의 서양 국제법 이론을 참고하여 조선의 자주독립 논리를 제시했다.

'근대'라는 시대적 조건에 적응하고 생존하기 위해서는 현실적인 국제관계를 잘 처리하는 문제를 넘어, 근본적으로 근대적 가치를 잘 이해하고 수용할 필요가 있었다. 유길준이 이해한 근대의 문명사회는 자유롭고 평등한 인민이 합리적인 상호경쟁을 통하여 이익과 행복을 추구하며 정치는 법률로서 이를 보호하는 사회였다. 문명사회의 작동원리이자 근대적 가치를 '경쟁'과 이를 통한 '진보'라고 보았다. 그래서 일본유학을 마치고 귀국한 즉시 쓴 글이 「경쟁론」(1883)이며, 이를 수정·보완하여 『서유견문』 제4편에 '인간세상의 경쟁'이라는 제목으로 편입했다. 즉, 경쟁을 통해 진보를 이루고 궁극적으로 부강을 달성할 수 있다고 생각했다. 경쟁과 진보는 기존의 관념과는 다른 것이다. 신분에 따른 사회적 역할이 정해져 있는 봉건사회에서 경쟁은 불온한 것이거나 제한적인 것이다. 유교적 세계관에서는 본래 당우삼대(唐虞三代)[7]를 역사적 이상으로 설정하고 그 시대를 재현하고자 하는 상고주의적 경향을 지니고 있기 때문에 진보라는 관념 역시 존재하지 않았다. 하지만, 『서유견문』에서는 이러한 관념 자체를 전복시키고 있다.

> 연대가 내려올수록 사람들이 개화하는 방법은 전진을 거듭하고 있다. 어떤 사람들이 후세 사람들은 옛날 사람에게 미치지 못한다고 말했지만, 이는 사리에 맞지 않는 이론이다. 사람의 지식이란 해를 거듭할수록 신기하고도 신묘한 것이 쏟아져 나오게 마련이다. …
> 고금의 인간사를 살펴보면 나날이 달라지고 다달이 새로워지는 모든 변화가 실상은 모두 경쟁이라는 한 가지 길에 따라 드나들었음을 알 수 있다. 한 나라의 부강은 그 나라 국민들이 이러한 길을 얼마나 잘 닦아 나아가느냐 하는 데 달려 있다. 각기 종사하는 일에 힘을 다하여 남에게 미치지 못할까 걱정한다면, 자연히 경쟁하는 습관이 생겨서 훌륭하고도 아름다운 경지에 나아갈 수 있게 된다.

---

7) 중국의 요순시대와 하나라와 은나라, 주나라의 삼대를 합해서 이르는 말이다.

즉, 개화의 경지는 경쟁을 통해 이룰 수 있다는 것이다. 하지만, 절대적인 경쟁을 옹호하는 것은 아니다. 경쟁은 "다투는 분쟁이 아니라 세계공동의 이익을 향하여 서로서로 도와 훌륭한 곳으로 나아가는 뜻"이라 하여 경쟁 대신 '경려(競勵)'라는 말을 쓰고 있다. 그리고 "경려하는 방법을 선용하면 인간사회에 큰 행복을 이룰 것이며, 경려하는 방법을 오용하면 인간사회에 큰 재앙을 빚을 것"이라고 경고한다.

『서유견문』은 제4편 '인민의 권리'에서 부터 제14편 '상인의 대도'까지는 부강해지기 위한 조건으로 정치, 경제, 교육, 군사 등 국정 전반에 대한 개혁의 내용을 논하고 있으며, 서양이 동양보다 백배나 부강한 이유는 바로 정치체제의 차이에 있다고 분석한다. 서양의 정치제제의 요점은 바로 국민 개개인의 권리가 잘 지켜지고, 이를 바탕으로 국가의 권리가 보존되는 것이라고 이해한 것이다. 그래서 전통 정치체제가 '인민의 권리'를 보장하고 이를 통해 국민이 '국가의 권리'를 귀중하게 여길 수 있는 새로운 정치체제로 변혁되어야 하는데, 그것은 곧 법치국가라고 주장한다. 인민의 권리는 전통적인 민본위민책으로는 보장될 수 없기 때문에 법치에 의해 제도적으로 보장되어야 한다는 것이다. 한편, 전통의 유교적 정치체제로부터 근대적 국민국가체제로의 변혁은 내부적으로 그 구성원인 '백성(民)'을 근대적인 '국민' 또는 '시민'으로 전환하는 '국민형성'의 문제가 대두된다. 국민형성은 국민으로서의 단일한 정체성과 애국심을 가는 것을 의미한다. 『서유견문』은 국민형성을 위한 교육에 큰 비중을 두고 서술하고 있다. 그가 말년에 저작한 한국 최초의 문법책『대한문전』도 국어의 정비를 통한 국민형성의 의지에 다름 아니다.

세계화시대에『서유견문』을 다시 읽는 이유

19세기 말 조선이 '개화'라는 시대적 과제에 어떻게 대응할 것인지 부심했다면, 21세기 한국은 '세계화'라는 시대적 과제에 부심하고 있다. 세계화는 전면 배제의 대상도 아니고 전면 수용의 대상도 아니며, 단지 우리의 '시세와 처지'에 맞는 세계화의 대응전략이 절실할 따름이다. 세계화는 우리 자신의 개체성과 고유성을 새로운 세계 무대에 전향적으로 적응시키고 조화시키면서 추진해야 할 대상이다. 여기에는 분명한 방향설정과 치밀한 전략이 필요하다. 그 방향은 자기정체성과 보편성의 동시적인 확보로 요약될 수 있다.『서유견문』은 서양문명의 도전에 대응하면서 주체적인 근대화의 가능성을 보여주었다. '세계화의 죄인', '세계화의 원수', '세계화의 병신'이 아니라 지혜로써 세계화에 대응하는 '세계화의 주인'이 되기 위해서『서유견문』은 오늘의 눈으로 다시 읽힐 필요가 있다.

더 생각해볼 문제들

1. 개화, 근대화, 세계화는 일차적으로 인류의 공간적 확장과 시간적 동일화라는 시공간의 변화에 의해 촉발되었다. 하지만 그것이 이데올로기나 정책의 목표로서 형성되고 추진되는 데는 정치 권력이 깊이 개입되어 있다. 개화가 문명/야만 이데올로기에 의해, 근대화가 전통/근대, 또는 선진/후진 이데올로기에 의해 추진되었다면, 세계화는 어떠한가? 각각은 누가 어떤 방식으로

주도하고 있는가? 19세기의 '개화'와 20세기의 '근대화' 그리고 21세기의 '세계화'는 어떤 관계가 있는가?

2. 외세는 배척의 대상인가, 활용의 대상인가? 근대화의 문턱에서 겪은 갑오경장은 어떤 의미가 있는가? 세계화의 문턱에서 겪은 IMF 구제금융은 어떤 의미가 있는가? 외세에 압도당하지 않고 지혜롭게 활용하기 위한 방법은 무엇인가? 개혁과 외세활용의 관계를 갑오경장과 IMF 구제금융의 경험을 사례로 생각해보자.

3. '세계화의 죄인', '세계화의 원수', '세계화의 병신', '세계화의 빈객', '세계화의 노예'가 되지 않고 '세계화의 주인'이 되기 위해서는 어떻게 해야 할 것인가?

추천할 만한 텍스트

『서유견문 ─ 조선 지식인 유길준, 서양을 번역하다』, 유길준 지음, 허경진 옮김, 서해문집, 2004.

정용화(鄭容和)

연세대학교 국학연구원 연구교수.
서울대학교 외교학과를 졸업하고 동 대학원에서 석사 및 박사 학위를 취득했다. 하버드 대학교 옌칭연구소 초빙연구원, 고려대학교 아세아문제연구소 박사후연수, 한국정신문화연구원 초빙연구원, 북경대학교 연구학자 등으로 공부했다.
저서로 『문명의 정치사상: 유길준과 근대한국』이 있으며 논문으로는 「한국인의 근대적 자아형성과 오리엔탈리즘」, 「주변에서 본 조공체제」 등이 있다. 최근에는 『중화사상의 근대적 변용: 한 중 일 비교』라는 주제로 두 번째 저서를 준비하고 있다.

V

오래된
지혜,
불교와
유교

이 『대승기신론』은 세우지 않는 것이 없으며

깨뜨리지 않는 것이 없다.

지혜롭기도 하고 어질기도 하며, 깊기도 하고 넓기도 하여

세우지 않는 바가 없으면서 스스로 버리고 비판하여

깨뜨리지 않는 바가 없으면서도 인정하는 것이 있다.

인정한다는 것은 끝까지 나아가 다시 세우는 것을 말하며,

스스로 버린다는 것은 내주는 것을 다한 후 다시 빼앗는 것을 말한다.

이 논을 일러 모든 논의 조종(祖宗)이며

모든 쟁론을 평정시키는 주인이라고 말한다.

— 『대승기신론별기(大乘起信論別記)』에서

원효 (617~686)

7세기 중반 신라시대에 살았던 불교 승려로서, 한국의 대표적 철학자이며 실천 수행가이다. 그는 방대한 양의 저술을 남겨서, 80여 종의 책을 저술하였다고 알려져 있으며 그 중 21종이 현존한다.

그의 저술들은 두 가지 종류로 나눌 수 있는데, 당시의 중요한 불교 경전과 문헌들에 대해 해석한 주석류와 자신의 사상을 독자적으로 서술해 놓은 책들이 그것이다. 원효는 당시의 불교사상에 대해 고도의 독창적 해석을 내리고 있으며, 탁월한 논리성과 유려하고 힘 있는 문장력으로 자신의 이론을 전개하여 한국뿐만 아니라 동아시아 불교의 발전에 큰 기여를 하였다. 승려로서 학문적으로 뛰어난 사람들을 학승이라고 부르는데, 그는 동아시아의 최고의 학승 중의 한사람으로 꼽힌다.

01

한없이 크고 넓은 마음과 깨달음의 세계
원효(元曉)의
『대승기신론소(大乘起信論疏)』와
『대승기신론별기(大乘起信論別記)』

조은수 | 서울대학교 철학과 교수

『대승기신론』이란?

『대승기신론(大乘起信論)』은 2세기 경에 활약했다고 하는 마명(馬鳴)이라는 인도 승려에 의해서 씌어지고, 중국에서 번역되어 동아시아 전역으로 유포되었다고 알려지고 있으나 산스크리트어 원본이 발견되지 않고 그 책속에 나타나는 사상 경향을 보아서 인도에서 씌어진 것이 아니라는 학설도 있다. 『대승기신론』은 6세기에 중국에 소개된 이래 동아시아 불교의 사상적 발전과 전개에 커다란 영향을 미친 중요한 문헌이다.

원효(元曉)는『대승기신론』— 보통『기신론』이라고 함 — 에 두 번 주석을 썼는데,『대승기신론별기(大乘起信論別記)』와『대승기신론소(大乘起信論疏)』가 그것이다.『대승기신론소』속에는『별기』에 나오는 어구들이 나오는 것으로 보아,『별기』를 먼저 쓰고, 나중에『대승기신론소』를 쓴 것으로 추정된다. 원효 이외에도 수많은 학승들이『대승기신론』에 주석을 썼으나 그중 원효의 주석이 유명하며, 중국의 불교이론의 대가인 법장(法藏)이 쓴『대승기신론의기(大乘起信論義記)』는 원효의『대승기신론소』와『별기』의 이론에 의존하고 있음이 잘 알려져 있다.

동양의 사상 전통과 주석의 역할

여기서 동양의 사상 전통에서 주석의 의미는 무엇이며, 왜 동양의 사상가들은 자신의 글과 창의적인 생각을 옮기지 않고 다른 사람의 글에 대한 주석서만 많이 썼던 것인지에 대한 의문을 가져볼 수 있겠다. 주석은 다른 사람의 사상에 대한 해석을 통하여 자신의 사상을 드러냄과 동시에, 이전부터 오랜 역사를 통해 내려오는 거대한 사상적 전통에 참여하는 특이한 학문 방법론이다. 보편적인 담론에 참여하면서 동시에 각자의 사상적 특수성을 드러내는 것이다. 인도 학자들이『우파니샤드』나 다른 철학적 문헌에 자신의 생각을 보태어 주석을 썼던 것처럼 동아시아에서도 많은 학자들이 유교와 불교 그리고 도교의 고전적 문헌에 주석을 썼으며, 이러한 거대한 문헌 군들이 축적되어 한문 문화권의 거대한 지식 담론 체계가 이루어졌다고 할 수 있다.

마음의 두가지 측면

『대승기신론소』와 『대승기신론별기』에는 불교의 여러 관심 주제들이 등장하고 있지만, 그중 일관되게 등장하는 논의는 심(心)과 법(法)[1], 즉 인식과 그 대상 사이의 관계에 대한 것이다. 불교는 깨달음을 얻기 위한 종교이고, 깨달음이란 세계와 존재에 대한 새로운 인식을 통해 얻어지므로, 이는 불교에서 매우 중요한 주제다. 석가모니 부처 이래로 현상세계와 존재의 본성에 대한 깊은 고찰, 이러한 통찰을 통해서 세계와 자신의 인생에 대해 새로운 시각을 가질 것이 권장되어 왔다. 불교에서 마음의 작용과 기능에 대해 유난히 주의를 기울이고 많은 문헌 속에서 마음을 분석하고 설명하는 것은 깨달음을 강조하기 위한 것이다. 깨달음은 마음의 전환, 곧 인식의 전환을 통해 얻어진다고 하기 때문이다.

『대승기신론』은 이 마음을 특별히 '일심(一心)'이라는 이름으로 부르고 이 일심을 두 가지 측면에서 고찰하고 있다. 한 가지는 마음을 진여(眞如)[2]의 측면에서 이해한 것으로, 마음의 본래의 모습은 일어나는 것도 없고 스러지는 것도 없으며 본래부터 고요한 것이라고 하고 이러한 측면에서 마음을 고찰하는 것을 심진여문(心眞如門)이라고 한다. 그러나 마음은 무명이라는 조건 때문에 대상세계의 모습에 휘둘리고, 끊임없이 일어나 흔들리고 있는 것이 현실적

---

1) 여기서 법(法)이란 현상, 존재 요소 등을 뜻한다.
2) 사물의 있는 그대로의 모습을 뜻하는 말로, 진리를 일컫는다.

인 마음의 모습이다. 이것을 심생멸문(心生滅門)이라고 한다. 마음을 이와 같이 두 가지 측면에서 고찰하는 것은, 대상세계라는 것은 인식의 대상으로서만 존재하는 것이라는 전제를 깔고 있다. 따라서 대상세계는 그 자체가 실체가 있는 것이 아니라 그것을 인식하고 나름대로 판단하는 마음에 의해서 나타나는 것으로, 모든 존재를 마음으로 귀속시키고 있다.

마음과 깨달음과의 관계 : 본각과 불각

『대승기신론』에서 보는 인간의 삶의 특징은, 우리의 마음이란 원래 그 본성이 청정한 것인데 인간의 한계이자 실존적 조건인 무지와 어리석음 때문에 마음이 미혹하게 되어 번뇌가 생기고 현실적인 인간 존재로 살아간다는 것이다. 이것을 본문에서는, "이 마음의 본체는 본각(本覺)인데 무명(無明)에 따라서 움직여 생멸(生滅)을 일으킨다"는 것이다. 본각이란 '본래 깨닫고 있음' 또는 '본디부터 있는 깨달음'이라는 뜻이다. 초기 불교에서는 이것을 '자성청정심(自性淸淨心)'이라 불렀는데, 인도 불교가 발전되어 나타난 형태인 대승 불교에서는 '불성(不成)'이라 하고 중국에 와서 새로이 나타난 선 불교에서는 이것을 '본래면목(本來面目)'이라고 부르기도 한다. 무명이란 명(明), 즉 지혜의 결여를 말한다. 이러한 무명이 원인이 되어 미혹한 마음이 전개된다고 한다.

그러나 이 무명의 근거가 무엇인가 하는 질문에 대해 『대승기신론』에서는 무시무명(無始無明)이라는 표현을 쓴다. 즉, 시작이 없는 무명이란 뜻이며, 무명의 시원을 알 수 없다는 것이다. 이것을 또한 홀연염기(忽然念起) — 홀연히 마음이 일어난다는 말 — 라는 표현을 쓰기도 한다. 원효는『대승기신론소』에서 "홀연이란 그 시원을 포착할 수 없다는 것을 나타내며, 무명이 일어나는 시간적인 표현이 아니라 무명이 일어나는 모습이 그렇다는 것을 형용한다"고 설명한다. 즉, 무명이란 어떤 실체가 있는 것이 아니라 계속 이어지는 근원적인 무지, 또는 깨달음의 결여를 의미하는 것이다. 이렇게 깨달음에서 벗어난 상태를 불각(不覺)이라고 규정한다.

인간의 근원적 무지라는 것은 중대한 철학적 함의를 가지는 것으로서 서양 신학의 중요한 테마인, 악의 존재에 대한 논의인 신정론과 비교해 볼 수 있다. 신정론은 "이 세상이 신에 의해 창조된 것이면 악은 왜 존재하는가?" 하는 물음에 대한 신학적, 철학적 논변들을 일컫는다.『대승기신론』의 입장은, 무명에 의해서 인간 존재는 불각의 상태 속에 있지만, 이러한 불각의 상태는 실체성을 가지는 것이 아니라고 한다. 불교에서는 악이라는 말을 쓰지 않고 주로 불선(不善)이라는 말로 표현한다. 하여간 세상의 여러 가지 부조리와 악은 각 개인들의 삶이 깨달음에서 이탈해 있는 불각의 상태에서 비롯된 것으로 치환할 수 있으며, 궁극적으로 악의 실체성 내지 존재성 자체를 인정하지 않는 태도를 취한다고 할 수 있다.

그런데 여기서 원효는 불각과 본각(本覺)을 대조하는 것에서 한 단계 더 나아가 오히려 불각과 본각이 실은 서로 다른 것이 아니라고 한다. 또한 그는 이것을 저 유명한 바다와 바람, 파도의 비유를 들어 설명하고 있다. 인간의 인식과 일상 경험들은 불각의 모습을 띠고 있지만, 이러한 모습이 인간이 본래 가지고 있는 깨달음의 모습과 떨어져 있는 것은 아니라는 것이다. 마치 넓은 바다에 바람이 불어 파도가 일어나는 것과 같이 바닷물과 파도는 서로 분리된 별개의 것이 아님과 같다고 한다. 여기서 '넓은 바다'는 '본각의 마음'이고 '바람'은 '무명'을 뜻하며 '파도'는 불각의 모습을 지칭한다. 그런데 바닷물 자체가 움직이는 성질을 갖는 것은 아니므로 만약 바람만 그친다면 파도는 저절로 스러질 것이다. 그렇지만 파도가 스러진다고 해서 바닷물의 고유한 성질, 즉 물이라는 성질이 없어지는 것은 아니다. 다시 말하면 불각의 모습은 본각의 마음에서 연유하는 것이므로 무명의 바람이 그친다면, 즉 무지에서 벗어난다면 본각은 그대로 드러나게 된다. 본각은 본래부터 그대로 언제나 존재해 온 것일 따름이다. 불각이란 무명에서 비롯된 비본래적인 모습이며 따라서 무명이 제거된다면 불각은 자연히 그 근거를 상실하고 진여로서의 본각으로 되돌아가게 된다는 것이다.

수행의 필요성

그러나 『대승기신론』은 마냥 장밋빛으로, 인간의 현실이 그대로 열반이고, 우리 인간의 모습이 부처의 모습이라 하지는 않는다. 인간의 마음에는 본시 부처와 동등한 깨달음이 갖추어져 있으나 무지에 의해 깨달음의 지혜에서 벗어나 현상적인 마음의 모습으로 나타나 있으며, 그 무지에서 벗어나는 데는 실천의 과정이 요구된다고 설명한다. 이것을 시각(始覺), 즉 번뇌가 제거되면서 점점 나타나는 깨달음의 지혜라고 한다. 수행에 의해서 깨달음의 지혜가 최초로 열린다는 것이다. 원효는 이렇게 말한다.

이 마음의 본체가 무명이라는 조건을 따라 움직여서 잘못된 생각을 일으킨다. 그러나 본각의 마음에는 자신을 훈습(薰習) — 이전의 행위의 경향성이 남아서 미래의 행위에 영향을 주는 것, 마치 향내가 옷에 배는 것과 같다 — 시키는 힘이 있어서 점점 깨달음의 작용이 나타나게 되고, 이 작용이 구극에 이르면 본각으로 돌아가 일치하게 되니 이것을 시각이라고 한다.

본각 자체에 내재해 있는 회복력에 의해 불각에서 본각으로 돌아가게 되며 이것을 바로 시각이라고 한다. 즉, 시각을 통해 인간의 현실인 존재의 미혹한 모습을 떨쳐 버릴 수 있는 역동적인 계기가 마련된다. 본각에 의해 관념론적 낙관론을 극복할 수 있는 근거가 성립하는 것이다. 구체적으로 그러한 수행의 방법으로는, 마음이 움직이는 네 가지 단계, 즉 마음이 일어나고, 머무르고, 변하고, 스러지는 과정을 역으로 거슬러서 각각을 관찰하여 망념이 실재하는 것이 아님을 깨닫도록 한다. 이리하여 최종적으로 무명에 의해서 마음이 최초로 움직이는 순간에 집중하여, 무명은 실재하는 것이 아니고 존재의 참모습, 즉 진여에 대한 무지에 다름 아니라는 것을 깨닫게 되는데 이것을 구경각(究竟覺)이라고 한다. 이 단계에서 시각은 자연히 본각과 합치되고 마음은 그 원천으로 돌아오게 되어 본래의 모습을 회복한다. 시각의 과정은 본각을 회복하는 과정이며, 번뇌가 헛되이 나타나는 모습을 파악하는 것이다. 올바른 인식이 곧 번뇌를 제거하는 것에 다름 아니며, 그것이 곧 깨달음이다.

여기서 원효의 논리 전개 스타일을 소개할 겸하여 본각과 시각의 개념적 차이에 관련한 논변을 살펴보자. 그는, 본각이 있다면, 즉 이미 중생이 깨달아 있다면 시각이라는 것은 필요 없는 일 아닌가 하고 스스로에게 질문한다.

> 묻기를, ⓐ 심체(心體) ─ 마음의 본체 ─ 에 불각이 없는 것을 본각이라고 하느냐, ⓑ 아니면 심체에 각(覺)이 비추는 작용이 있는 것을 본각이라 하느냐?

이렇게 제시한 문제점에 이어 원효는 다음의 비유를 든다.

> ⓐ 만일 잠자고 있다가 깨어나는 것을 각(覺)이라고 한다면, 시각에는 각이 있고, 본각에는 각이 없다. ⓑ 만약 본래 깨어있는 상태를 각이라고 한다면, 본각은 각이고 시각은 각이 아니다. 마치 ⓐ 앞에 존재하던 것이 뒤에 없어지는 것을 단(斷)이라고 한다면 시각에는 단이 있는 것이고 본각에는 단이 없다. ⓑ 본래 번뇌로부터 떠나 있는 것을 단이라고 한다면, 본각은 단이고 시각은 단이 아니다. 결국, ⓐ 본래 끊어져 있기 때문에 본래부터 범부(凡夫) ─ 깨닫지 못한 일반인 ─ 란 없다. 모든 중생이 본래부터 열반과 진리의 세계에 상주한다고 하는 것과 같은 이치다. ⓑ 그러나 비록 본각이 있어서 본래 범부란 없는 것이라고 하나 아직 시각이 나타나기 전에는 본래부터 범부란 존재한다.

이와 같이 원효는 각각의 사고가 가지는 논리적 모순을 예리하게 지적한다. 결론적으로 그는, 본각과 시각이란 개념 모두가 이론적으로나 실천적으로 필요한 개념임을 장엄하게 선언한다.

> 만약 네가 본각이 있기 때문에 본래 범부란 존재치 않는다고 한다면, 결국 시각이 열리지 않고 깨달음도 없을테니 범부가 존재한다고 말할 수 있겠는가? 또한 결국 시각이 없다면 곧 본각도 드러나지 않게 되니 어떠한 본각에 의거해서 범부가 없다고 말할 수 있겠는가?

즉, 본각은 마음에 본래 존재하는 깨달음 또는 그 지혜를 나타내 보이는 데 반해 시각은 그 깨달음의 과정을 강조하고 있다는 데 차이가 있다. 따라서 본각과 시각은 관점의 차이일 뿐 동일한 각이다. 깨달음 그 자체를, 부처와 범부를 망라하는 본래적인 모습으로 파악하는 관점과, 그리고 수행에 의해 실현되어진 것으로 파악하는 관점의 차이인 것이다.

이것이 바로 원효가 의도하는 두 가지 상반된 개념들 사이의 상호의존성일 것이다. 본각과 시각이 상호 의존하는 것도 마찬가지다. 본각은 만일 그것이 시각에 의해 드러나지 않는다면 증명될 수 없는 것이고, 시각은 본각이라는 것이 없다면 시작될 수 없는 것이다. 원효는 이러한 두 개념간의 차이를 선언하고 그 두 개념 사이의 화해를 시도하고 있다. 존재와 인식을 두 가지 레벨에서, 즉 드러나는 것과 이미 드러나 있는 것으로 설명한 후 그것들을 서로 일치시킨다든지, 또는 본각과 시각을 서로의 관계 속에서 대조한 후 본각이 곧 시각이라고 통합하는 것은 원효의 교학에서 독특하게 나타나

원효 동상. 서울 용산의 효창공원 내에 있다.

는 논리 패턴이다. 이것은 이후 동아시아 불교에 있어서 하나의 범형으로 자리잡게 된다.

진리 인식에 대한 언어의 역할과 한계

현상세계에 대한 인식과 존재에 대한 고찰은 언어에 대한 태도를 결정하기를 요구한다. 초기 불교 경전에서부터 이미 언어 사용은 그 언어에 대응하는 불변의 실재를 가정하게 만든다는 점을 들어 그 한계를 지적하는 구절들이 많이 나왔다. 그러나 그와 동시에 깨달음을 얻기 위해서는 언어를 사용하여 사물에 대한 정확한 인식과 세계에 대한 합리적 이해를 가져야 한다는 점도 강조해왔다.

원효 역시도 언어는 임시적인 방편일 뿐이며 그것을 통해서는 실체나 진리를 얻을 수 없다고 하여 언어의 한계를 적극적이고 강력하게 설파했다. 반면에 그러한 한계에도 불구하고 언어를 통해서만 진리를 드러내고 전할 수 있다고 하여 언어의 효용 또한 강조했다.

> 진여(眞如)는 평등하며 언어를 떠나 있다고 하는 이유는 모든 언어와 말은 오직 임시로 지은 이름 — 가명(假名) — 에 불과하기 때문이다. 언어와 개념화는 잘못된 생각, 즉 망념에 따라 생긴 것이므로 참된 지혜의 입장에서 볼 때 버리지 않을 수 없다.

그러나 또한 "말에 의하여 말을 버리는 것은 마치 소리로써 소리를 그치게 하는 것과 같다"고 하면서 언어와 말이 임시적으로 사용하는 도구적인 것, 즉 가명(假名)일 수밖에 없지만, 그래도 언어가 필요한 것은 말로써 말의 잘못을 바로잡기 위함이라는 것이다. 따라서 희론(戱論)으로 희론을 멸한다고 한다. 즉 논리를 위한 논리, 이론을 위한 이론인 희론을 써서 다른 이론들을 격파하고 말을 그치게 하는 것이다. 위에서와 같이 언어의 기능성과 효용성은 인정하지만, 언어가 존재의 참 모습을 그릴 수 있다는 것은 부정한다.

더 생각해볼 문제들

1. 인간이 가진 악의 존재를, 그 실체성을 인정치 않고 본래적인 것이 아닌 것으로 설명하는 『대승기신론』은 사회의 여러 문제들을 설명하는 데 있어서 어떤 장점을 가지고 있는지, 또 어떤 난점을 내포하는지 생각해 보자.

2. 무명이란 실체가 없는 것이고 인간에게는 본래부터 깨달음, 즉 본각이 있다고 한다면 깨달은 사람을 가리키는 부처와 우리 자신이 바로 이 순간 동등하다고 보아야 할 것인가? 아니면 만일 차이가 있다면 어떤 점이 다른 것인가?

3. 동아시아의 전통적 학문 방법론인 주석학의 전통은 새로운 학문을 창출하고 이론적 성과를 이루어 나가는 데 어떠한 장점과 한계점을 가지는가?

4. 진리는 언어에 의해 드러날 수 없고 존재의 참모습은 말이나 글로 표현될 수 없다면 '절대적인 진리', 즉 불교에서 말하는 '진여'를 파악할 수 있는 길은 영원히 차단되는 것인가? 또는 존재에 대한 어떠한 논설도 불가능한 것인가?

추천할 만한 텍스트

『대승기신론소』·『별기』, 원효 지음, 은정희 역주, 일지사, 2002.

조은수(趙恩秀)

서울대학교 철학과 교수.

서울대학교 철학과 대학원에서 석사, 미국 버클리 대학교에서 박사 학위를 취득했으며, 미국 미시간대학교의 조교수를 역임했다. 전공은 불교철학이다.

『직지심경』을 영역(John Jorgensen과 공역)한 *Jikji: The Essential Passages Directly Pointing at the Essence of the Mind*가 있고, "Wonch 'uk' s Place in the East Asian Buddhist Tradition", 「'통불교' 담론을 통해 본 한국 불교사 인식」 등 다수의 논문이 있다.

슬프다, 사람들이 오랫동안 헤매어왔다. 제 마음이 바로 부처인 줄 모르고, 자기 존재[自性]가 바로 진리[法]인 줄 모르고…. 진리를 구한다면서 여러 성현들에게 맡겨두고, 부처가 되고 싶다면서 제 마음을 관(觀)하지 않는다. "내 마음 바깥에 부처가 있고, 내 존재 바깥에 진리가 있다"면서, 이 고집에 의거해 불도(佛道)를 구하는 자는 억겁동안 몸을 불사르고, 골수를 두드리고, 피를 찔러 경전을 베끼고, 장좌불와(長坐不臥)에 하루 한 끼 먹으면서 팔만의 장경을 달달 외우고 온갖 고행을 감당하더라도 그것은 모래를 쪄서 밥을 짓는 일이니, 정작 수고스럽기만 할 뿐이다. 다만 "단식자심(但識自心), 네 마음 하나를 이해하라!" 그때 저 수많은 가르침과 불교의 오묘한 뜻이 저절로 환해질 것이다. 세존께서도 말씀한 바 있다. "저들 모든 중생들을 보아하니, 각자 여래의 지혜와 힘을 갖고 있구나"라고.

— 『수심결(修心訣)』 중에서

지눌 (1158∼1210)

한국 선(禪)의 창시자이며 속성은 정(鄭)씨다. 고려 황해도 서흥군 동주 출생으로 국자감 학정을 지낸 지식인 집안에서 자랐다. 1182년, 승과에 응시하여 출가했으며, 개경 보제사(普濟寺)의 담선법회(談禪法會)에서 진정한 불도를 완성하자는 결사(結社) 운동을 제창했다. 홀로 전남 담양의 청원사(淸源寺)에서 『육조단경』을 읽다가 문득 깨달은 바가 있었고, 1185년, 경상도 예천 하가산(下柯山) 보문사(普門寺)에서, 화엄경의 이치가 선의 체험과 동전의 양면임을 알고 환호했다. 늘어나는 학인들을 위해 순천 송광산의 퇴락한 절 길상사(吉祥寺)에 새 도량을 마련했다. 그곳을 오가던 길에, 지리산의 상무주암(上無住庵)에서 또 다른 차원의 선을 경험했다. "선은 절간에도 시장바닥에도 있지 않다. 일상 속에도 있지 않고, 생각으로 붙잡을 수도 없다."
수많은 속인, 관료들도 다투어 몰려들었고, 그는 『수심결』과 『진심직설』을 위시하여 여러 저술을 쏟아냈다. 1210년, 지눌은 입적했다. 일주일이나 지나도록 안색이 변하지 않았고, 수염과 머리카락은 계속 자랐다고 한다.

02

'돈오점수', 오직 너 자신을 믿어라

지눌(知訥)의 『수심결(修心訣)』

한형조 | 한국학중앙연구원 교수

자성돈교(自性頓敎)의 제창

고려시대 후기의 불교는 거의 국가종교화해 있었다. 거대한 부와
권력을 가진 사찰은 고리대금업에다 양조장까지 경영할 정도로 세
속화되어 있었다. 게다가 군사행동을 통해 권력을 직접 장악하려
나서기도 하고, 기득권을 지키려고 무신난의 주역들과 전쟁까지 불
사할 정도였다.

불교의 정신은 위태롭게 흔들렸고 진리의 등불은 시험대에 있었
다. 하여 "더 이상 구원은 없다"는 말세(末世)의 비관의식이 불교계
에 만연되었다. 지눌(知訥)은 타성화된 불교에 맞서, 수행(修行)을
통해 불교의 근본진리를 회복하는 것을 삶의 목표로 삼았고, 그 평
생의 고투가 새로운 불교 전통을 만들었다.

지눌에게는 여러 과제가 있었다. 조직이 아니라 구원을 불교의 중심으로 설정한 점에서 그는 근본주의자였다. 그는 당대에 전해진 수많은 불교의 방법적 전통과 씨름해야 했다. 크게는 둘로 갈라진다. 교(敎)와 선(禪)이 그것이다.

교는 불교가 오랫동안 축적한 경전을 중심으로 하고 있었다. 경전을 읽고 그것에 따라 살아나가면 해탈에 이를 수 있다는 것을 가르친다. 선은 그러나 이 방법이 "결코 도달하려는 목표에 이르지 못한다"면서 새롭고 혁신적 방법을 제창했다. 익히 들은 대로 선은, "교외별전(敎外別傳), 직지인심(直指人心), 견성성불(見性成佛)", 즉 "경전 밖에, 내 마음을 곧바로 파고들어가, 내 본성을 보고 마침내 부처를 이룬다"고 외쳤다. 선은 교에 대해 지리멸렬, 글자나 하세월로 파고 있다면서 한심해했으며, 교는 선을 웬 황당한 잠꼬대냐면서 비웃었다.

고려시대 후기, 의천이 천태(天台)의 교학을 축으로 선(禪)을 포섭하려는 노력을 했지만 만족한 성공을 거두지 못했고, 이 과제는 지눌의 것으로 남겨졌다. 그는 선을 축으로 하여 교학을 포섭하는 방향을 택했다. 이는 '자기 혁명'으로서의 불교였다. 그는 제도를 넘어, 의존을 넘어 스스로의 힘으로 구원에 이르는 길을 제시했다. 또한 그의 전 저작은 그가 삶을 통해 보여준, 수행의 목표와 방법에 관한 매뉴얼이라고 할 수 있다.

지눌은 한 걸음 더 나아갔다. 스스로의 힘으로 구원이 가능할 뿐만 아니라, "너는 이미 구원되어 있다"는 놀라운 주장을 폈던 것이다. 이 선언은 그의 독창이라기보다 혜능 이래 전해져온 돈교(頓

敎)의 일반적 전통이다. 지눌은 선의 길이 스스로에 대한 전폭적 믿음과 이해로부터 출발한다고 말한다. 그동안 사람들은 다른 사람들에게 빌고 구걸해왔다. 저기 저 위대한 성현(聖賢)들이 중생인 나를 용서하기를, 그리하여 서방정토로 이끌어주기를 바랐고, 혹은 위대한 경전이 있어 그것이 시키는 대로 따라하면 되는 줄로 알았다. 물론, 대체로 그것도 잘하지는 못했지만.

지눌은 인과(因果)에 대한 기대를 접으라고 했다. 인과란 인간이 받는 고통이나 환희는 그 전의 삶의 축적에서 온 결과라는 믿음, 그리고 지금 일정한 수행과 공덕을 쌓아 보다 좋은 과(果)를 얻겠다는 공리적 생각을 말한다.

"더 이상 인과는 없다"를 전형적으로 보여주는 선가의 일화가 있다. 달마가 양(梁)의 무제(武帝)를 찾았다. 중국 역사에서 보기 드문 호불(好佛)의 군주인 무제는 자신의 공덕을 서역(西域)의 달인에게 자랑하고 싶어 했다. "내가 이렇게 절간도 짓고 간경(刊經)도 펴며, 승려들을 보호·후원하고 있으니 그 공덕이 대체 얼마나 될 것이요?" 달마는 한 마디로 잘랐다. "전혀 없소." 양무제는 "아니, 나는 부처의 가르침이 공덕을 쌓아 좋은 과보를 받는 데 있다고 생각했는데 그게 아니라니, 당신이 이해하고 있는 부처의 가르침이란 것이 대체 무엇이요?" 이에 대해 달마는 "확연무성!"이라고 대답했다. 성속(聖俗)이 없으니 당연히 인과(因果)는 없다. 우리에게는 벗어나야 할 짐도, 이루어야 할 공업도 없다고 달마는 일갈했던 것이다.

궁극적 지평에서 우리는 얻는 것도, 잃는 것도 없다. 그럼, 무엇이 있는가? 지금부터 지눌의 길을 알아볼 참인데, 변죽을 울리거나 내 해석을 붙이기보다, 지눌 자신의 말을 직접 들어보는 것이 훨씬 효과적이다. 그의 글은 제목처럼 인용이나 주석보다 '핵심〔訣〕'과 요점을 직접 파고드는 간결함으로 유명하기 때문이다.

『수심결』의 내용 리뷰

『수심결(修心訣)』은 '결(訣)', 즉 '핵심'이라는 제목에 걸맞게 그리 길지 않고, 스타일 또한 소크라테스처럼 문답식으로 되어 있다. 맨 처음 제시한 것은 그 첫머리에 실린, 선(禪)의 강령에 해당하며 거기에 이어진 글은 이 강령에 놀란 사람들의 의혹과 그 해명으로 구성되어 있다.

네가 바로 부처다!

"네 마음 안에 불성이 있다!"고 하자, 질문이 쏟아졌다. "그게 어디 있습니까, 아무리 돌아보아도 없는데." 지눌은 답한다.

"네 몸에 있는데, 다만 네가 못 볼 뿐이다. 너는 하루 내내 배고프고 목마른 것을 알고 춥고 뜨거운 것을 알고, 기뻐하기도 하고 성질 내지 않느냐. 그게 바로 '그것'이다." 지눌은 여기 한 걸음 더 나갔다. "그렇다면, 당연히 너는 곧 부처다!"

왜 신통변화를 볼 수 없는가

다른 학인이 나서, 열기를 한 소큼 뺀다. "우리 각자가 부처라면, 왜 신통변화(神通變化)를 부릴 수 없는 겁니까?"

지눌은 신통변화가 수행의 일정 단계에서 일어난다는 것을 부정

高麗國普照禪師修心訣

三界熱惱猶如火宅其忍淹留甘受長苦欲免輪廻
莫若求佛若欲求佛佛即是心心何遠覓不離身中
色身是假有生有滅眞心如空不斷不變故云百骸
潰散歸火歸風一物長靈蓋天蓋地嗟夫今之人迷
來久矣不識自心是眞佛不識自性是眞法欲求法
而遠推諸聖欲求佛而不觀己心若言心外有佛性
外有法堅執此情欲求佛道者縱經塵劫燒身鍊臂
敲骨出髓刺血寫經長坐不臥一食卯齋乃至轉讀
一大藏敎修種種苦行如蒸沙作飯只益自勞爾但

지눌이 지은 『수심결(修心訣)』의 표지와 내용.

하지는 않는다. 그렇지만 그게 근본적 동기여서는 안 된다고 따끔하게 일렀다. "수행이 근본이고 신통이 말절이다." 그리고 선후로 보아서도 수행이 점점 익어서 신통이 발현할 것인데, 다짜고짜 신통만 찾고 묻느냐면서, "공부는 않고 이런 붕 뜬 생각만 하고 앉았으니, 무슨 성취를 기약하겠느냐?"고 썼다.

돈오와 점수에 대해서

지눌이 말한 '수행의 방법'에 대해 요약하면, 돈오(頓悟)와 점수(漸修), 그 두 가지를 들 수 있다. 돈오가 우선이다. 이 문을 거치지 않으면 점수는 의미가 없다. 일을 한꺼번에 마치는 사람도 있는데, 이는 극히 예외적인 사람들인데다, 그들도 아마 전생에 이미 돈오에

점수를 꽤 해온 사람들일 것이라고 한다.

돈오 후에 점수가 필요한 이유

"왜 돈오를 해 놓고도 또 점수가 필요한지요?"

"그동안 내 몸이 전부인 줄 알고, 내 온갖 망상분별이 바로 나이겠거니 하고 살아왔다. 내 존재의 근본이 바로 부처이고, 내 신비한 마음의 활동인 영지(靈知)가 바로 부처라는 것을 몰랐던 것이다. 내 마음 밖에서 부처를 찾아 헤매다가, 선지식의 지도로 내 마음의 바탕을 보았다. 거기는 번뇌도 없고 장애도 없이 모든 것을 다 갖추고 있어, 여러 부처와 한 치도 다르지 않음을 알았다. 이것이 왈, 돈오다."

그런데 왜 점수가 필요한가? "내 본 바탕이 부처와 다르지 않다는 것을 알았으나, 인류가 생긴 이래 오랜 습관의 때가 돈제(頓除), 즉 한꺼번에는 없어지지 않기 때문이다! 돈오한 깨달음에 따라 점차 닦아 나가면, 그 효과가 몸에 젖고 익숙해져 장양성태(長養聖胎), 즉 오래 성스런 태를 기르다가 마침내 성인을 이룰 것이다. 이는 어린아이가 감각기관을 태어날 때 갖추고 태어나지만, 제대로 기능을 발휘하려면 어른이 되어야 하는 것과 같다."

어떻게 해야 돈오를 할 수 있는가?

돈오부터 해야 한다는데, 대체 "일념을 돌려, 자성을 깨닫자면 무슨 수를 써야합니까?"

"네 마음이 이미 그렇다니까, 못 알아듣고선 무슨 수를 써야 하느냐고 묻느냐? 무슨 수를 쓰자고 들면 지식이 개입되고, 그럼 일은 어그러져 버린다. 비유컨대, 어떤 사람이 제 눈을 찾아 헤매는 것과 같으니, 사물이 보이는 것으로, '내 눈이 있구나'하면 되지, 다시 그 걸 찾아다닐 일이 아니지 않은가. 그러니 찾을 생각도 말고, 안 보이네 어쩌네 하는 생각도 하지 말게. 내 마음의 신령스런 작용도 이와 마찬가지라, 이미 활동하고 있는데 어디서 다시 찾을 것인가. 찾으려고 들면 못 찾을 것이고, 찾을 수 없다는 것을 알면, 바로 견성(見性)한 것이야."

너는 이미 모든 것을 알고 있다

"똑똑한 사람은 알아듣겠지만, 당최, 무슨 소린지…. 좀 알기 쉽게 말씀해 주십시오."

"도(道)는 알고 모르는 데 달려 있지 않다. 너는 제발, '나는 지금 모른다. 어떻게 해야 알 수 있을까'하는 마음부터 접고, 내 말을 새겨들어라. 네게 보이는 사물은 다들 이미지에 불과하고 너의 수많은 생각 또한 본시 신기루에 불과하다. 이렇게 안팎이 비어 있는 곳에, 신령스런 지식, 즉 영지(靈知)의 작용이 환하게 밝다! 알거라, 이것이 너의 본래면목(本來面目)이고, 아울러 삼세(三世)의 제불(諸佛)과, 역대 조사(祖師)와 천하 선지식들이 저들끼리 전해온 진리의 도장〔印〕이다. 이것을 깨달으면 사다리나 단계를 거치지 않고 곧바로 부처의 지위에 오른다. '걸음걸음이 삼계를 건너 있고, 그리운 집으로 돌아가니 모든 의심이 끊어졌네.' 그때 너는 인천(人天)의 스승이 되어 지혜와 자비의 두 날개로, 자리(自利)와 이타(利他)

를 갖추어 인천의 공양을 받을지니, 하루 만 냥의 황금을 흩어 쓸 것이다. 네가 이리 된다면 진정 대장부이니 일생 해야 할 일을 마쳤다!"

'비어 있되 신령스런 마음[空寂靈知之心]'에 대하여

"그 위대한 물건이 나한테도 있다 하시는데, 뭡니까? 그게."

"그놈, 아직도 자신을 돌아보지 않고, 나한테 묻는구나. 네 본심을 바로 가리켜 줄 테이니, 깨끗한 마음으로 잘 들어라. 다시 말하마. 하루 내내 보고 듣고 웃고 떠들며, 화도 내고 좋아라고도 하며, 옳다느니 그르다느니 가르고, 이런 저런 일도 하고 사람도 만나는데, 물어보자. 이게 대체 누가 하는 일이냐. 몸이 한다고? 시체는 냄새도 못 맡고, 눈도 끔뻑거리지 못하고, 말도 못하고 몸도 움직이지 못한다. 그러니 몸이 그것을 한다고는 못하지. 이런 일을 할 수 있는 것, 그것은 필시 너의 본심(本心)이다! 그 밝은 신령이 있어 감이수통(感而遂通), 즉 사물의 변화와 요구에 따라 적절히 대응할 줄 안다. 그래서 방거사가 왈, '신통하구나, 묘한 작용이여, 내가 물을 긷고 섶을 져 나르다니'라고 했던 것이다. 그럼, 이 자리에 어떻게 들어갈 것인가? 여러 문이 있지만 하나만 가르쳐 주마. 저기 나무 위 새들이 지저귀는 소리를 듣느냐?" "예!", "그 듣는 것의 바탕으로 들어서면, 거기 수많은 소리들이 있느냐?" "없습니다. 수많은 소리들, 그것들을 분별할 수 없습니다." "그렇다. 기특하구나. 여기가 소리를 통해 진리로 들어서는 곳, 즉 관음입리지문(觀音入理之門)이다. 내친 김에 하나 더 물어보자. 거기 일체의 소리들도, 일체의 분별도 없다고 했겠다. 그럼 그건 맹탕 아무것도 없다는 것이겠네?" "그건 그렇지 않습니다. 환하게 밝고, 어둡지 않습니다." "그 맹탕 아니고 환한 무엇은 어떤 몸을 하고 있는고?" "형태가 없어, 말로는 그럴 수 없습니다." "옳지, 거기가 여러 부처와 조사들의 목숨이 달린 곳이다. 다시 의심하지 마라."

지눌은 덧붙인다.

"그것은 크기도 따질 수 없고 끝도 없으며, 안팎이나 오고 감, 나고 죽음도 말할 수 없다. 깨끗하고 더럽다는 것도 있을 수 없다. 시간이 없으므로 변화도 없고, 그러므로 '미혹에서 깨달음으로'의 전환도 우스운 말이다. 보는 자와 보이는 자도 없고, 형태도 이름도 없기에, 그래서 '본래공적(本來空寂)'이라 한다. 그러나 이것을 무정(無情)한 벽돌로 여겨서는 안 되는데, 거기 신비로운 이해와 작용이 있기 때문이다."

돈오 이후에 왜 다시 점수가 필요한가?
"다시 묻습니다. 돈오라, 단계도 점진도 없다면서 왜 다시 '나중 닦음(後修)'이 필요합니까?"

"앞에서 말했는데, 다시 의심을 내니, 한 번 더 설명해도 무방하겠지. 잘 들어라. 범부들은 무시의 오랜 광대(廣大) 겁 전부터 지금에 이르기까지, 오도(五途) — 윤회의 다섯 길, 즉 지옥, 아귀, 축생, 아수라, 인간을 가리킨다. 여기 인간보다 더 행복한 신들의 세계를 더해 육도라고 부른다 — 를 윤회하며, 살아오고 죽어감에, 아상(我相)에 붙들려 망상과 무명(無明)에 길들여져 왔다. 비록 오늘 이번생에, 내 자성(自性)이 본래 공적(空寂)하여 여러 부처와 같음을 돈오했다고 해도, 이 오래된 습성은 졸지 한꺼번에 잘라내기 어려운 거라. 그래서 순역(順逆)의 사태를 만나면 일희일비하고, 시비선악을 가리는 분별이 불같이 일어났다 사라지니, '바깥의 경계로 인한 번뇌'가 전과 다름이 없이 늘 그대로인 것이다. 반야(般若)로 적공하지 않으면 어떻게 무명을 대치하여 위대한 휴식에 이를 수 있겠느냐. 그래시 말한다. '돈오리, 나 부처와 같지만 다생의 습기가 깊어 바람은 그쳤으나 파도는 아직 흉용하고, 진리가 드러났어도 정념은 여전히 침노한다.' 그래서 깨달은 이후의 수련이 필요하다. 핵심은 주시와 성찰이다. 망념이 문득 일거든, 거기 끌려가지 말기를 노력하여, '덜고 덜어내 마침내 무위(無爲)에 이르러야' 비로소 궁극처라 할 수 있다. 천하 선지식의 '깨달음 이후의 소 먹이기'가 이것이다. 나중 닦는다고는 하나, 이미 망념이 본래 공(空)하고 심성이 본래 깨끗함을 돈오했으므로, 악을 끊는다지만 끊어도 끊음이 아니요, 선을 닦는다지만 닦아도 닦음이 아니니 이것이 진정한 끊음이고 닦음이다. 요컨대 이 일은 만행(萬行)을 갖추어 닦으나 오직 무념(無念)을 근본(宗)으로 한다!"

지눌은 덧붙인다.

"혹 어떤 사람들은 돌로 풀을 내리눌러 놓듯이 심신을 억압한다. 그것은 선악의 본질이 공하다는 것을 모른 소치다. 예컨대 성문(聲聞)들이 일일이 마음을 내어 미혹을 잘라내고자 하는데, 이렇게 자르려하는 마음이 바로 도적이다. 다만 깊이 주시하고 관찰하라. 살인과 도적, 음란과 사치가 다들 불성(佛性)에서 일어나는데, 일어나지만 일어남이 없다. 그 당체(當體)는 고요하니, 다시 자르고 말고 할 것이 없다. 그래서 말한다. '생각과 정념이 일어나는 것을 두려워 말고, 다만 자각이 늦어지는 것을 걱정하라. 자각하면 곧 불건전한 상념과 정념은 없다.' 하여 깨달은 사람에게는 객진번뇌가 다 제호(醍醐)같은 꿀맛이 된다. 미혹에 근본 뿌리가 없다는 것을 알기만 하면, 우리를 괴롭히는 이 이미지의 세상이 바람에 연기 걷히듯 사라질 것이고, 환상을 조장하는 이 감각이 끓는 물에 얼음 녹듯 할 것이다. 이렇게 염념(念念)이 수습(修習)하고 '비추어 나가기[照顧]'를 잊지 않고 정혜(定慧)를 등지(等持)하면, 집착과 증오가 자연히 담박해지고, 자비와 지혜가 자연히 커지고 밝아진다. 불행과 업은 자연히 잘려나가고, 내적 힘은 자연히 충실해진다. 그렇게 번뇌가 다할 때 생사가 끊어진다! 만약 미세한 무의식적인 의지의 흐름이 영원히 끊기고, 원각(圓覺)의 큰 지혜가 뚜렷이 독존한다면, 즉 천백억 화신(化身)을 나투어, 수많은 나라에 교감하고 요청에 부응함이, 마치 달이 밝은 하늘에 떠서 그 그림자가 수많은 물과 호수에 비추듯, 응용이 무궁하고 인연중생을 구제하는 데, 쾌락만 있고 근심 없으리니. 이를 일러 대각세존(大覺世尊)이라 한다."

지눌의 선에 대한 개요

『수심결』의 짧은 글로 지눌은 할 이야기를 다 했다. 이 어법에 익숙하지 않은 사람들을 위해 다시 정리가 필요한 듯하다.

"내가 부처이다[卽心卽佛]!" 지눌은 우리 모두가 완전하다는 폭탄선언으로 출발한다. 이 선언으로 하여, 그동안 배워온 것들이 다

지눌이 수많은 도반(道伴)과 함께 불도(佛道)의 근본수련을 실천했던 송광사 전경. 전남 순천에 있다.

"닭 쫓던 개 지붕 쳐다보는" 격이 되었다. 이미 완전하기에, 좋은 일을 해서 복을 받는다거나, 나아가 나쁜 일을 해서 타락할 수가 없다. 인과(因果)의 어법은 소승이 주고받는 잠정적이고 초보적 가르침이지, 대승의 최상승(最上乘)에서는 어울리지 않는다.

지눌은 자신에 대한 절대적 신뢰 없이, 즉 돈오없이 하는 모든 방편들, 예를 들면 경전을 베끼고 염불을 하며, 계율을 지키고 자선을 베푸는 그 모든 일이 사상누각, "모래를 쪄서 밥을 짓는" 연목구어(緣木求魚)라고 생각한다.

돈오라니, 어떻게 자신이 이미 완전하다는 것을 알 수 있는가. 지눌은 그저 믿으라고 권한다. 누구나 숨쉬고 느끼고 생각하며, 활동하고 살지 않는가. 그 작용(作用) 바로 그것이 위대한 기적이고 우주의 선물이다! 그것 자체가 이미 축복이고, 또한 전부이니 그 안을 뒤집어보거나, 그 밖을 기웃거리는 것은 멍청한 짓이다! 지눌은 이를 "눈을 볼 수 없지만 사물을 보는 것으로 우리는 눈이 있음을 알고 믿는 것"에 비유했다. "제 눈을 찾아 헤매는 어리석은 사람은 없으니, 너 또한 우리 육신 안에 거하는 불성(佛性)을 의심하지 말라!"

지눌의 선언에 우리는 어안이 벙벙하다. 그동안 우리는 지금 이 남루한 삶보다 더 크고 위대한 무엇을 찾아 헤매왔던 것이다. 그런데 지눌은 이 오래된 관행에 제동을 건다. "그런 것은 없다. 네가 지금 갖고 있는 것이 전부이다." 이 '무의미'의 소식을 화들짝 깨닫는 것이 곧 돈오다.

여기 무슨 특별한 훈련이나, 심각한 논증이 필요한 것은 아니다. 돈오는 잊고 있던 그 무엇에 대한 아주 단순한, 힘들일 것 없는 '통찰'에 불과하다. 여기 수십 년 토굴의 법랍도, 장좌불와 같은 기벽한 자세도, 대장경을 한 눈에 꿰는 학식도 필요하지 않다. 그것은 선가의 표현을 빌면, "발뒤꿈치 한번 돌리고," "내 발등을 그냥 내려다보면" 알 수 있는 일이다.

돈오는 너무나 쉽지만, 또한 너무나 어렵다. 누구나 먹고 마신다는 것을 어려워하지 않지만, 그 단순한 몸의 작용 자체가 곧 불성이라니, 고개를 끄덕이기가 쉽지 않다.

지눌 회상(會上)에 모였던 사람들처럼 우리 또한 곤혹스럽게 묻는다. "누구나 보고 듣고 말하고 활동하면서 산다. 그것을 또 누구나 알고 있다. 그럼 왜 어떤 사람은 부처가 되고, 우리는 여전히 중생인가?"

문제는 우리가 보고 듣고 말하고 활동하는 작용(作用)이 오염되고 뒤틀려있는 데서 온다! 점수(漸修)는 바로 오염을 정화하고, 뒤틀린 것을 교정해 나가는 작업이다. 우리는 사물이 아니라 우리 자신에 의해 고통받고 있다. 그것이 불교의 인식이다. 우리는 사물을 나 자신의 유용성의 관점에서 판단하고, 인간을 적과 아군의 관점에서 구분하는 오랜 습성을 갖고 있다. 그 분별(分別)은 거의 무의식적으로 작동한다. 머리 속을 오가는 상념들, 그리고 그 의지적 반응인 정념은 대체로 이 무의식적 작동기제에 의해 오염되어 있다.

점수는 바로 그 상념과 정념을 정화시켜 나가는 일이다. 이때 유의할 것이 있다. 지눌은 심신의 반응을 "돌로 풀을 눌러놓듯이" 억압하지는 말라고 한다. 선이든 악이든, 그동안의 반응이 생겼다 사라지는 것을 그저 '관찰'하기만 하라. 판단하지 말고, 억압하지 말고, 정신의 풍경에 무엇이 오가는지를 그저 바라보는 것, 그것 하나면 된다고 그는 장담한다. 그와 더불어 어지러운 상념들이 가라앉고, 거친 정념의 반응들이 예각을 잃고 순치된다. 그만큼 사물을 보는 직관이 커지고, 사람과의 관계도 자연스러워진다. 이 훈련이 지속되면, 보다 미세한 상념의 흐름들까지 잡히고, 자연 밖의 정념들이 저절로 자취를 감춘다. 사물의 영향력이 감소되는 그만큼, 자신의 본래 힘이 스스로의 빛과 힘을 발산하게 된다.

돈오도 싱겁더니, 점수도 너무 간단하지 않은가. 그렇다. 불법은 하나도 어렵지 않다. 너무 쉽다고 외려 사람들이 걱정을 해서 그렇지.

더 생각해볼 문제들

1. 지눌은 자신을 믿고, 마음의 반응을 그저 관찰하는 것이 묘법(妙法)이라고 했다. 그럼 의도적 노력은 필요 없는가. 가령 전통적으로 좌선의 포즈를 취하거나, 세계의 구조에 대한 지적 접근은 별 도움이 되지 않는가?

2. 『수심결』은 돈오점수의 한 길을 제시했다. 지눌은 이 밖에 화두를 듦으로서 목표에 이르는 간화의 길을 별도로 열어놓았다. 두 길은 서로 다른 길인가, 같은 길인가?

3. 지눌 스님은 돈오점수를 제창했고, 얼마 전 입적하신 성철 스님은 이것이 '여우의 삿된 견해'라면서 돈오돈수를 창도했다. 스님들과 불교학자들은 두 길을 놓고 격렬한 논쟁을 벌인 적이 있다. 그 논점과 득실을 각자 생각해보자.

추천할 만한 텍스트
『보조법어』, 지눌 지음, 김탄허 옮김, 교림출판사, 1996.

한형조(韓亨祚)
한국학중앙연구원 철학과 교수.
서울대학교 철학과를 졸업하고 한국정신문화연구원에서 박사 학위를 취득했다. 아시아의 전통과 새 휴머니티의 지평을 탐색하고 있다.
저서로 조선 유학의 범형 이동을 다룬 『주희에서 정약용으로』(1996), 선(禪)의 이념과 역사·방법을 해설한 『무문관, 혹은 너는 누구냐』(1999) 그리고 동아시아 제자백가에의 초대 혹은 입문서인 『왜 동양철학인가』(2000) 등이 있다.

311

나아갔다 돌아오는 끝없는 순환에도, 이 마음은 모든 것을 장악하는 예지다.

고요할 때에는 본바탕을 지키고, 움직일 때에는 혹시 싶어 살펴보아,

네 마음이 두 갈래 세 갈래로 찢어지게 하지 마라.

독서하는 나머지에 간간이 유영(游詠)하고, 정신을 이완하고,

정성(情性)을 휴양(休養)하라. 하루해가 넘어갈 쯤이면 피곤이 밀려오고

혼기(昏氣)가 타기 쉽다. 몸과 마음을 추스르고, 정신의 빛을 다시 떨치라.

늦은 밤에 잠자리에 들 때는 손발을 가지런히, 생각은 그만 그쳐,

정신에 휴식을 준다. 한밤 중 신선한 기운이 너를 다시 채울지니,

"다하고 나면, 다시 새로워진다"고 하지 않더냐.

이를 늘 명심하고 또 명심하여, 날마다 달마다 꿋꿋하게 나아가라.

— 『성학십도(聖學十圖)』 「숙흥야매잠(夙興夜寐箴)」 제9에서

이황 (1501~1570)

태어난 지 1년 만에 아버지를 여의고 홀어머니 밑에서 성장한 퇴계(退溪) 이황은 몇 번의 과거에서 낙방을 거쳐 34세 때 대과에 급제했으나 원리원칙주의자라 벼슬길이 순탄치 않았다. 게다가 을사사화가 일어나자 더욱 정계를 떠나고 싶어 했다. 49세 때 풍기군수 자리를 내놓고 귀향했는데 사표 수리도 않고 임지를 떠났다 하여 강등과 비난을 한꺼번에 받았다.

50세 이후 학문과 교육에 나머지 삶을 바치기로 결심했다. 53세 때 「천명도」를 개정하고 55세 때는 『주자서절요』를 편찬했으며 58세 때는 『자성록』을 묶었다. 그리고 이 무렵 서른 초반의 젊은 선비 기대승과 조선 유학의 일대화두인 사단칠정(四端七情) 논쟁을 시작했다.

한때 임금과 조정의 요청으로 정계복귀를 했으나 67세 때 『성학십도』를 지은 후 다시 고향으로 돌아왔다. 그때 왕실에 대한 정치적 조언을 담은 「무진육조소」를 남겼다. 70세 되던 해 겨울, 눈이 내려 쌓이던 어느 날, 매화에 물을 주라고 하고선 자리를 정돈하고 앉아 조용히 떠났다. "그러자 곧 구름이 흩어지고 눈이 개였다."

주 자 학 (朱子學) 의 설 계 도
이황(李滉)의 『성학십도(聖學十圖)』

한형조 | 한국학중앙연구원 교수

은거

1567년 명종이 죽고 십대의 소년 왕 선조가 즉위했다. 선조는 신하들의 중망을 모아, 서울에 머물던 이황(李滉)에게 무너진 교육을 세우고, 타락한 풍속을 바로잡아 달라는 뜻에서 예조판서를 맡겼다. 그러나 이황은 한사코 사양했다. "나는 내 집 도산(陶山)으로 가려네."

그러자 안팎으로 비난이 거세게 일었다. 어찌 자기 일신의 안일만 도모하느냐는 안타까움에다, 산 속에만 박혀 있겠다니 무슨 산짐승이냐는 힐난까지 무성했다.

당시 이조좌랑으로 30대의 혈기왕성했던 율곡 이이는 이황의 소매를 붙들고 간곡히 만류했다. 명종의 외척 윤원형의 득세와 함께 불어닥친 을사사화의 칼바람 앞에 무참히 꺾인 사림(士林)의 기상을 북돋우고, 무너진 풍속을 일으킬 정신적 지주는 오직 이황 당신뿐이라는 것이었다.

"할 일은 많고 어려움이 산적한 이때, 물러가는 것은 도리가 아니십니다."

"도리는 아니지, 그렇지만 몸은 늙고 병이 든 데다가 무엇보다 나는 그릇이 아니야."

"시무(時務)야 능력 있는 사람들이 처리할 일이고, 어르신은 경연(經筵)에서 조정의 원칙과 규범을 잡아주시기만 해도 분위기는 달라집니다."

"아니야, 내 재주로는 이익이 남에 미치지 못하고 내 몸에 절망만 더해질거야."

마침내 이황은 도산으로 퇴거해버렸다. 사림과 조정의 낙망은 컸다. 이듬해에도 율곡은 간곡한 편지를 올렸으나 이황은 못들은 척했다. 다만 「무진육조소(戊辰六條疏)」와 『성학십도(聖學十圖)』를 통해 자신의 충정을 전했을 뿐, 그 후 몇 번의 서울 나들이가 있었지만 종내 산림에서 문을 닫고 지냈다.

유정, 은둔한 선비

그가 거처를 정한 도산(陶山)은 상징적이다. 그곳은 마을도 아니고 그렇다고 산 속도 아니다. 그는 청량산을 더 좋아했지만, 너무 깊고 험준해서 마을 쪽으로 나가앉는다고 썼다. 일상과 교제라는 '사람 사이', 즉 '인간(人間)'을 떠나면 이미 유학이 아니다. 이황은 이 뜻

이황의 학문을 기려 건립한 '도산서원(陶山書院)'. 경북 안동에 있다.

을 담아 도산의 출입문에 '유정(幽貞)'이라는 이름을 붙였다.

　유정이란, '그윽하게(幽)' 그러나 '곧게(貞)'라는 뜻이다. 유는 은자의 삶이고, 정은 유학자의 삶을 상징한다. 그는 자신의 은둔이 인간의 길이지 노장(老莊)의 도피나 불교의 입산(入山)이 아니라고 강변한다. 「화자중한거(和子中閑居) 이십영(二十詠)」에서 읊듯, "바위에 꽃 피고, 새가 울고, 물이 잔잔한 봄날, 아이들을 데리고 산을 넘으면서도", 그는 "내가 은둔하는 뜻은 내게 주어진 길을 마치기 위해서"라고 말한다.

　『주역』의 이괘(履掛)에 나오는 유정의 뜻을 영역자 빌헬름

(Richard Wilhelm)은 『역경 또는 변화의 책(*The Iching or Book of Changes*)』에서 이렇게 적고 있다.

> 이것은 외로운 성자가 처한 상황을 가리키고 있다. 그는 삶의 떠들썩함으로부터 물러나, 어떤 것도 찾지 않고, 어떤 것도 요구하지 않으며, 어떤 유혹에도 흔들리지 않는다. 그는 평탄한 길 위에서 자기 자신에게 충실하며, 침해받지 않고, 삶을 헤쳐 나간다. 그가 운명에 거스르지 않고 자족하기 때문에, 그는 속박과 곤경에서 자유롭다.

옛사람과의 대화

그는 세상에 환멸을 느끼고, 옛 사람을 벗하며 살았다. 그 중 가장 친한 벗이 주자였다.

> 고인(古人)도 날 몯 보고 나도 고인 못 뵈
> 고인을 몯 봐도 녀던 길 알퓌 잇네.
> 녀던 길 알퓌 잇거든 아니 녀고 엇멸고.
> — 「도산십이곡」 9

주자를 향한 그리움은 하 깊었다. 그는 주자의 교훈과 격언뿐만 아니라, 그가 느낀 감회, 일상의 대화에서, 의견을 피력한 상소에 이르기까지, 그야말로 기침소리 숨소리 하나까지 놓치지 않고 들었다.

그 오랜 대화의 결과 그는 세계와 인간에 대한 독자적 이해를 갖게 되었고, 그것을 때로 시로 쓰고, 때로 편지로 주고받았다. 그렇지만 저술은 별로 좋아하지 않았다. 율곡은 "퇴계에게 무슨 저술이 있느냐"고 불만을 터트렸다. 이황 자신은 그러나 진리는 옛것이며, 하늘 아래 새로운 것이 없다고 생각했다. 발견은 선현들이 다 해놓았고, 자신은 학습을 위해 그것들을 명료화하고 간결화해 나갈 뿐이라는 것이다.

저술은 이웃집 선비가 그린 『천명도설(天命圖說)』에 개입하면서 시작되었다. 이 책의 수정은 자신의 성리학 이해를 정돈하고 타인에게 설득할 기회를 주었다. 혈기 방강한 젊은 선비 기대승이 그 견해에 이의를 제기했고, 논쟁은 몇 년간 수차례의 편지를 통해 이어졌다. 핵심주제인 사단칠정에 대한 논쟁이 이후 수백 년 동안 조선 유학사의 일대 논쟁을 격화시킨 것은 다들 아는 바다.

67세 때, 이황은 임금의 부름을 마냥 사양만 할 수 없어 서울로 올라갔다. 명종이 죽고 새로 등극한 선조에게 그는 자신의 공부를 집약한 매뉴얼을 만들어주었는데, 그것이 바로 『성학십도(聖學十圖)이다. 도표와 노트로 된 이 열 폭의 그림은 인간과 자연, 그리고 그 사이로 난 길이라는 동양화의 삼박자를 주자학적으로 압축한 작품 중의 작품이다.

성학십도라는 책

이 책에 접근하자면 그만 아득하다. 설명은 없다. 그림 하나에 짧은 선언문 하나가 붙었을 뿐인 도설(圖說) 열 개가 전부다. 그림은 난해하고 글은 압축적이어서 흡사 선사시대의 암각화나 난해하기 짝이 없는 암호 같다. 선조가 강의를 명하자, 내노라하는 신하 선비들이 고개를 저으며 물러섰다. "대유(大儒)의 평생 온축을 저희들이 어떻게 감당하겠습니까."

원문을 짚어가며 번역을 하자고 들면, 주자학이 그리는, 그리고 이황이 밟은 길의 지도를 보여주기 어렵다. 지면도 넉넉하지 않다. 그래서 핵심 요령(要領) 하나를 들려줄 참인데, 우선 이런 마음의 준비는 해야 한다. 주자학의 길은 지금 우리와는 너무나 달리, "인간이 자연으로, 그림으로 다시 태어나는 것"이다! 언필칭 천인합일(天人合一)이라 하지 않던가. 주자학은 인간이 우주로부터, 타고난 바탕은 선하고 완전하며, 그 기능을 억압 없이 자유롭게 운용하는 것을 목표로 삼는다. 그런 점에서 인간의 길은 자기 발견의 길일 뿐, 축적이 아니고, 출세는 천만 아닌 길이다.

『성학십도』의 서문은 다음과 같은 선언으로 출발한다. "도무형상(道無形象), 천무언어(天無言語)." 그렇다. "길은 형태가 없고, 하늘은 말씀이 없다." 인간은 이 우주 안에서 온 곳도 갈 곳도 모르고 서 있는 딱한 존재이다. 그러나 절망할 필요는 없다. 길은 찾을 수가 있으므로. 『성학십도』는 그 길의 입구를 찾고 초석을 다지기 위한 지침이다. 첫 그림인 「태극도(太極圖)」는 우주의 시원에 대해서, 창조에 대해서, 삶의 의미에 대해서 말하기 시작한다. 이 그림은 주자학의 대선배인 북송의 주돈이(周敦頤, 1017~1073)가 그린 것이다.

이황은 주자의 말을 인용하여 이 수수께끼 같은 그림이 자연의 길과 사람의 길을 보여주는 설계도라고 했다. 그만큼 결정적 의미를 갖고 있다는 것이다. 이황은 나이 19세 때 『성리대전(性理大

줄)』에 실린 이 그림과 만난 이래, 그 의미를 대면하기 위해 노력했고, 나중 제자들을 가르칠 때에도 꼭 이 원두(源頭)부터 가르쳤다한다.

이 형이상학, 즉 우주 신학의 설명은 너무나 고원(高遠) 막막해서 유학이 표방하는 근사(近思)의 정신에 어울리지 않는다. 이를 잘 알면서도, 그는 초보자에게 이 그림부터 제시했다. 아프리카 어느 토인의 지혜처럼, "우리가 온 곳을 모른다면, 우리는 가는 곳을 모를 것"이다. 이황 또한 그 정신에 따라, 이 원두처(源頭處)를 미리 말하지 않으면, 우리의 공부가 어디를 향해, 무엇을 위해 가는지를 모르기 때문이라고 했다.

무극이태극, 우주의 배꼽은 어디인가

무극이태극(無極而太極)이라, 우주의 최고 실재는 있다! 그 우주의 배꼽으로부터, 하늘과 땅이 태동했고, 이윽고 생명이 있게 되었다. "태극(太極)이 움직여 양(陽)을 낳았다." 양의 기운은 활동의 극에서 다시 정지 혹은 수축으로 돌아선다. 이 순환의 과정에서 해와 달이 생기고, 낮과 밤이 생기고, 이윽고 남자와 여자가 생겼다. 아이는 어른이 되었다가 다시 어린이가 되고, 이윽고 흙의 자궁으로 돌아간다. 동양인들에 있어 우주는, 인간사를 포함해서 거대한 순환과 왕복, 회귀의 과정이었다. 여기 죽는 것은 없다. 다만 사라질 뿐이다.

모든 것은 리듬이다. 생명은 숨을 들이쉬고 내쉬며, 음식을 먹고 또 배설한다. 눈은 감았다가 뜨고, 아침에는 일어나고 저녁에는 잔다. 팔은 굽혔다 펴고, 또 심장에서 뿜어진 피는 다시금 심장으로 돌아간다. 어제 하루 기뻤다가 오늘은 덤덤하고 내일은 슬픈 일이 기다리고 있을지 모른다. 그렇게 인간의 삶은 문득 태어났다가 홀연 사라질 뿐이다. 정치란 일치일란(一治一亂), 분열과 통합의 박동이다. 윌 듀란트(Will Durant)는 『문명이야기(*The Story of Civilization*)』의 서두에서 거시적 문명의 역사가 자유와 평등, 사회주의와 자본주의의 교대라고 갈파했다.

인간 또한 자연의 아들로서, 이 자연의 리듬 속에 있다. 주자를 따라 이황은 말한다. "선은 이 리듬에 순응하는 것이고, 학문은 그 튜닝을 위한 훈련이다." 여기 미(美)와 선(善), 도덕과 예술은 둘이 아니다. 시와 철학 또한 동전의 양면이다. 이황의 삶도 마찬가지였다. 「도산기(陶山記)」에서 적은 대로, 한편 자연을 벗삼아 노래하고 소요하며, 그 흥이 다하면 책을 잃고 학문을 연마하는 것이었다.

그런데 왜 소요와 더불어 학문이 필요한가. 왜 우리는 본래 주어진 '자연(自然)'을 구현하지 못하는가. 왜 인간은 연비어약(鳶飛魚躍), "소리개가 하늘에서 날고, 물고기가 연못에서 뛰노는 생명의 자연스런 약동"을 갖지 못하는가.

주어진 자연의 축복을 방해하는 것은 우리 내부에 있는 기질적, 심리적 방해물 때문이다. 알다시피, 우리네 마음속은 이런저런 잡동사니로 가득하다. 유전적 열등과 왜곡에다, 지금까지 경험된 것들의 찌꺼기, 가령 공포와 기대, 분노와 염려 등이 흉회(胸懷)에 남아, 사물을 보는 눈을 흐리고 사람을 대하는 태도를 삐딱하게 하고, 일에 온전히 헌신하지 못하게 한다.

그럼 이 찌꺼기들을 어떻게 제거할 것인가. 그것이 유교가 권장하는 '학문'의 기초가 될 것이었다. 그 위에 사람과 관계 맺고 일을 처리하는 수많은 의례와 규범을 배워나가는 것으로 유교의 학문은 완성된다. 『성학십도』는 이 학문의 핵심을 집약해 놓은 매뉴얼이다.

성학십도의 구조

『성학십도』는 바로 그 학문의 시스템을 해명하고, 실천의 커리큘럼을 제시한 것이다. 각장의 내용을 간략하게 정리해본다.

제1 태극도(太極圖)는 위에서 살폈듯이 우주의 기원에 대한 설명이다. "우리가 온 곳을 모르면 우리가 가는 곳을 알 수 없다!"

제2 서명도(西銘圖)는 우주의 아들로서의 인간의 위상에 대해서 말한다. "나는 하늘과 땅의 아들로 여기 이렇게 조그맣게 있다." 서명은 인간이 우주의 정신과 우주의 육체를 나누어받은 존재임을 일깨운다. 그렇다면 우주 안의 생명체는 나와 한 핏줄이며, 우주에서 일어나는 현상은 나와 무관하지 않을 것이다. 이 우주적 연관의 철학은 인간에게 부모인 우주에 대해서, 그리고 형제인 인류에 대해서, 나아가 동포인 사물에 대해서 의무와 책임을 다할 것을 요구한다. 본시 가정 안의 덕목이었던 효도와 형제애는 이로하여 우주적 지평으로 확장되었다.

짐작하겠지만, 이는 근대의 개인주의와 자유주의적 이념과는 달리 전체적 사고에 입각해서 공동체적 의무를 가르친다. 그 의무는 거의 무조건적이고 무제한적이다. 그런데 그에 따라 살기가 쉽겠는

이황의 '성학십도(聖學十圖)' 중 제1도 「태극도」.

가. 무엇이 이 도리(道理)의 실천을 방해하는가. 그 조건과 타개책
이 이어진다.

제3 소학도(小學圖)는 인간의 소외를 말한다. "인간은 우주의 아
들임을 망각했다. 물욕에 빠져, 자신의 본성을 잊고, 그 타락에 안
주하며 살고 있다!" 그리하여 학교와 교육이 필요해졌다. "성인이
이를 안타까이 여겨, 학교를 세우고 교육을 베푸는데, 이 과정에서
경전들과 생활규범들이 생겨났다. 안타깝게도, 요순이 일으킨 유교
문화의 영웅시대는 너무 오래되었고, 지금 풍속은 해이해졌다. 이
단들이 득세하여, 진정한 가르침을 어지럽히고 있다. 그러나 그 위
대한 가르침은 끝끝내 사라지지 않는다. 인간의 선한 본성은 마침

내 어둠 속에 묻혀버리지 않는다."

제4 대학도(大學圖)는 '위대한 학문'을 가르친다. 그 시작은 어둠 속에 갇힌, '인간성의 우주적 불씨' 즉, '성즉리(性卽理)'를 일깨우는 데서 시작한다. 이 기초 없이 학문도, 어떤 의미 있는 행동이나 성취도 없다. 그 수신(修身)을 바탕으로 관계의 장, 자기실현의 장은 가족에서 사회, 국가와 세계로 뻗어간다. 익히 들어보았을 것이다. "수신제가치국평천하"가 이 학문의 강령이다. 다시 말하자면 주자학의 기획은 자신의 우주적 본성을 자각하고, 마음속의 부자연한 병폐를 제거하며, 그 인격을 바탕으로 가정과 사회, 국가와 세계에 의미있는 역할을 하는 것으로 요약될 수 있다.

제5 백록동규도(白鹿洞規圖)는 학교에서의 생활규범이다. 여기 학교란 출세를 위한 지식이나 직업에 필요한 기술을 가르치는 학원이 아니라, 삶의 기술(ars vitae), 즉 인간으로서 어떻게 살아야 할 것이냐를 가르치는 도장이다. '학문'은 사물에 대한 지식에서 출발하여, 의문을 제기하고 의미를 성찰하는 법, 그리고 나아가 올바른 판단력을 기르고 그것을 실천해 나가는 과정으로 되어 있다.

이상에서 몸의 훈련을 말했다면, 지금부터는 마음을 다룬다. 제6 심통성정도(心統性情圖)는 '마음'의 구조에 대한 이해이다. 이황은 이 문제를 두고 오래 고민했다. 젊은 기대승과의 사단칠정 논쟁을 거치면서 얻은 확신이 이 그림에 들어 있다. 『성학십도』가운데 이황의 독창적 아이디어를 적극 반영한 곳이 여기이다.

대강의 취지를 적어보자. 인간의 '마음'바탕은 무의식의 잡동사니 창고가 아니라, 가장 정예롭고 맑은 기(氣)로 이루어진, 우주적 참여와 봉사를 위한 기관이다. 첨언하자면, 이 생각은 마음을 척추골의 진화로, 즉 생존을 위한 기능적 도구로 보는 근대적 사회생물학의 시선과는 십만 팔천 리다. 학교에서 배운 것과는 너무나 다르기에, 우리는 주자학이나 이황의 사고를 이해하기가 어렵다.

이황은 우리네 마음이 우주의 창조력이 결집된 곳이고, 우주의 의미를 구현하는 장소라는데 아무런 이견이 없었다. 그런데 일상적으로는 자기가 온 곳과 자신의 위상을 팽개치고, 일신의 안일만 추구하는 타락한이 되어 있다. 왜 그럴까. 육신을 구성하고 있는 기(氣)가 탁하고 불순하기 때문이다! 불순한 기의 틈입과 작용으로 우리는 우주가 예비한 창조의 메카니즘을 온전히 발휘하지 못하고 산다. 그래서 정의로워야 할 때 용기를 발휘하지 못하고, 동정을 베풀어야할 때 못본 척 지나간다. 그것은 "마음의 장애로 인한 우주적 창조력의 마비"라 불릴 만한 것이었다. 인간의 과제는 이 장애를 걷어내고 본래의 건전한 기능을 회복하는 것이다. 이황의 표현을 빌리면, "돌처럼 딱딱해진 마음을 녹여 사물과 생명 사이의 소통을 되찾는 것"에 다름 아니다.

제7 인설도(仁說圖)는 다시 논의가 회귀한다. 앞에서 적은 대로 인간이 '우주적 의미'를 구현하도록 프로그램되어 있다는 것을 밝힌 것이다. 나아가 인간뿐만 아니라 동식물은 물론, 사물들까지 우주적 사랑인 인(仁)을 본질로 분유(分有)하고 있다고 썼다. 당최 허튼 소리로 들리는 이 교설을 믿을 수 있는가. 이 지점을 자각하고 설득하기가 제일 난감하다. 이황은 말년에 자주, "옛 선현들이 나를 속이지 않았다"고 토로했다. 나는 그가 오랜 노력과 수련을 통해 이

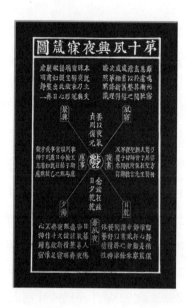

이황의 '성학십도(聖學十圖)' 중 제10도 「숙흥야매잠도」.

지점에 다가갔다는 뜻으로 읽었다. 「도산십이곡」 중 세 번째 곡이
바로 그것이다.

> 순풍(淳風)이 죽다하니 진실(眞實)로 거즈마리
> 인성(人性)이 어지다 하니 진실(眞實)로 올한 말이
> 천하(天下)에 허다 영재(許多英才)를 소겨 말슴할가.

제8 심학도(心學圖)는 '마음의 구체적 수련법'을 제시한다. 그러
자면 인을 구현하는 마음, 즉 도심(道心)과 그렇지 않은, 혹은 그렇
지 않기 쉬운 인간적인(?) 마음이 어떻게 다른지를 구분해야 한다.

이기적 충동을 막고 우주적 창조에 동참하려는 노력이 깊어지면, 마음의 산란이 가라앉고, 바깥의 사물에 흔들리지 않는 평정 (ataraxia), 즉 부동심(不動心)을 획득한다. 그때 "내 마음이 곧 우주의 중심이고, 내 욕구가 곧 우주의 의지가 된다." 그의 말은 교훈이 되고 그 행동은 법도가 될 것이다. 이것은 공자가 그토록 꿈꾼 "종심소욕불유구(從心所慾不踰矩)", 즉 마음먹은 대로, 하고 싶은 대로 해도 울타리를 넘지 않는 자유의 경지이다. 그는 마침내 "불사이득(不思而得), 불면이중(不勉而中)", 즉 "생각하지 않아도 길이 보이고, 애쓰지 않아도 길이 만들어지는" 자연(自然)의 무위(無爲)를 성취한다.

제9 경재잠도(敬齋箴圖)는 삶의 부면에서 경건을 연습하기 위한 잠언들이다. 의관을 바로 하는 데서 시작하여 일상생활과 기거에서 절대자가 임한 듯 경건을 지키고, 일을 할 때도 사적 욕망이나 관심에 흔들리지 않는 태도를 지키라고 당부했다. 한 순간 방심하거나 타협하면 이 경건으로 쌓은 탑은 삽시간에, 하루아침에 무너지고 만다! 그러니 얼마나 두렵고 위태로운 일인가. 경재잠도가 부문별 경의 실천이었다면, 제10 숙흥야매잠도(夙興夜寐箴圖)는 시간별, 혹은 일과에 따른 경의 실천법이다. 위 제시문에서 적은 대로 따라하다 보면 어느덧 마음이 변화하고 인격이 성숙된다.

경(敬), 우주적 삶을 위한 연습

『성학십도』 말미에 이황은 이렇게 썼다.

전하께서 이를 일상에서 언제나 늘 마음에 두시고서 적절히 음미하고 반성해 나가다 보면, 체득되는 바가 있으실 것이니 그때 경(敬)이 성학(聖學)의 알파요 오메가임을 분명히 아시게 될 것입니다.

이황은 『성학십도』 10장 전체를 관통하는 중심으로 경(敬)을 제시했다! 경이란 언제나 깨어있는 상태, 자기 안과 밖을 투명하게 바라보는 심리적 훈련이다. 이 각성과 주시가 지속되면 악이 틈입할 수 없고, 기존의 경화된 습관과 에고(ego)의 영향력은 힘을 잃기 시작한다. 이 태도를 24시간, 일과 놀이, 삶과 관계에서 지속시켜 나가는 것이 공부의 핵심이다. 『성학십도』의 도설은 물론, 주자학이 설정한 모든 이론적 학습적 장치들은 이 경(敬)을 지속 강화시키기 위한 보조장치들이다.

주자학은 불교와는 달리, 일상 속의 훈련을 중시한다. 일상의 예절과 독서, 그리고 일을 처리할 때, 자기 자각과 주시를 놓치지 않는 일이다. 거기서라야 하늘에 대한 외경, 인간에 대한 배려가 자랄 수 있다. 주자학은 불교를 따라 모든 악은 자기 망각 상태에서 일어난다고 믿는다.

이 각성의 훈련이 점점 익으면 에고는 탈각하고, 우주의 근본과 대면하는 쪽으로 이동한다. 깨달음은 그러나 한꺼번에 오지 않는다. 그것은 종이가 물에 젖듯이(涵泳) 조금씩 자라는 통찰이고, 합치이다. 그 끝에서 자연, 즉 공자가 "하고 싶은 대로 해도, 규범을 다치지 않았다"는 경지가 온다.

여기가 궁극처다. 그때 외적 자극에 대해 나의 반응은 자연스러워지고 심리적 갈등과 낭비는 최소화된다. 그런 마음이 익어가면, 우리의 마음은 삶의 특정한 계기마다 자연스럽게 동정과 배려의 정(情)으로 스스로를 표현하게 된다. 그때 우리는 사적 자아를 벗어나 우주의 공적 자아로 거듭난다.

이와 더불어 마음은 외적 조건과 변화에 영향을 받지 않는다. 부동심의 아타락시아에서 자족적이고 자율적으로 성장한다. 성인(聖人)이란 이 중화(中和)의 경지가 무르익은 사람을 가리킨다. 아직 바람에 흔들리는 사람은 현인(賢人)이고, 그러기 위해서 노력하는 학인(學人)을 군자(君子)라고 부른다.

그런데 이런 목표와 이상을 갖고 노력하는 사람이 있는가? 이 궁핍한 시대에. 그러나 삶의 의미를 고민하고 성숙을 꿈꾸는 사람은 이황의 조언에 귀 기울일 것이다.

더 생각해볼 문제들

1. 유교의 이상이 도덕적이기보다 자연적이라는 데 동의하는가? 다시 말하면 지금 이황에게서 보듯이 유교가 도덕적 훈계로 번성하기보다 각자가 본래 부여받은 우주적 창조력을 자연스럽게 발현하도록 고취하는 가르침이라 생각하지 않는가?

2. 유교란, 한편 신체와 그 욕망에 너무하다싶게 무심한 것이 아닌가? 전체와의 연관을 고려할 뿐, 개인적 욕망이나 사적 개성에는 눈을 감고 있지 않은가? 이 이상은 여가가 있고, 항산이 있는 사람에게만 열려 있는 길이 아닌가. 조선조의 사회정치적 시스템이 효과적으로 작동하지 않은 것은 이 같은 유교적 이상의 개인주의적 성격과 비현실적 강권에 원인이 있는 것은 아닌가?

추천할 만한 텍스트

『한글, 한문, 영문 성학십도』, 퇴계학연구원. 1999.

한형조(韓亨祚)

한국학중앙연구원 철학과 교수.

서울대학교 철학과를 졸업하고 한국정신문화연구원에서 박사 학위를 취득했다. 아시아의 전통과 새 휴머니티의 지평을 탐색하고 있다.

저서로 조선 유학의 범형 이동을 다룬 『주회에서 정약용으로』(1996), 선(禪)의 이념과 역사·방법을 해설한 『무문관, 혹은 너는 누구냐』(1999) 그리고 동아시아 제자백가에의 초대 혹은 입문서인 『왜 동양철학인가』(2000) 등이 있다.

마음은 고통스럽게 하여서는 안 된다. 진서산(眞西山)—진덕수(眞德秀)—의

'각고공부(刻苦工夫)' 라는 말을 뒷날 학자들이 비판하였는데, 그 비판이 옳다.

번뇌와 유혹은 마땅히 각각 사물에 부쳐서 흩어 없애야지 인내하여서는 안 된다. …

욕심은 불과 같아서 흩어 없애려고 하면 더욱 타오르므로 애당초 막아야 한다.

욕심 막기를 마치 불을 박멸해서 다시는 일어나지 않도록 하는 것은 인내하여 안에다

감추고 쌓아두는 것과는 다르다. 네가 만일 한 때 횡역에 걸려 격분하게 되었을 때

참고 인내한다면 옳다. 주나라 무왕(武王)의 명(銘)에 "잠시를 참지 못하면 종신

부끄럽게 된다"고 한 것이 이것이다. 네가 만일 이제 자빠지고 곤욕을 당하여 참을

'인(忍)' 에 힘을 집중한다면 옳다. 『맹자』 '고자(告子)' 편의 이른바 "마음을 참고

고통을 견뎌낸다"고 말한 것이 이것이다. 하지만 학문의 요체를 일반적으로 논하면서

'인' 을 말한다는 것은 내 생각에는 아무래도 온당치 못한 듯하다.

— 『두남집』 중, 귀양지 부령에서 둘째 아들 영익(令翊)에게 보낸 서한에서

이광사 (1705~1777)

자는 도보(道甫), 호는 원교(圓嶠)—또는 원교(員嶠)— 이며 본관은 전주다. 1755년(영조 31) 나주괘서사건(羅州 卦書事件)에 연좌되어 부령(富寧)에 유배되었다가 다시 북쪽 청년들을 선동할 우려가 있다는 이유에서 신지도 (薪智島)로 이배되어 그곳에서 죽었다.

정제두(鄭齊斗)의 조선 양명학을 이어받아, 강화학파(江華學派)를 형성시킨 사상가이자 문학가다. 또한 윤순(尹 淳)에게 글씨를 배워 진·초·예·전서에 모두 능했고, 그의 독특한 서체인 원교체(圓嶠體)를 이룩했다. 그림에서도 산수·인물·초충(草蟲) 등 여러 분야에 뛰어났다. 인물화는 남송원체화풍(南宋院體畵風)을 보이며, 산수화는 간 결하고 담백한 남종화(南宗畵)의 특징을 나타낸다. 문집으로 『두남집(斗南集)』과 『원교집선(圓嶠集選)』이 있고 서예이론서인 『서결(書訣)』을 남겼다.

허위의 학문과 마음의 구속을 배격한 강화학파 지식인의 시문집

이광사(李匡師)의 『두남집(斗南集)』과 『원교집선(圓嶠集選)』

심경호 | 고려대학교 한문학과 교수

인쇄되지 못한 문집 『두남집』과 『원교집선』

조선시대 후기 숙종 말기에서 영조 때에 걸쳐 활동한 이광사(李匡師)는 조선시대 사상사에서 매우 중요한 위치를 차지한다. 그는 정제두(鄭齊斗)의 학문을 잇고 두 아들인 연려실(燃藜室) 이긍익(李肯翊)과 신재(信齋) 이영익(李令翊), 족질 이충익(李忠翊)과 이문익(李文翊)에게 사상마련(事上磨鍊)의 실학에 힘쓸 것을 권면하였다.

5남 1녀 가운데 막내아들로 태어난 이광사의 집안은 소론의 명가로, 이름에 '진(眞)' 자가 들어가는 그 윗대 항렬과, 자기 대인 '광(匡)' 자가 들어가는 항렬의 인물들 대부분이 인재들이었다. 그의 첫째 부인은 권씨인데 자식을 얻지 못하였고 둘째 부인은 문화 유씨로, 2남 1녀를 두었다.『연려실기술』의 저자 긍익과, 원교체의 글씨를 이어받은 영익이 그 두 아들이다. 이광사는 1755년 이른바 을해옥사가 일어나자 백부 이진유(李眞儒)에게 연좌되어 부령으로 유배갔다. 이진유의 직계와 직손들은 모두 금고를 당하여, 1908년 (융희 2, 무신)에야 비로소 조정의 관료가 될 수 있도록 해금이 되었다. 유씨 부인은 이광사가 감옥에 갇혀 있을 때, 극단적인 사태가 닥치리라 생각하여 자결을 하였다.

이광사는 젊어서 강화도의 정제두를 찾아가 수학하였던 듯하다. 그 후 1736년에도 그는 다시 강화도를 찾아갔는데, 그해 8월 갑진 (甲津)에 이르렀을 때 스승의 부음을 들었다. 이후 그는 정제두의 문집을 정리하였을 뿐 아니라, 아들 이영익을 정제두의 손녀와 결혼시키는 등, 정제두의 학맥과 혈맥을 잇기 위해 노력하였다.

이광사의 학술사상은 19세기 무렵의 진보적 지식인들에게 상당한 영향을 끼쳤다. 다산(茶山) 정약용(丁若鏞)은 전라도 강진의 유배지에 있을 때 그곳 제자들로부터 이광사의 「기질론(氣質論)」을 입수하여 보고 그 이론에 동조하였다. 이 사실은 정약용이 노론계 문인 이재의(李載毅)와 1814년(순조 14) 봄에 주고받은 사단(四端) 논쟁 속에 드러난다. 정약용은 인의예지(仁義禮智)가 성(性)에 내재한 것이 아니라 인간의 실생활의 행위를 통하여 성취시켜 나갈 덕목이며, 그것은 성의 기호(嗜好)를 올바르게 미루어 행하는 일이라고 주장하였다.

이때 정약용은, 이광사가 글자 '단(端)'의 해석에서 한나라 조기

(趙歧)의 주(注)에 따라 인의의 내외본말 문제를 심도 있게 분석하였던 것을 환기시켜 그 이론에 귀를 기울일 필요가 있다고 하였다. 그러나 이재의는, 주자학자라면 다 동조할 대동(大同)의 이론을 이광사가 반대하였다고 하면서, 정약용은 이광사의 '신기(新奇)한 말'을 쫓았음에 틀림없다고 매도하였다. 그러자 다산은 원교가 본시 호인(好人)이므로 결코 즐겨 정주(程朱) 학설에 배치(背馳)하였을 리 없다고 옹호하였다.

이 단편적인 일화를 통해, 이광사가 정주설(程朱說)을 추종하지 않고 인간 본성의 문제와 관련하여 새로운 설명체계를 구축하려 하였음을 짐작할 수 있다. 그렇지만 그의 문집은 정치적인 이유에서 목판으로 간행되지 못하였다.

『두남집(斗南集)』은 이광사가 부령 유배 시절의 시문을 모아 엮은 책이다. 필사본 1책이 서울대학교 규장각과 일본 천리도서관(天理圖書館)에 각각 1부씩 소장되어 있다. 그리고 『원교집선』은 이광사가 부령에서 엮은 『두남집』과 신지도로 이배되어 엮은 『수북집(壽北集)』 등을 토대로 후대인이 편찬한 것인데, 역시 목판으로 간행되지 않았다. 하지만 국내외 여러 도서관에 필사본이 전하는 것으로 보아 널리 읽혔음을 알 수 있다. 곧, 한국학중앙연구원 장서각 소장 필사본 『원교집선(員嶠集選)』 4책, 미국 버클리 대학교 아사미문고 소장 필사본 『원교집선』, 고려대학교 도서관 소장 필사본 『원교집선』, 서울대학교 규장각 소장 필사본 『원교집(員嶠集)』 등이 그 주요한 텍스트들이다.

또한 그가 서법의 이론을 정리한 『서결(書訣)』이 『원교집선』에 들어 있는데, 그것만 '서결' 혹은 '필결(筆訣)'이란 이름으로 전사되어 널리 유포되기도 하였다. 서울대학교 규장각 소장 필사본『원교필의(員嶠筆意)』, 국립중앙도서관 소장 필사본『서결』― 또는 필결(筆訣) ―, 서울대 규장각 소장 필사본『원교서결(員嶠書訣)』, 국립중앙도서관 소장 필사본『원교서결부록(員嶠書訣附錄)』등이 그 주요한 텍스트들이다.[1]

강화학파와 이광사

강화학파는 인조반정으로 사대부 질서가 재편되고 지식인의 자기반성과 서구 과학사상의 유입으로 새로운 학문의 기운이 일어나기 시작할 때 형성된 실사구시 학풍의 한 갈래다. 즉, 17세기에 인조반정과 병자호란을 거치면서 조선의 사대부 질서가 재편되고, 서인 가운데 노론(老論)이 주장하는 절의와 명분이 주도적 사상관념으로 고착화될 때, 강화학은 그 편협성에 저항하는 비판적 사상으로서 형성되었다. 그것은 인간의 내면을 중시하는 실학(實學)이었으니, 공리주의적인 의미에서의 실학과는 취향이 달랐다.

강화학파는 허학(虛學)에 반대하였다. 도학(道學)이 도학으로서의 순기능을 하지 못하고 당론(黨論)에 이용당하자 도학을 비판하였고, 양명학이 방종으로 흐를 우려가 있자 양명학을 비판하였다.

---

1) 이광사의 시문은 제대로 정리되지 못하였으므로, 『두남집』이나 『원교집선』만으로는 그 사상과 문학의 전모를 알 수가 없다. 현재까지 나온 텍스트로는 심경호 외, 『신편 원교이광사문집』에 가장 많은 시문이 집록되어 있다.

그것은 나름대로 다양하게 변화하는 과정에서 비교적 안정된 연계성을 내재하고 있었다. 강화학은 실심(實心), 곧 자기의 진실된 마음에서 인간에 대한 주체적 인식에 도달하고 올바른 삶을 살아나갈 것을 주장하였다.

강화학파는 양명학을 바탕으로 하되 주자학적인 인식론을 재수용하거나 한학 가운데서 실증적 학풍을 도입하였고, 유학의 사유 틀에만 머물지 않고 도교와 불교까지 섭수(攝收)하였다. 그들은 각각의 성향과 시대적 요구에 대응하여 외형적으로는 다른 모습을 띠었지만, 내면을 닦는데 힘쓰고 자기를 충실히 할 것을 강조했다. 특히 이광사는 그 가운데서도 '존실리(存實理)'를 주창하였다.

이광사는 1737년 강화도에서 서울로 돌아와 둥그재[圓嶠] 아래서 끼니도 잇기 어려운 생활을 하였다. 1741년 8월에 지은 「종표형 민옥(閔鈺) 영전의 제문(祭文)」에서 이광사는 자신의 심학 수업의 혈전의 자취를 더듬었다. 그는, 진전이 있는 듯하지만 실은 내실 없는 자기의 헛공부에 기막혀 하고, 겉으로 점잖은 척 해도 명리·식욕·색욕에서 벗어나지 못하는 자신을 슬퍼하였다.

이광사는 1755년의 나주괘서 사건 때 주모자로 지목된 윤지(尹志)와 통하였다는 이유로 3월에 체포되어 친국을 받고, 두만강 남쪽 부령으로 귀양갔다가, 다시 그곳 젊은이들을 선동할 우려가 있다는 이유로 1762년(영조 38)에 호남의 신지도(薪智島)로 이배되었다. 그는 자신의 뜻[意]과 관계된 일들을 중시하였으며, 인간 감정의 솔직한 발로를 존중하였다. 또한 그는 자연과 우주에 대한 주희의 생각을 비판하여 박학의 학풍을 열고, 자기 자신을 속이지 않는 '자기 검증'을 바탕으로 학문과 문학을 하였다.

이광사는 아들 이영익에게 준 편지에서, 인내(忍耐)는 결코 학문하는 요체일 수가 없다고 하였다. 환난과 궁액에 처하였을 때 참고 견딘다면 옳은 일이지만 평상시에 인내를 강요하는 것은 도리어 마음을 고통스럽게 할 뿐이라고 하였다. 또 "심을 양성하는 도리는 우유활발(優游活潑)하게 하여야지 결코 힘들여 구제(驅除)하여서는 안 된다"거나, "심은 집지검속(執持檢束)할 수가 없다. 맹자는 '학문의 도는 다른 것이 아니다. 방심(放心)을 구할 따름'이라고 하였으니, 이미 풀어진 마음을 거두어 들여 반복하여 자신의 안으로 들어가게 할 따름이라는 말이지, 집지검속하라고 말한 것이 아니다"고 하였다.

이러한 언술을 통하여, 이광사가 비록 사욕의 방종을 경계하였지만, 인간 심성의 본연의 상태를 검속하지 말아야 한다고 여겼음을 알 수 있다. 그의 관점에 따르면, 인간 심성을 검속하는 것은 곧 가식의 행위이기에 비판하지 않을 수 없다.

이광사의 서화 취미와 서법 이론서 저술

이광사는 30대부터 한위(漢魏) 비탑(碑榻)의 소장가인 김광수(金光遂)[2]와 교유하여 서화와 골동을 감상하는 것을 즐겼다. 김광수

---

2) 김광수(1699~1770)의 자는 성중(成仲), 호는 상고당(尚古堂)으로 상산(商山)이 본관이다. 1729년에 진사가 되었고 벼슬은 양근군수(楊根郡守)에 이르렀다. 박지원(朴趾源)은 김광수를 '근세의 감상가'로서 개창의 공이 있다고 인정한 바 있다.

가 「자찬묘지명(自撰墓誌銘)」, 즉 '생광명(生壙銘)'을 지었는데, 이광사가 글씨를 썼다. 그 탑본(榻本) 1첩이 현재 서울대학교 규장각 가람문고에 보존되어 있다. 이광사는 1699년생인 김광수보다 7년 늦게 태어나 7년을 더 살았다. 김광수는 외전(外典) — 즉, 불교 경전 — 에 해박하였으므로, 이광사의 불교 공부에 영향을 끼쳤을 것이다. 김광수는 아예 도보(道甫) — 이광사의 자(字) — 를 오라고 청하는 서재라는 뜻에서 자신의 서재를 '내도재(來道齋)'라 이름 지었다.

이광사는 김광수와 골동을 감상하면서 속세간의 탐욕을 잊고 담박한 마음 상태에서 서로의 우정을 확인하였으니, 골동의 감상은 교도(交道)의 한 방법이었던 것이다. 이광사는 1743년 6월에 지은 「내도재기(來道齋記)」에서, 자신과 김광수가 생활과 성격의 면에서 극단적으로 서로 다른데도 서로 마음이 계합(契合)하는 것은 어째서인가 되묻기도 했다. 그 밖에 이광사는 일찍이 윤순(尹淳)[3]에게서 글씨를 배우기도 했다. 그는 윤순의 영향을 받아, 왕희지체를 표방하여 이서(李漵)가 일으킨 동국진체(東國眞體)를 완성하였다.

이광사는 당송시대 이후의 규격화된 글씨를 피하고 왕희지 등의 위진고법첩(魏晉古法帖)을 모범으로 삼아 임모하면서 서진도(書陳圖)를 활용해야 한다고 주장하였다. 전서(篆書)의 연마를 중시하

---

3) 윤순(1680~1741)은 호가 백하(白下)이므로, 그의 글씨체를 백하체라 부른다. 윤순은 정제두의 문인이며, 정제두의 아우인 정제태(鄭齊泰)의 사위였다. 그리고 이광사의 종형인 이광명(李匡明)과는 사촌 동서간이었다. 따라서 이광사는 그를 가까이 모실 수 있었다.

고, 해서는 왕희지의 「악의론(樂毅論)」같은 소해(小楷)를 모범으로 삼았다. 행서는 후한의 팔분서(八分書), 위나라 초의 예서, 즉 156 년에 만들어진 예기비(禮器碑)와 220년에 만들어진 수선비(受禪碑), 진나라 왕희지의 난정서(蘭亭書) 등을 모첩(摹帖)으로 삼아야 한다고 보았다.

그는 도성의 여러 명문가에 불려가 글씨를 써주고는 하였다. 1755년 부령으로 유배간 11월, 「옛날 노닐던 추억」이란 장편시에서 자신이 여러 귀인의 집에 초대되어 휘호하던 광경을 자세하게 묘사하였다. 그는 남의 집에 가서 글씨를 쓰는 것이 고삐라도 벗은 듯이 유쾌했으므로, 친한 벗이 맞으러 말을 보내 올 때마다 선뜻 허락하였다고 한다. 부령에 있을 때 그에게 글씨를 배우러 오는 사람들이 많아지자, 조정에서는 그가 북쪽 청년들을 선동할 우려가 있다고 하여, 신지도로 유배처를 옮기게 하고 말았다. 그는 글씨를 통해 태평성대의 문명에 협찬하길 바랐으나, 유배생활로 일생을 마감하여야 하였다.

이광사는 자신의 서법 이론을 정리하여 『서결(書訣)』을 작성하고, 아들 이영익에게 이어받아 저술하도록 시켰다. 전편은 필진도(筆陳圖)와 각종 필법을, 후편은 중국의 역대 서법을 논평한 것이다.

그의 서법 이론에 대해 뒷날 김정희(金正喜)는, 이광사가 중시한 모첩이 대부분 위작이라는 설을 근거로 가혹한 비판을 하였다. 하지만 이광사의 독특한 서체는 그의 주체적 의식과 불굴의 의지를 담은 것으로서 높은 평가를 받아 마땅하다.

이광사는 자신보다 앞서서 서법에서 일가를 이루었던 석봉 한호(韓濩)에 대해 문자향(文字香) 내지는 서권기(書卷氣)가 부족한 것을 아쉬워하면서도, 『서결』후편에서 "비록 정신적인 교양에 다소 부족한 점이 있기는 하지만 피나는 정진으로 옛사람의 서법을 체득한 점은 마땅히 평가를 해야 한다"고 평하였다. 곧, 서법가의 정신세계가 지식의 교양에만 있는 것이 아님을 말한 것이다. 그것은 실상 임모의 대상 자체를 중시하기보다 임모를 통해 스스로의 서법을 이루어나가는 과정 자체를 중시하는 논리와 통한다고 하겠다.

이광사는 오체(五體)의 글씨를 모두 잘 썼다. 행서는 중봉세(中鋒勢)를 유지한 운필로 개성적인 필의를 나타낸 송나라 미불(米市)의 그것과 유사하고, 초서는 서민풍의 광초(狂草)를 잘 썼다. 그가 남긴 작품으로 예서는 『수북집(壽北集)』, 해서는 『사공도시품(司空圖詩品)』, 행서는 칠언절구, 초서는 「무이도가(武夷棹歌)」 등의 묵적과 「영상이경석표(領相李景奭表)」, 「병판김이원비(兵判金履元碑)」, 「병판윤지인비(兵判尹趾仁碑)」 등의 비문이 있다.

이광사의 사상과 문학의 계승

이광사는 주로 집안의 형제들이나 아들 조카들과의 서한을 통해서 마음의 진실무위를 강조하는 심학사상을 구축하였고, 또 후학들에게 계승하였다. 또한 국사(國史)나 훈민정음과 같은 주체적 학문에 깊은 관심을 가져 아들과 조카들을 계도하였다.

특히 그는 세종 때 집현전에서 이루어진 『용비어천가』에 한자음의 분석이 충분히 반영되어 있는 것을 높이 평가하였으며, 학문에서 기초학인 소학(小學)의 가치를 매우 중시하였다. 그 학문태도는 이후 강화학파가 고증적 학풍을 수용하게 하는 전기를 마련하였다고 생각된다. 하지만 이광사의 문집은 온전한 형태로 전하지 않기 때문에, 그가 실제로 국사학 및 훈민정음학에 관해 체계적으로 정리한 저술들은 남아 있지 않다.

이광사는 당쟁이 격화되어 속내를 제대로 털어놓을 수 없었기 때문에 가문의 어른들을 위한 행장과 묘지명을 작성하는 한편, 서법의 미학에 잠심하여 주체적인 사유를 시문과 서법에 가탁하여 드러내었다. 또한 그는 민족의 역사와 민중의 삶을 문학세계 속에서 적극적으로 다루어 『동국악부(東國樂府)』나 『기속(紀俗)』 같이 높은 수준의 민족문학 작품을 내었다.

그리고 여성의 지위와 고난의 삶에 대해 깊은 동정심을 지녔다. 죽은 아내를 위한 제문에서 식은 재와 같은 가정을 지키기 위해 분투하는 여성을 그려보였고, 어린 딸에게 보낸 장편시에서는 기우는 가문의 여성이 어떠한 처신으로 주체적 삶을 살아나가야 하는지 자신의 견해를 상세하게 밝혔다. 현대의 페미니즘 관점에서 재단하기보다는, 당쟁의 또 다른 피해자이자 실질적 피해자인 여성의 문제를 정면에서 다룬 점에서 그 현재적 가치를 높이 평가하여야 할 것이다.

이광사가 지닌 진취적 정신세계는 18세기 말에서 19세기 초의 이른바 실학정신과 궤를 같이 하면서도, 이용후생이나 경세치용의 주장을 전면에 내세운 실학 계열과는 달리 실심실학(實心實學)을 형성하는 데 큰 기여를 하였다.

더 생각해볼 문제들

1. 우리나라의 문학이나 역사 및 사상의 저서들 가운데 진취적 사고를 담은 많
    은 저술들이 그 당대나 다음 세대에서는 목판이나 활자로 간행되지 못하고
    필사본과 전사본의 형태로 유통되었다. 정치적인 금지도 있었고, 실제로 간
    행을 위한 재원도 부족하였기 때문이다. 따라서 우리나라의 문학이나 역사
    및 사상의 흐름을 제대로 이해하기 위해서는 필사본 및 전사본에 깊은 관심
    을 가져야 할 것이다. 목판이나 활자로 간행된 저술들 가운데는 교조적인 이
    념을 반영하는 것들이 상당히 많다. 앞으로 우리 문학과 역사 및 사상의 역
    사를 설명하려면 그 고찰의 대상을 확대하여야 한다고 보는가, 그렇지 않다
    고 보는가?

2. 이른바 강화학파는 실학의 정신세계와 연계되면서도, 이용후생이나 경세치
    용의 측면보다 우선 진실무위한 마음을 닦을 것을 강조하였다. 그것을 굳이
    말하자면 실심실학이라고 부를 수 있을 것이다. 그렇다고 강화학파가 이용후
    생(利用厚生)이나 경세치용(經世致用)의 측면을 염두에 두지 않은 것이 아
    니었다. 그들은 정치의 일선에 나아갈 수 없었기 때문에 내면의 수양을 더욱
    중시하였고, 또 당대 권력집단의 허위의식을 눈으로 보고서 주체적인 자기혁
    신 없이 현실정치에 참여하는 것은 자칫 민중과 역사를 오도할 수 있다고 본
    것이다. 이러한 실심실학의 현재적 가치는 어디에 있다고 보는가?

3. 종래의 서법사에서 김정희가 끼친 영향은 대단히 컸다. 그는 이광사에 대해
    서 모첩(摹帖) 자체가 위작이 많기 때문에 임모의 방법으로 이른바 동국진체
    를 수립한 것은 의미가 없다고 비판하였다. 그러면서 김정희는 실상 명말청

초(明末淸初)의 정판교(鄭板橋)의 글씨체를 임모하였는데, 현대의 연구에 따르면 정판교의 글씨 또한 위작이 많다. 과연 탁본이나 모첩이 후대인의 위작이고, 임모의 결과 수립한 글씨체가 본래 모습과는 거리가 있다고 해서, 일가를 이룬 글씨체에 대해 무조건 낮게 평가하는 태도가 옳다고 보는가?

추천할 만한 텍스트

『신편 원교 이광사문집』, 이광사 지음, 심경호 외 옮김, 시간의 물레, 2005.

심경호(沈慶昊)

고려대학교 문과대학 한문학과 교수.

서울대학교 인문대학 국어국문학과 및 동 대학원을 졸업하고 일본 교토(京都)대학 문학연구과 박사과정에서 중국어학 및 중국문학을 전공했으며 동 대학원에서 「조선 시대 한문학과 시경론」으로 문학 박사 학위를 취득했다.

저서로 『강화학파의 문학과 사상(1~4)』, 『조선시대 한문학과 시경론』, 『김시습 평전』, 『한학연구입문』, 『한시의 세계』, 『간찰, 선비의 마음을 읽다』 등이 있다. 역서로는 『주역철학사』, 『불교와 유교』, 『역주 원중랑집』, 『한자, 백가지 이야기』, 『일본서기의 비밀』 등이 있다.

한국의 고전을 읽는다 5 – 문화·사상

지은이 | 김석근 외 16인

1판 1쇄 발행일 2006년 10월 9일
1판 1쇄 발행부수 3,000부 총 3,000부 발행

발행인 | 김학원
편집인 | 한필훈 이재민 선완규 한상준
기획 | 황서현 유은경 박태근 유소연
크리에이티브 디렉터 | 김영철
마케팅 | 이상용 하석진
저자 · 독자 서비스 | 조다영(humanist@hmcv.com)
스캔 · 표지 출력 | 이희수 com.
조판 | 새일기획
용지 | 화인페이퍼
인쇄 | 청아문화사
제본 | 정민제본

발행처 | 휴머니스트
출판등록 제10-2135호(2001년 4월 18일)
주소 | 서울시 마포구 연남동 564-40 121-869
전화 | 02-335-4422 팩스 | 02-334-3427
홈페이지 | www.hmcv.com

ⓒ 휴머니스트 2006
ISBN 89-5862-134-6 03100

만든 사람들

편집 주간 | 이재민(ljm2001@hmcv.com)
편찬 위원 | 이종묵(서울대 교수) 한형조(한국학중앙연구원 교수)
책임 기획 | 황서현 유은경
책임 편집 | 박환일
표지·본문 디자인 | AGI 윤현이 이인영 신경숙
사진 | 권태균